조지 허버트 미드의 사회이론

조지허버트미드의 사회이론

George Herbert Mead
A Critical Introduction

SOCIAL THEORY
002

필리프 카레이라 다실바 Filipe Carreira da Silva 지음
하홍규 옮김

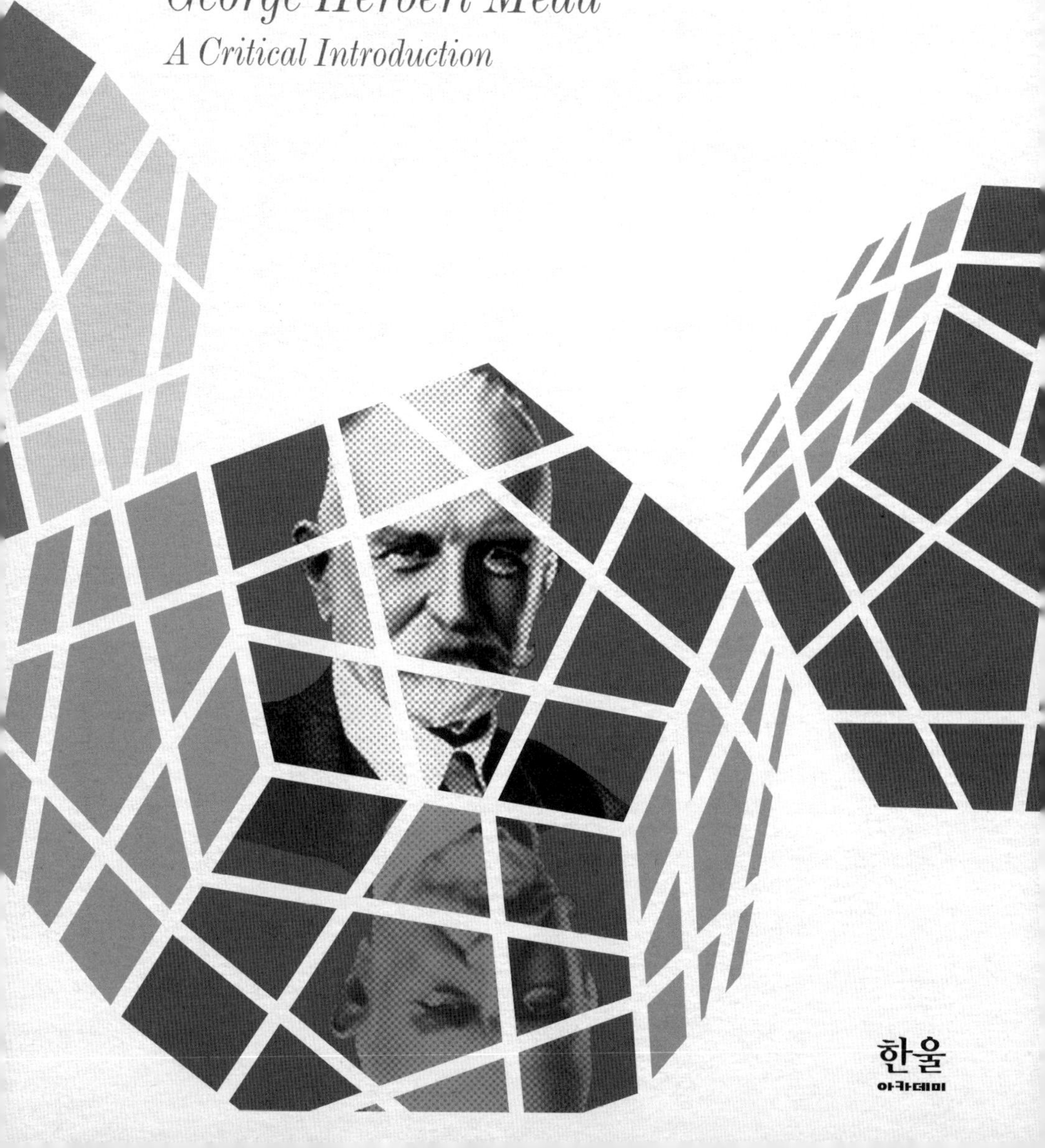

한울
아카데미

G. H. MEAD (1st Edition)
by Filipe Carreira Da Silva

차례

감사의 글

이 책을 만드는 데 거의 2년이 걸렸으며, 그 기간 동안 나는 여기서는 다 표할 수 없을 만큼 많은 고마움의 빚을 질 수밖에 없었다. 먼저 이 프로젝트에 지속적인 관심을 주었을 뿐만 아니라 많은 중요한 제안과 귀중한 조언을 해준 폴리티(Polity)의 편집자 엠마 롱스태프(Emma Longstaff)에게 고마움을 표하는 것으로 시작하고 싶다. 박사 과정 시절부터 내 원고를 검토하고 영어를 교정해 준 수 벌리(Sue Birley)에게도 진심으로 감사하지 않을 수 없다. 또한 테레사 수사 페르난데스(Teresa Sousa Fernandes)의 지적 관대함은 그녀를 만나는 행운을 지녔던 모든 사람에게 빛나는 본보기가 되었다는 것을 언급하고 싶다. 학문적 탁월함과 개인적 탁월함이 어떻게 만날 수 있는지에 대한 모범을 보여준 모니카 브리토 비에이라(Mónica Brito Vieira)에게 특별한 감사를 표한다. 우리는 수년 동안 다양한 주장에 대해 토론을 이어왔다. 그러나 무엇보다도 특히 원고의 마지막 단계에 걸쳐 내가 결코 갚을 수 없을 정도로 타의 추종을 불허하는 지원과 인내를 보여준 소피아 아보임(Sofia Aboim)에게 감사를 드린다. 그리고 나의 가족 베아트리즈(Beatriz), 루르드(Lourdes), 레일라(Leila)와 가장 특별히 나의 아버지에게 이 책을 헌정하며 감사를 드린다. 마지막으로 2005년과 2006년 여름 동안 각별한 애정을 보여준 케임브리지 울프슨 칼리지(Wolfson College)의 친구들과 직원들에게 감사의 마음을 전한다.

제1장

도입 및 일반 개요

조지 허버트 미드(George Herbert Mead, 1863~1931)가 자신의 이름을 사회학 정전에 올릴 수 있게 해준 사회이론을 연구하기 시작한 지 한 세기가 지났지만, 그의 저작은 여전히 그 매력을 잃지 않고 있다. 미드의 사상이 오랜 세월이 지난 후에도 여전히 매력적인 이유는 지난 두 번의 세기말이 부정할 수 없는 구조적 유사성을 공유하고 있기 때문이라고 나는 주장한다. 미드 시대와 마찬가지로 오늘날 서구 근대성은 사회 문제를 합리적으로 제어할 수 있다는 비교적 오랜 기간의 자신감에 뒤이어 심각한 위기감을 경험하고 있다. 최고의 이론적 도구는 그러한 위기의 시대에 변화, 불확실성, 그리고 혼종성(hybridism)을 가장 잘 다룰 수 있다. 이러한 관점에서 볼 때, 나는 우리가 (짐멜과 함께) 서구 근대성의 첫 번째 위기가 제기한 개념적 도전에 가장 잘 대응했던 사회학 고전인 미드에서 배울 점이 많다고 생각한다. 미드는 다른 고전 저작들에서 발견할 수 있는 비관주의를 거부하면서(근대 세계의 관료제화 또는 탈주술화에 대한 베버의 테제를 상기해 보라), 인간 정신을 상징적 상호작용으로부터 '창발한 것'으로서 — 즉, 상징적 상호작용에서 비롯된 실체로서 — 인식하는 자연주의적이고 진화적인 사회과학의 형태로 과학과 민주주의가 화해할 수 있다고 확신했다.

사회학 고전 중에서 미드는 특별한 위치를 차지하고 있다. 그는 다른 모든 사회학의 '창건자들'과 같은 시대에 살았지만(그는 뒤르켐보다 다섯 살 어리고 베버보다는 한 살 많았다), 그는 정전의 회랑(回廊)에 등장하는 유일한 미국인일 뿐만 아니라 자신의 학문 이외의 분야에 심오하고 지속적인 영향력을 행사한 몇 안 되는 사람 중 한 명이기도 하다. 사실 미드는 사회학자가 아니었으며, 전공으로 보면 사회심리학에 강한 관심을 가진 철학자였다. 그러나 인간 자아의 사회적 본성에 대한 그의 발상이 탁월했기 때문에, 사회학 및 사회심리학과 같은 분야에서 오늘날까지도 미드는 가장 위대한 연구자들의 선임자 중 한 명으로 여겨지고 있다. 마르크스, 베버, 또는 뒤르켐과 달리, 미드는 다작하는 저술가가 아니었다. 미드가 최고의 역량을 발휘했던 곳은 그의 학생들이 조용히 지켜보는 가운데 생각에 잠기며 독백을 하는 강의실이었다. 발화된 말에 대한 이러한 개인적 선호는 항상 '형성 중인(in-the-making)' 그의 지적 체계의 특성과 매우 일치한다. 경직되고 포괄적인 철학적 체계와는 거리가 먼 미드의 사고는 유동적인 상태에 있는 하나의 체계로 묘사하는 것이 가장 적절할 것이다.

서구 근대성, 자아, 과학적 방법, 그리고 민주적 정치는, 초기의 짧은 논문 「사회 개혁에 관한 작업가설(The Working Hypothesis on Social Reform)」(1899), 또는 중요하나 경시되었던 「정신적인 것의 정의(The Definition of the Psychical)」(1903)에서부터 1930년 카루스 강의록(Carus Lectures)을 『현재의 철학(The Philosophy of the Present)』(1932)이라는 제목으로 사후 출판한 그의 마지막 저작에 이르기까지, 미드가 몇 번이고 다시 돌아간 개념적 준거점이다. 같은 세대의 많은 다른 사람들처럼 미드도 대서양을 건너 당대 최고의 학문적 환경으로 명성이 높았던 독일에서 공부했다. 앤아버(Ann Arbor)에서 짧은 기간을 보낸 후, 그는 시카고 대학교에서 교수직을 제안받았고, 1894년 시카고에 도착하여 자신의 경력이 끝날 때까지 남아 있었다. 여러모로 미드는 적절한 시기에 적절한 장소에 있었다. 세기의 전환기에, 시카고는 도시화, 산업화, 그리고 이주라는 대규모 과정에서부터 소규모의 다른 많은 긴급한 사회문제에 이르기까지 다양한 사회적 경험의 거대한 실험실이었다. 지적으로 말해서, 미드는 시카고 대학교보다 더 좋은 곳을 바랄 수는 없었을 것이다. 왜냐하면 복도를 따라 얼마 떨어져 있지 않은 사회학과에 있는 동료들이 그 유명한 '시카고학파'를 만든 것이 바로 그때였기 때문이다. 보다 일반적인 용어로 말하자면, 미드는 급격히 변화하고 불확실성이 커지는 시대, 인간 이성의 가능성에 대한 낙관주의가 팽배한 시대, 하지만 진보에 대한 순진한 실증적 믿음에 대해서는 불신이 깊은 시대에 살았다. 그러한 지적 분위기는 서구 근대성이 시작한 이래로 사회 사상가들을 괴롭혀온 문제, 즉 어느 때보다 더 개인주의적인 자아와 점점 더 보편화되는 사회질서 사이에 제어할 수 없어 보이는 긴장을 어떻게 조화시킬 것인가 하는 문제에 대한 이론적 해결책을 발전시키기에 완벽한 환경임이 판명되었다. 나중에 자세히 논의하겠지만, 이 질문에 대한 미드의 대답은 오늘날에도 '사회학의 유산'이라고 할 수 있는 가장 가치 있는 요소 중 하나로 꼽힌다.[1)]

자신의 생각을 글로 옮기는 데 어려움을 겪었다는 미드의 고백은 또한 여러 세대의 사회과학자들이 사회심리학 강의 녹취록 선집인 『정신, 자아, 사회(Mind, Self, and Society)』를 통해 미드의 사상을 접하게 된 이유를 설명하는 데 도움이 된다. 『정신, 자아, 사회』는 미드의 사상으로 들어가는 즐겁고 이해하기 쉬운 입장 수단을 제공하지만, 편집의 질이 의심스러우며, 미드의 공헌에 대해 지나치게 부분적인 이미지를 만들어낸다. 물론 미드의 다른 책들[2)]뿐만 아니라 가용한 최고의 2차 문헌들[요아스(Joas)의 책과 쿡(Cook)의 책을 생각하고 있는데, 이 책들의 장점은 나중에 논의할 것이다]도 읽음으로써 이러한 어려움은 피할 수 있을 것이다. 이 경우에 비전문 독자는 이 책들이 너무 어렵고 미드의 지적인 전기에 지나치게 집중되어 있다고 생각할 수 있지만 말이다. 이 책을 쓰면서 나는 두 가지 과제를 염두에 두었다. 나는 학생들과 일반 대중이 충분히 이해할 수 있으면서 동시에 전문 사회과학자들에게 생각할 거리를 제공할 수 있는 미드 사상에 대한 비판적 입문서를 쓰려고 노력했다. 첫째 범주에 속하는 독자들에게는 미드의 사회심리학을 자세히 다룬 제3장부터 제5장까지에 특별히 관심을 기울이라고 제안한다. 이미 미드의 사상에 익숙한 독자들에게는 이 책의 마지막 부분이 현재 우리가 직면한 개념적 과제를 해결하는 데 미드가 기여한 바를 명확히 함으로써 우리 시대의 상황에 대한 현재의 논쟁에 기여할 수 있기를 바란다.

제스처와 의미 있는 상징, I(주격 자아)와 me(목적격 자아)의 구분, 그리고 일반화된 타자, 또는 '타자의 역할 취하기' 개념 등 사회연구자들이 익숙하게 미드와 관련지었던 몇 가지 개념이 있지만, 내 생각에는 대화(dialogue) 개념보다 그의 의사소통적 사회이론의 핵심 근거를 더 잘 요약하는 개념은 없다. 미드가 일종의 '내적 대화'라고 인식한 생각하기(thinking)에서부터 국제 분쟁 해결에 이르기까지, 미드는 일관되게 대화적 관점을 선호했다. 물론, 그렇다고 해서 그가 모든 연구 분야에 동일한 정도의 관심을 기울였다는 것은 아니다. 앞으로 보여주겠지만, 미드 버전의 상호주관주의는 인간 자아의 내적 구조에 관한 한 특히 발전되어 있다. 자아의 사회적 및 의사소통적 성격에 대한 미드의 설명은 오늘날의 사회과학에 끼친 주요 공헌으로 올바르게 인식되고 있다. 존 듀이(John Dewey), 마틴 부버(Martin Buber), 미하일 바흐친(Mikhail Bakhtin), 한스-게오르그 가다머(Hans-Georg Gadamer), 위르겐 하버마스(Jürgen Habermas), 그리고 리처드 로티(Richard Rorty) 같은 인물들과 함께, 미드는 20세기에 가장 중요한 대화적 사회이론 중 하나를 만들어냈다.

미드 사상의 요약

이 책의 상당 부분(제2장부터 제5장까지)은 미드의 사고 체계를 구성하는 아이디어를 명확히 하고 자세히 설명하는 데 할애될 것이다. 미드의 핵심 아이디어 중 첫째는 '타자의 역할 취하기'이다. 그러나 어빙 고프먼(Erving Goffman)[『일상생활에서의 자아 표현(The Presentation of Self in Everyday Life)』과 같은 독창적인 저작에서 발전된 연극학적 접근은 상징적 상호작용론 패러다임 내에서 가장 정교한 모델 가운데 하나이다]과 같은 저자들과 달리, 미드는 이 개념의 연극적 차원을 탐구하기를 원치는 않는다. 따라서 나는 '역할'과 '태도'를 번갈아 사용할 것이다. 미드는 '타자의 역할 취하기'를 통해 개인들이 특정 유형의 자극에 반응하는 다른 개인들과 유사한 방식으로 반응하는 행동 성향을 자신의 행동으로 도입할 수 있다는 아이디어를 전달하고자 한다. 미드가 자신의 학생들에게 이 개념을 설명하기 위해 선택한 예를 생각해 보라. 아이가 친구와 놀 때, 그 아이는 "관련된 다른 사람의 해당 활동들을 불러일으키고 있다."[3] 예를 들어, 아이가 돈 지불하기와 같은 자신의 활동으로 도입하는 태도는 이 태도가 다른 사람에게 불러일으키는 반응이기도 하다. 아이는 자신이 친구에게 불러일으키는 반응에 의해 자극을 받는다. 이 예는 가장 단순한 형태의 역할 취하기에 관한 것이지만, 미드의 사회심리학에서 역할 취하기가 수행하는 몇 가지 기능을 이해하는 것은 어렵지 않다. 이 시점에서는 두 가지 기능이 강조되어야 한다. 첫째, '타자의 역할 취하기' 개념은 생각하기를 일종의 '내적 대화'로 설명하는 데 도움이 된다. 타인의 태도를 자신의 행동에 도입함으로써 개인은 타인의 관점에서 세상을 볼 수 있는 능력을 습득한다. 이러한 종류의 성찰적 지능(reflective intelligence)은 바로 인간의 사고를 특징짓는 요소이다. 더욱이 그러한 성찰적 지능은 '경험과 행동의 사회적 과정을 개인이 내재화'함으로써,[4] 즉 타인들의 태도를 채택함으로써 발생하기 때문에, 미드는 생각하기를 하나의 사회적 과정으로 인식할 수 있는 입장에 서게 된다. 둘째로, 그리고 내가 제시하고자 하는 다음 핵심 아이디어와 관련하여, '타자의 역할 취하기' 개념은 미드가 '의미 있는 상징'의 행동적 기원을 명확히 하는 데 기여한다. 미드는 의미의 의식이 등장하도록 허용하는 것이 바로 이 특별한 행동 메커니즘이라고 주장한다. '타자의 역할 취하기' 개념이 지닌 함의를 이해하기 위해, 이제 미드의 사회심리학이 지닌 다음 핵심 요소, 즉 의미의 개념과 의미 있는 상징의 개념에 대해 살펴보자.

요컨대, 여기서 중요한 것은 음성 제스처(소리)가 자연 언어의 요소(낱말)로 변환되는 것이다. 미드는 음성 제스처가 사회적 상호작용의 맥락에서만 중요하거나 의미 있는 것이 된다고 주장한다. 특히 의미 있는 상징은 그 상징의 담지자가 그 상징을 말하는 개인과 그 상징을 듣는 개인 모두에게 동시에 반응이 되는 자극을 유발할 때 나타난다. 미드가 의미하는 바는 무엇일까? 공항에서 작별 인사를 하는 두 친구를 상상해 보라. 그들 중 한 사람이 제스처를 취하면(그가 손을 흔든다고 가정하자), 그 제스처는 다른 사람에게 특정한 반응을 유발한다(그녀도 손을 흔들어 답한다). 첫째 개인의 제스처에 반응함으로써 둘째 개인은 그 제스처를 해석하고, 그녀의 반응은 그의 제스처의 의미를 분명히 한다. 미드에게 하나의 대상 — 예를 들어 제스처 — 의 의미는 그 대상(대상의 '본질')에 내재된 것이 아니라 사회적 상호작용에서 창발한 것이며, 유기체를 주변 환경에 연결하는 행동 구조의 객관적인 요소이다.

미드가 제기한 셋째 핵심 아이디어는 자아의 구조 개념이다. 앞의 두 가지 아이디어의 경우와 마찬가지로 미드는 여기서 사회적으로 구성되고 객관적으로 정의되는 개념을 선호한다. 이 경우에 문제의 개념이 주관성과 가장 밀접하게 연관된 개념이라는 사실은 미드의 '과학적 사회심리학'이 지닌 자연주의적이고 실험적인 성격을 재확인할 뿐이다. 또한 그것은 근본적으로 미드가 옹호하는 (데카르트적, 기계적, 그리고 합리주의적 관점에 반대되는) 실재에 대한 과정적 관점이다. 미드의 자아에 대한 논의에는 두 가지 주요 구성 요소가 있다.

한편으로 미드는 자아를 아동기 발달의 관점에서 논의한다. 특히, 자아의 생성은 두 가지 발달 단계로 설명된다. 첫째는 '놀이' 단계로, 이 시기에 아이들은 다른 사람의 입장에 자신을 놓는 방법을 배운다. 아이들이 자아를 획득하는 것이 바로 이 시기이며, 아이들은 다른 개인들의 역할을 취하는 법을 배움으로써 자아를 획득한다. 둘째 발달 단계는 더 정교하고 더 많은 것을 요구하는 사회적 경험인 '게임' 단계이다. 여기서 아이들은 한 개인의 역할만 취하는 것이 아니라 게임에 참여하는 모든 개인의 역할을 취해야 한다. 게다가 아이들은 게임의 규칙에 따라 자신의 행위를 조율하는 법을 배워야 한다. 이 단계에 이르러서야 아이들은 완전히 발달된 자아를 얻게 된다. 따라서 성인 자아에 특화된 일반화된 성격은 두 단계 발달 과정의 결과이며, 그 성공 여부는 우리 모두가 어린 시절에 노출되는 사회적 경험의 특질에 달려 있다. 이 단계에서 미드는 자신의 가장 잘 알려진 개념 가운데 하나인 '일반화된 타자'의 개념을 소개한다. 이 개념을 통해 그는 내면화된 사회적 태도의 집합이라는 개념을 전달하고자 한다. 아이들은 '일반화된 타자'의 역할을 취하는 법을 배움으로써 사회 집단의 태도를 자신의 자아로 수용할 수 있는 능력을 습득한다. 따라서 그들은 자신을 다른 모든 사람의 관점에서 보기 시작한다. 미드가 '일반화된 타자'를 설명하기 위해 즐겨 사용하는 예시 중 하나는 야구 경기이다. 각 선수는 게임의 규칙 외에도 다른 모든 사람의 관점을 자신의 실행에 통합해야 한다. 즉, 다른 모든 사람이 보는 것처럼 그 게임을 보아야 한다. 그는 오직 이런 방식으로만 야구 경기나 다른 집단적인 게임이나 활동을 할 수 있다. 이것이 바로 미드의 요점이다. 말하자면 게임과 같은 협력 활동은 사회생활의 서막이다. 야구 경기를 하면서 '일반화된 타자'의 태도를 취하는 법을 배움으로써 아이들은 점차 가장 중요한 사회-심리학적 능력을 획득한다. 이로써 미드가 왜 교육 문제를 그토록 중요하게 여겼는지 어렵지 않게 알 수 있다(교육에 관한 가장 정교한 고전적 프래그머티즘의 진술은 미드가 아니라 듀이에게서 찾을 수 있지만 말이다).

다른 한편으로, 미드는 자아를 내적 구조의 관점에서 분석한다. 자신의 동료 프래그머티스트인 윌리엄 제임스(William James)와 존 듀이의 통찰에 따라 미드는 자아를 두 개의 뚜렷이 구별되는 국면으로 구성된 지속적인 사회적 과정으로 인식한다. 그 두 개의 국면은 사회적 상황에 대한 개인의 즉흥적인 반응으로 묘사되는 'I'와 우리가 타자의 눈을 통해 우리 자신을 바라봄으로써 형성하는 사회적으로 구조화되고 의식적인 자아 이미지인 'me'이다. I와 me의 구분은 우리 자신에 대한 기억 이미지를 참조하면 가장 잘 이해할 수 있다. 오늘 아침에 아침 식사를 하는 자신을 상상해 보라. 당신은 우유와 시리얼을 먹으면서 부모님과 이야기를 나누고 있는 자신을 볼 수 있다. 내가 강조하고 싶은 것은 오늘 아침에 아침 식사를 하는 자신을 기억하는 현재의 나와 과거에 존재한 당신의 기억된 자아 이미지 사이의 구분이다. 미드는 자아의 이 두 가지 측면을 'I'와 'me'라고 부르는데, 'I'는 기억하는 자아의 국면이고, 'me'는 기억된 자아 이미지이다. 앞으로 살펴보겠지만, 미드는 이 매우 단순하고 직관적인 출발점으로부터 인간 정신의 내적 작용에 대한 정교한 설명을 발전시켰다. 요컨대, 미드에게 'I'는 개성을 주장하는 데 없어서는 안 될 새로움과 창조성의 원천이며, 'me'는 자아 안에 있는 조직화된 사회적 태도의 집합을 의미한다. 미드는 내적인 주관적 삶과 외적인 객관적 실재 사이의 엄격한 구분을 배제한다. 반대로 그는 자아를 사회적 경험이 끊임없이 ('me'를 통해) 자아로 통합되고 'I'에 의해서 재구성되는 과정으로 인식한다. 따라서 자아는 자연적인 진화하는 사회적 산물이다.

개인과 사회 사이의 관계에 대한 미드의 시각은 철저하게 자연주의적이고, (사회적 다원주의와 혼동해서는 안 되지만) 진화적이며, 협력적이다. 또한 그것은 근본적으로 하나의 과정이다. 'I'와 'me'는 더 큰 과정, 즉 자아의 국면에 불과하며, 자아는 다시 더 큰 과정인 사회의 한 국면에 불과하다. 각 국면은 그 국면이 위치한 과정뿐만 아니라 전자가 일어나는 더 큰 과정을 통해서만 완전히 이해될 수 있다. 따라서 사회적 가치와 규범의 일반적인 변화는 개인의 의식 수준의 변화에 영향을 미치고 그 반대의 과정도 가능한 것으로 볼 수 있다. 이것이 바로 예수나 소크라테스와 같은 종교적 또는 지적 천재들을 예외적으로 혁신적이고 강력한 'I'를 가진 개인으로 보는 이유이다. 역사의 흐름은 가장 가능성이 낮은 요소, 즉 무의식적이고 예측 불가능한 'I'에 의해 근본적으로 바뀔 수 있다.

거인의 어깨 위에 서서

이러한 공헌 덕분에 미드는 사회학의 정전에서 자신의 자리를 차지할 수 있었다. 물론, 뉴턴의 말을 빌리자면, 미드는 거인의 어깨 위에 서 있었기 때문에 더 멀리 볼 수 있었다. 다음에서는 미드가 자신의 경력 전반에 걸쳐 어떤 출처에서 영감을 얻었는지 살펴본다. 나는 미드의 사고에 가장 직접적인 영향을 준 인물들을 배경으로 살펴볼 때 그의 독창성과 현재적 관련성을 더 잘 이해할 수 있다고 주장한다. 사실, 미드의 지적 맥락은 그의 사회적·정치적 사고의 논리적 구조를 파악할 수 있는 전례 없는 기회를 제공할 수 있다. 나는 미드가 자신의 경력 전반에 걸쳐 참여한 대화들을 재구성함으로써 그의 사고 체계의 대화적 본질을 평가하고자 한다. 미드와 임마누엘 칸트(Immanuel Kant), 게오르그 빌헬름 프리드리히 헤겔(Georg Wilhelm Friedrich Hegel), 찰스 다윈(Charles Darwin), 조사이아 로이스(Josiah Royce), 존 듀이, 윌리엄 제임스, 빌헬름 분트(Wilhelm Wundt), 존 왓슨(John B. Watson), 앙리 베르그송(Henri Bergson), 앨프리드 노스 화이트헤드(Alfred North Whitehead) 사이의 대화는 자신의 의제와 관심에 따라 서로 다른 학자들의 개념과 이론을 전유하는 미드의 이론적 전략의 중요한 측면을 밝히 보여줄 수 있다. 다시 말하지만, 관련 맥락이 반드시 가장 직접적인 것은 아니다. 따라서 미드가 참여했다고 말할 수 있는 대화의 일부는 그와 동시대인이 아닌 학자들과 나눈 것이다.

칸트와 헤겔은 미드가 여러 차례 대화를 나눈 서로 다른 시대를 살았던 학자의 두 사례이다. 나는 이 특별한 대화가 특히 학부생 독자에게는 쉬운 독해를 허용치 않는다는 사실에 독자들의 주의를 환기시키고 싶다. 그러나 독일 관념론, 특히 칸트와 헤겔의 저작이 미드의 사상에 가장 지속적인 철학적 영향을 미쳤다는 사실을 이해하는 것은 매우 중요하다. 우선, 미드의 (미완성) 박사학위 논문은 칸트의 도움으로 비판되어야 했던 경험주의 공간 개념을 주요 주제로 다루었다. 그러나 미드는 생리학적 심리학의 도움으로 칸트를 넘어서고자 했다. 공간은 칸트가 제안한 것처럼 직관의 형식이 아니라 눈과 손의 협력의 산물로 간주될 수 있다. 미드의 지적 전기에 대한 논의에서 이 중요한 문제를 다시 다룰 것이다. 물론 칸트가 미드에게 끼친 영향은 미드의 박사학위 프로젝트를 훨씬 넘어 확대된다. 실제로 칸트의 영향은 프래그머티즘과 연관된 모든 저자에게서 발견할 수 있다. 퍼스(Peirce)가 칸트의 이론을 각색하면서, "경험, 습관, 새로움, 언어, 공동체, 탐구 및 진화 개념으로 인지 주체를 다루는" 독특한 프래그머티즘적 논의가 등장했다.[5] 미드의 경력 전반에 걸쳐 이를 확인할 수 있다. 칸트 윤리학에서부터 칸트의 초월적 논리에 이르기까지, 미드가 '혁명의 철학자' — 이것은 미드가 1928년 강의 모음집 『19세기 사상의 흐름(Movements of Thought in the Nineteenth Century)』에서 칸트를 수식하기 위해 사용했던 칭호이다 — 와 비판적으로 대화하는 모습을 반복적으로 볼 수 있는 사례는 매우 많다. 미드가 칸트 도덕철학과 나눈 대화는 특별한 관련성을 지니고 있다. "너의 주관적 준칙이 동시에 보편적인 도덕 법칙이 되도록 바랄 수 있게 행동하라"라는 칸트의 정언 명령에 대하여, 미드는 그 정언 명령의 보편주의적 성격에는 동의하지만 그 명령이 구체적인 도덕 문제의 해결책을 다루기에는 부적절하다고 비판한다. 미드의 대안은 도덕적 주체가 관련된 모든 상충하는 이해관계를 고려하는 창조적인 도덕적 재구성이 필요하다고 지적한다. 다시 말해, 미드는 칸트의 보편주의 지향을 유지하면서도, 칸트의 초월적 주체를 거부하고 구체적인 의사소통 공동체를 선호한다.

이제 헤겔로 넘어가 보자. 미드의 몇몇 초기 철학 저술에서부터 헤겔을 과학이 선호하는 실험적 방법과 상충되는 변증법적 방법을 토대로 하는 진화론의 선구자로 보는 앞서 언급한 『19세기 사상의 흐름』에 관한 강의에 이르기까지,[6] 헤겔은 확실히 미드의 지적 입장을 형성하는 데 도움을 준 특권적인 대화 상대라고 말할 수 있다. 이것은 특히 미드 자신이 헤겔에게 진 빚을 명시적으로 주장한 미드의 몇몇 초기 서평에 해당한다. 헤겔의 '객관 정신'과 슐라이어마허(Schleiermacher)의 '인격적 개인성(personal individuality)'을 결합하려는 구스타프 클라스(Gustav Class)의 시도와[7] 헤겔과 버클리(Berkeley)를 화해시키려는 찰스 다르시(Charles D'Arcy)의 제안[8] 모두에서, 미드는 같은 점을 강조한다. 철학을 '근본적인 실체에 대한 탐구가 아닌 사고의 방법'으로[9] 전환시키는 역할을 한 헤겔의 변증법적 방법은 완전한 인지적·사회적 내용을 가진 자아가 자아의 어려움과 만나고 해결하는 방법,[10] 즉 '지성의 방법'과 인간 의식 자체 사이의 근본적인 연속성을 드러내는 방법을 구성한다. 그러나 미드 사상 체계의 진화는 1890년대와 1900년대 초 헤겔 철학에 대한 이러한 거의 열광적인 지지가 1920년대에 이르러 어떻게 헤겔의 변증법적 방법에 대해 점점 더 비판적인 입장을 채택하게 되었는지를 설명해 준다.

미드가 운용하는 진화적 틀은 다윈의 종의 기원 이론에서 유래한다. 미드는 헤겔을 다윈과의 대화에 끌어들임으로써, 헤겔의 '진화 철학'은 다윈의 과학적 돌파에 대한 사변적 선구자이며 철학으로 하여금 기계론적 진화론과 목적론적 진화론 사이의 이분법을 극복할 수 있게 해주었다고 제시할 수 있었다. 미드는 다윈과의 대화를 통해 자신의 경력의 남은 기간에 자신과 동행할 자연주의적 관점을 택했다.

이제 미드 사상 체계의 진정한 대화적 성격을 엿볼 수 있다. 헤겔을 로이스 및 듀이와의 대화에 참여시킴으로써 미드는 독일 관념론과 자신이 1910년대까지 옹호하게 될 기능주의 사회심리학을 접하게 된다. 로이스와의 논쟁에서(Mead, 1909), 미드는 특히 언어적 의미와 인간적 성찰의 사회적 성격에 대한 로이스의 이론을 비판하는 데 관심이 있었다. 로이스는 인간은 실제의 또는 이념적인 동료와의 관계에서만 자신을 의식할 수 있기 때문에 이타적인 타자-의식과 이기적인 자아-의식이 서로 상호 간에 내포되어 있다고 주장했지만, 미드는 다음과 같이 반박했다.

> 사회적 의식은 모방의 전제이며, 로이스 교수가 …… 모방을 타인과 우리 자신이 행하는 것의 의미를 얻는 수단으로 삼을 때, 그는 말보다 수레를 앞세우고 있거나, 아니면 우리가 타인의 행위에 대해 갖는 생각이 그 성격상 관념운동(ideo-motor)이라고 말하고 있는 것 같다. 하지만 이것은 모방으로부터 생각이 관념운동이 되는 수단을 만들지 않는다.[11]

하지만 미드가 가장 오래 지속적으로 중요한 대화를 나누었던 상대는 듀이였다. 결국에는 우정으로 발전한 이 대화는 미국 프래그머티즘과 연관된 또 다른 사상가인 윌리엄 제임스의 심리학 저작의 영향을 받아 시작되었다. 미드는 독일에서 돌아온 직후 미시간 대학교에서 듀이를 만났는데, 당시 듀이는 제임스의 『심리학의 원리(Principles of Psychology)』(1890)에 관해 그와

활발히 편지를 주고받던 중이었다. 이러한 논증 및 아이디어 교환의 산물로 듀이 쪽에서는 사회심리학적 '반사호(reflex arc)' 모델에 대한 비판과 인간의 사고가 구체적인 맥락에서 문제를 해결함으로써 진행된다는 대안적인 '유기적 회로(organic circuit)' 행위 개념을 발전시켰다.[12] 이 논쟁에서는 찰스 샌더스 퍼스(Charles Sanders Peirce)의 목소리도 들을 수 있다. 미드는 헤겔과의 대화에 다시 참여하기 위해 퍼스의 목소리를 자신의 것으로 만들었다. 「철학 분과 이론을 위한 제안(Suggestions Towards a Theory of the Philosophical Disciplines)」(1900)에서 미드는 '반사호'에 관한 듀이의 글을 헤겔적 의미에서 지적 행위 이론을 이해하는 새로운 논리에 대한 기초 작업의 토대로 사용한다.[13] 그러나 나의 목적상, 미드와 듀이 사이에 가장 연관된 논의 주제는 그들이 공유하는 급진적 민주주의에 대한 개념이다. 이 개념이 형성되는 데에는 1890년대의 격동적인 시카고의 이데올로기적 배경이 중요한 역할을 했다. 징후적으로 보면, 미드와 듀이 둘 다 가장 좋은 민주적 정부 형태가 어떤 것인지에 대해 토론하면서 합리적 주장의 자유로운 교환이라는 과학적 이상을 바탕으로 합리적 실험과 시민적 참여가 동전의 양면을 이루는 급진적 민주주의 개념에 도달한다.

하지만 미드, 제임스와 빌헬름 분트 사이의 대화는 다른 주제를 중심으로 전개된다. 그것은 심리학의 대상의 본질에 대한 논쟁으로, 미드는 정신적인 것(the psychical)의 기능적 개념에 특권을 부여하는 의식 관념을 찬성하여 이른바 정신주의적인 의식의 심리학에 반대하는 비판적 입장을 채택한다.[14] 일부러 대화적인 방식으로, 미드는 정신적인 것에 대해 서로 경쟁하는 학설들의 모든 주창자를 불러 모으는 것으로 시작한다. 분트, 퀼페(Külpe), 브래들리(Bradley), 보즌켓(Bosanquet), 워드(Ward)와 스타우트(Stout), 제임스, 이 모든 이들이 정신적인 것의 정의에 대한 논쟁에 참여하도록 초대받았다. 미드는 분트와의 교류에서 세 가지를 배운다. 첫째, 미드는 정신의 생성에 대한 자신의 고유한 사회 언어적 설명을 보완하기 위해 분트의 '제스처' 개념을 이용한다. 나중에 자세히 살펴보겠지만, 이 제스처 개념은 미드의 사회심리학에서 중추적인 역할을 한다. 둘째, 미드는 듀이가 제안한 프래그머티즘의 인식론적 입장에 찬성하여 진리에 대한 대응 이론(correspondence theory)은 거부해야 한다는 견해에 도달한다. 셋째, 미드는 신체와 정신의 이원론을 극복할 해결책은 심리학 대상의 이중 구조에 있을 수 없으며, 오히려 주관성이 인간 의식의 객관적 요소와 동일한 종류의 분석에 기탁될 때만 도달할 수 있다는 입장을 채택한다. 미드는 여기서 의식의 통일성을 주장하고 있지만, 이것은 제임스가 '의식의 흐름'이라는 개념을 통하여 "모든 점에서 철학 문헌이 이제까지 제시해 온 정신적 의식에 대한 가장 풍부한 진술"을 해냈던 바로 그것이다.[15)]

이렇게 말하기는 했지만, 미드는 제임스가 채택한 방법론적 전략에 관해 약간의 의구심이 있었다는 것을 인정해야 한다. 미드의 견해에 따르면, 정신적인 것에 대한 적절한 개념이 정의되면, 우리는 의식의 기원과 기능을 파악하기 위해 달리 유용할 수 있었을 '의식의 흐름'이라는 제임스의 개념을 재구성할 수 있을 것이다. 실제로 정신적인 것에 대한 미드의 정의에 따르면, 우리는 제임스가 'I'와 'me'에 처음으로 적용한 구분을 볼 수 있을 뿐만 아니라, 신체-정신 이원론을 극복하고 비개인주의적인 개인 개념을 제공하고 개인적 인지에 대한 재구성적 정의를 발전시켜야 하는 도전에 대응하는 미드의 방식도 볼 수 있다.

> 이 기능 심리학의 경우 그 주제에 대해 명확한 정의를 내리는 것은 매우 중요해 보인다. 이 논문이 제안하는 바는 다음과 같다. 즉, 주제는 우리가 객체로부터 객체-자극으로서의 성격을 박탈하는 상충하는 충동들을 즉각적으로 의식하고 어느 정도까지 주관성의 태도를 유지하지만, 그동안 객체인 'me'와 구별되는 주체

인 'I'와 동일시되는 재구성 활동으로 인해 새로운 객체-자극이 나타나는 경험의 단계이다.[16)]

이 정의를 통해 미드는 "상호작용 이론과 사회심리학을 위한 기본 전제의 개발에 앞서 가장 중요한 연구"라고 할 수 있는 작업을 마무리했다.[17)] 이 지점에서 미드와 그의 제자였던 존 왓슨 사이의 관계에 대해 논의하는 것이 유익하다. 전략적인 성격으로 인해 미드와 왓슨의 대화는 두 가지 중요한 문제를 다루는 데 도움이 된다. 첫째는 왓슨의 제안에 반대하는 미드의 행동주의의 본질을 명확히 하는 데 도움이 되고, 둘째는 미드의 사회심리학적 사상의 명칭과 연관된 용어상의 문제에 도움이 된다.

먼저 미드가 「정신적인 것의 정의」를 발표했을 당시만 해도 행동주의는 미국의 사회심리학에서 지배적인 위치를 차지하지 못했다. 왓슨이 행동주의를 사회심리학 의제의 중심에 놓은 논문인 「행동주의자가 본 심리학(Psychology as the Behaviorist Views It)」을 발표한 것은 미드의 논문이 출간된 지 10년이나 지난 1913년이었다. 따라서 미드의 행동주의가 왓슨의 제안에 대한 일종의 반박이라는 오랜 논지를 뒷받침할 만한 사실적 근거는 없다. 반대로 미드의 행동주의가 실제로는 왓슨의 행동주의와는 완전히 독립적인 버전이라고 볼 수 있는 충분한 이유가 있다. 예를 들어, 『정신, 자아, 사회』의 1부에서 미드는 왓슨식의 행동주의가 지지하는 견해와 자신의 견해를 대조함으로써 자신의 고유한 입장을 정의하는데, 여기에서 이 사실을 확인할 수 있다.[18)] 미드의 행동주의가 왓슨의 행동주의와 다른 점은 무엇인가? 우선 왓슨은 심리학이 "다른 사람이 관찰할 수 있는" 인간 행동에 초점을 맞춰야 한다고 제안한다. 이것은 물론 인간 의식도 외적 행동에 의해 설명되어야 한다는 것을 포함한다. 예를 들어, 왓슨에 따르면 인간의 사고는 언어 상징에 의해 연구될 수 있다. "이 상징은 반드시 다른 사람이 들을 수 있을 만큼 큰 소리로 발화된 것이 아니었으며, 종종 들을 수 있는 말로 이어지지 않고 목의 근육만 관련되었다. 그게 생각에 관한 전부였다"라고 미드는 비판적으로 말한다.[19]

나중에 자세히 살펴보겠지만, 미드가 왓슨이 제기한 행동주의의 환원주의적 성격을 비판한 데는 충분한 이유가 있다. 그것은 단순히 미드의 행동주의가 왓슨의 행동주의보다 관찰할 수 없는 현상과 사회적 맥락에 더 민감하다는 문제 때문만이 아니다. 오히려 미드의 사회심리학은 요아스가 올바르게 지적한 대로 "왓슨의 행동주의와 근본적으로 다른 독립적인 구상"이다.[20] 사실 미드도 분명히 밝히고 있듯이, 왓슨의 행동주의는 의식을 무시하는 것이 아니라 의식을 "기능적으로, 즉 초월적 현상이 아닌 자연적 현상으로" 분석하려고 한다.[21] 미드의 자연주의적이고 기능주의적인 관점은, 말하자면 스킬라(Scylla)와 카리브디스(Charybdis) 사이에서 진전된다. 즉, 미드의 관점은 (분트에게서 영감을 받은 의식 상태에 대한 연구에서 보이는) 내성주의(introspectionism)와 (단순히 의식과 같은 어떤 것의 존재를 배제하는) 왓슨의 행동주의를 모두 피하고 똑같이 바람직하지 않은 대안으로 취급하려고 애쓴다. 미드의 제안은 한편으로는 왓슨의 행동주의 못지않게 객관적인 (오히려 훨씬 더 객관적인) 의식 연구를 시사하며, 다른 한편으로는 당면한 문제의 복잡성과 미묘함에 있어서 분트의 구조주의만큼이나 민감한 의식 연구를 시사한다.

그러나 — 그리고 이것이 내가 다루고 싶은 둘째 문제이다 — 다시 한번 『정신, 자아, 사회』의 부실한 편집의 질에 대해 독자들의 주의를 환기시켜야겠다. 이 특별한 경우에, 모리스가 수행한 창의적인 편집 작업의 의미는 사소하지 않다. 널리 알려진 것과 달리, 미드는 자신의 행동주의를 '사회적 행동주의'라고 지칭한 적이 없다. 미드는 『정신, 자아, 사회』에서 "우리의 행동주의는 사회적 행동주의이다"[22]라는 표현을 두 번 사용했는데, 주장하는 바에 따르면 이 두 구절 가운데 하나는 실제로 모리스가 삽입한 것이다.[23] 모리스처럼 미드의 행동주의가 왓슨식의 행동주의와 대조적으로 사회적 행동주의라고 제시하는 것은 두 사람의 사회심리학적 사상을 구분하는 것이 단지 사회적 사건들을 어느 정도 고려하는가의 문제일 뿐이라고 시사하는 듯하다. 반대로 방금 설명하려고 했듯이, 왓슨의 행동주의는 의식을 외적이고 관찰 가능한 현상에 포함시키는 반면, 미드의 행동주의는 내적인 정신적 삶의 존재를 인정할 뿐만 아니라 그것을 자연 세계의 필수적인 부분으로 연구할 것을 제안한다. 사고 과정(상상, 성찰 등)은 다른 종류의 인간 활동과 마찬가지로 과학적 조사의 대상이 될 수 있다.

미드 이론화의 대화적 특성은 화이트헤드와 베르그송이 미드의 주요 지적 대화 상대가 된 마지막 단계까지 미드의 경력 전체에 걸쳐 확인될 수 있다는 점을 지적할 가치가 있다. 실제로 미드가 베르그송과 나눈 대화는 베르그송의 『창조적 진화(L'Evolution Créatrice)』의 출판과 함께 1907년에 시작되었다. 기계론적 세계 개념에 반대하여, 베르그송은 자유, 새로움, 그리고 변화로 특징지어지는 개념을 제안한다. 이 책에 대한 서평에서, 미드는 베르그송의 과학주의에 대한 유보적인 태도에 동의하지만, 베르그송의 제안에 담긴 비합리주의적인 함의는 거부한다. 이 서평의 결론에서 미드는 베르그송이 "사고 및 삶의 반대편에 있는 과학적 세계 및 과학적 세계의 물질을 구성하는 데 있어서 의식이 지닌 창조적 힘"을 인식하지 못했다는 사실에 놀라움을 표한다. "베르그송은 지각의 무의식적인 창조와 비성찰적인 자발적 과정의 국면에서만 의식과 자연에서 동일한 창조적 명령을 인지할 수 있는 듯 보인다."[24] 1920년대 초에 미드는 이전의 만남을 되살리고 당시 자신의 관심의 중심에 있었던 지각의 기능적 분석이라는 문제를 다루는 데 필요한 관련된 통찰들을 모으기 위해 베르그송의 텍스트로 돌아갔다. 1927년 여름, 미드는 베르그송의 철학에 대한 강의를 진행했는데, 당시 학생들이 작성한 노트의 일부가 나중에 『19세기 사상의 흐름』에 수록되었다. 이 강의에서 우리는 미드가 베르그송에 대해 "흐름, 자유, 새로움, 해석, 창조성 등 베르그송이 그토록 중시했던 범주들에 대한 객관적인 진술을 제공하지 못하고 이 범주들을 주관적 의식의 영역에 귀속시켰다"라는 이전의 비판을 되풀이하는 것을 볼 수 있다.[25] 베르그송의 접근 방식에 필요한 교정은 화이트헤드의 자연 철학에서 찾을 수 있다. 인간의 주관성은 그것의 자연적 성격이 강조되는 한 객관적으로 분석될 수 있다. 정신이 자연적 사건이라는 것은 미드가 자신이 연구하는 과학적 사회심리학의 근거로 삼고자 하는 핵심이다. 실제로 미드는 화이트헤드와 함께 자연철학과 우주론에 대해 토론하면서, 인간 사회성에 대한 자연적 근거를 제시하기 위해 다윈을 소환한다. 미드가 「관점들의 객관적 실재(The Objective Reality of Perspectives)」(1926)[26]에서 '관점의 객관성'에 대한 동일한 강조점을 공유하는 서로 연결되지 않는 두 운동의 관련성을 논의할 때, 미드의 사회심리학이 지닌 자연주의적이고 발달적인 논리는 화이트헤드와 연관된 상대주의적 관점과 결합된다.[27] 특히 미드가 화이트헤드와의 대화에서 추려내고 싶은 것은 화이트헤드가 창안한 "자연 속에 존재하는, 관점들의 조직으로서의 자연 개념"이다.[28]

미드 사상 체계의 대화적 특성은 이러한 일련의 대화에서 그 중심 특징 중 하나로 드러난다. 나의 목표는 미드의 이론적 전략이 지닌 대화적 특성을 보여주는 것이라기보다 미드가 자신의 경력 동안 경험했던 모든 만남에 대한 체계적인 설명을 제공하는 것이었다. 미드의 철학적 사고는 "미드 자신의 내밀한 경험으로부터, 깊이 느낀 것으로부터 비롯된다"[29]라는 듀이의 말을 빌리면, 미드가 자신의 대화 상대자들과 이성적인 논쟁을 벌일 때마다 실제로는 '타인의 역할 취하기'를 하고 있다고 제시하는 정도까지 갈 수 있다. 정신을 내적인 '대화의 장'으로 생각하는 것은 미드가 지향하는 대화적인 이론적 전략의 논리적 귀결일 뿐이다.

책의 구성

이러한 지적 대화가 보여주듯이, 미드의 주요 연구 관심사는 인간 의식의 기원과 발전을 과학적으로 분석하는 것이다. 미드의 관심사는 정신의 문제에 대해 철저하게 사회적으로 접근하는 것이었다. 말하자면 그 접근은 안에서 밖으로가 아니라 밖에서 안으로 진행된다. 따라서 미드는 인간의 주체성을 자연적이고 사회적이며 진화하는 과정으로 본다. 인간의 주체성은 언어적 기호의 교환을 통하여 협력적인 사회생활에서 나타난다. 사회가 먼저이고, 정신과 자아는 그다음이다. 여러 세대가 미드의 사상을 알게 된 통로였던 『정신, 자아, 사회』의 제목이 제시하는 우선순위와는 반대로, 미드의 사회심리학은 전체를 부분의 관점에서 설명하는 것이 아니라 부분을 전체의 관점에서 설명한다. 미드의 개인은 생물학적 유기체인 동시에 사회적 행위자이다. 미드 사회심리학의 자연주의는 아무리 강조해도 지나치지 않는다. 그러나 그의 관점은 진화론적이고 사회적으로 지향된 만큼 자연주의적이다.

오늘날과 같이 학문의 전문화가 증가하는 시기에 미드의 연구는 그 관련성을 되찾고 있다. 인간 의식의 생물-사회학적 설명에 대한 미드의 초기의 획기적인 시도는 오늘날에도 사회질서를 위한 인간 커뮤니케이션의 결정적인 중요성에 대해 독창적이고 고무적인 설명으로 남아 있다. 사회학자, 사회심리학자, 그리고 기타 사회과학자들은 미드의 사상에서 그 함의가 아직 완전히 탐구되지 않은 의사소통적 사회이론의 윤곽을 발견할 수 있다. 이 책은 현세대의 사회적 실천가들이 미드의 제안으로부터 배우고 궁극적으로 미래의 연구에서 그 제안들을 활용할 수 있도록 미드의 사상에 대한 설명을 제공하는 것을 목표로 한다. 물론 미드에게 그의 연구를 틀 짓는 사회적·지적 맥락을 고려하는 것이 왜 그렇게 중요한가와 같은, 그가 고려하지 않았던 문제는 질문하지 말아야 한다. 그러나 이것은 오늘날 우리가 직면한 문제들을 해결하는 방법을 미드로부터 배울 수 없다는 것을 뜻하는 것이 아니라, 단지 현대의 문제를 해결하려면 우리의 선조들이 우리에게 줄 수 있는 것보다 더 많은 것이 필요하다는 것을 뜻할 뿐이다(그리고 우리의 선조들이 우리에게 많은 것을 줄 수 있다는 것은 미드의 사례에서 알 수 있다). 미드는 단순히 거인의 어깨 위에 있다는 데 안주하지 않고, 거인의 어깨를 이용해 더 멀리 내다봤다. 이것이 **그의** 업적이다. 이것은 우리도 노력해야 할 일이다. 간단히 말해서, 우리 모두가 미드와 의미 있고 풍부한 대화를 가진 후에 더 멀리 볼 수 있게 되는 것이 이 책의 목표이다.

이 책은 크게 두 부분으로 나뉜다. 첫째 부분은 미드의 사상에 관한 것이다(제2장에서 제5장까지). 둘째 부분에서는 미드의 사상을 후대 학자들이 어떻게 수용했는지를 다루고, 미드 저작이 갖는 현대적 관련성을 분석한다(제6장에서 제8장까지). 각 부분의 내적인 구성에 대해 순서대로 간략하게 설명해 보겠다. 제2장에서는 미드의 개인적이고 지적인 초상화에 대해 논의한다. 나의 목적은 특히 시카고가 미드의 지적 및 시민적 활동에 미친 영향에 주목하면서, 미드에 대한 사전 지식이 없는 독자들을 위해 미드의 생애를 형성했던 주요한 사회적·지적 사건들을 간략하게 소개하는 것이다. 따라서 제2장은 역사적 맥락을 참조하여 미드 저작의 다양한 요소를 논의하지만, 이론적 설명이 역사적 내러티브를 중심으로 전개되는 유일한 장이다(제1차 세계대전에 대한 반응으로 미드가 전쟁을 사회심리학적으로 분석한 것이 대표적인 예이다). 책의 나머지 부분은 미드의 주요 사상을 그 사상의 개념적 기원, 관계, 그리고 함의의 관점에서 논의하는 데서 분석적인 시각을 따른다. 그러나 '사회적 행위' 내에서 이루어지는 '제스처의 대화' 개념에 대한 미드의 논의와 사회질서의 의사소통적 성격에 대한 미드의 설명, 또는 미드의 윤리 이론과 같이 서로 이질적인 요소들을 통합하는 체계적인 관계가 있다는 점을 항상 염두에 두어야 한다.

미드의 사상을 분석하는 세 개의 장 가운데 첫째 장인 제3장은 '타자의 역할 취하기' 개념에 대한 자세한 논의로 시작된다. 지극히 중요한 이 개념은 미드의 사회심리학에서 전략적인 역할을 하는 것으로 보일 것이다. 이 장은 언어적 의사소통과 인간 의식 사이의 관계에 도달하기 위해 '제스처', '의미', 그리고 '의미 있는 상징'과 같은 다른 관련된 개념적 요소들을 다루면서 전개된다. 이어서 제4장은 현대 사회이론에 대한 미드의 주요 공헌으로 간주되는 것, 즉 사회적 창발로서의 자아에 대한 그의 설명을 다룬다. 미드는 인간 주체성, 즉 우리가 누구인지에 대한 우리의 감각을 사회적 경험에서 비롯된 것으로 설명하는데, 미드는 인간 정신과 집합적 삶이 단지 동전의 양면이라고 제안한다. 나의 논의는 세 단계로 진행될 것이다. 첫째로, 미드의 '의식', '성찰적 지능', 그리고 '정신' 개념을 소개한다. 둘째로, 아동기 발달의 2단계 과정('놀이'와 '게임')에 대한 그의 설명을 분석한다. 마지막으로, I-me 구분에 대한 설명으로 미드의 사회적 자아 개념에 대한 부가적 설명을 마무리한다. 미드의 사상을 다루는 마지막 장인 제5장은 두 가지 다른 주제를 다루는데, 한편으로는 미드 사고의 사회학적·정치적 측면을 살펴보고, 다른 한편으로는 미드의 행위 이론을 논의한다. 이 장의 결론 부분에서 나는 세 가지 근본적인 미드의 사상을 제시한다. 이 사상들은 제3장에서 제5장까지 논의된 의제와 거의 일치하므로, 이 책의 둘째 부분을 위한 길을 열어주고 있다.

제6장에서 제8장까지 세 개의 장에서는 많고 다양한 사회 사상가 그룹이 미드의 사상을 수용한 역사를 살펴봄으로써 미드의 공헌이 갖는 현대적 관련성을 확립하고자 한다. 한 마디로 나는 다음과 같은 질문에 답하고자 한다. '미드의 저술은 후속 세대의 사회과학자들에게 어떤 영향을 미쳤는가?' '오늘날 왜 미드를 읽어야 하는가?' 나는 이 두 가지 질문에 대한 해답을 제공해야 미드의 업적을 추가적으로 조명할 수 있다고 믿는다. 즉, 미드의 생애와 텍스트가 지닌 맥락의 범위를 넘어섬으로써, 우리는 우리의 현재 목적에 대해 그

의 저작이 갖는 관련성을 더 잘 이해할 수 있다. 따라서 제6장에서는 미드로부터 직접적으로 지적 계보를 잇는다고 주장하는 유일한 사회학적 흐름인 상징적 상호작용론이 미드의 사상을 어떻게 전유했는지 살펴본다. 상징적 상호작용론은 경험 연구의 관점에서 볼 때 예외적으로 풍부한 결실을 맺었지만, 몇 가지 주요 측면에서는 미드에게서 분명히 벗어났다고 제시할 것이다. 나의 부수적인 주장은, 영향력 있는 특정한 상징적 상호작용론자(특히 허버트 블루머)가 미드의 저작 가운데 무시하곤 했던 측면들에 새로이 주의를 기울인다면 상징적 상호작용론을 겨눈 비판 중 일부가 논박될 수 있다는 사실에 관한 것이다.

제7장의 중심 주제는 다른 20세기 사회과학자들이 미드의 저작을 어떻게 받아들였는지에 대한 것이다. 전후 독일에서 미드의 사상을 소개한 공로를 인정받아야 할 저자인 아르놀트 겔렌(Arnold Gehlen)의 저작을 논의하는 것으로 시작한다. 그리고 나의 논의는 위르겐 하버마스, 한스 요아스(Hans Joas), 그리고 악셀 호네트(Axel Honneth)가 공언한 미드 사상의 해석을 통해 전개될 것이다. 이 장은 미국의 유력한 사회학자 랜들 콜린스(Randall Collins)와 제프리 알렉산더(Jeffrey Alexander)가 현재 미드의 저작을 어떻게 활용하고 있는지에 대한 논의로 마무리된다. 마지막 장인 제8장에서는 미드 이론의 현대적 관련성을 다룬다. 제8장의 첫째 절에서는 나의 지침이 될 네 가지 차원, 즉 생물학적 자아, 과학, 언어, 그리고 급진적 민주주의를 비판적으로 다룸으로써 미드 이론이 갖는 현대적 관련성을 논의한다. 그다음에 이어지는 절은 1차 문헌과 2차 문헌(포괄적인 최신 목록은 책 말미에 제공한다)을 통해 독자들을 안내하는 것을 목적으로 한다.

요약하자면, 이 책의 목적은 현세대의 사회과학자들뿐만 아니라 일반 대중에게도 "정신 그 자체로 토론의 장이었으며"[30] 전 세계에 걸쳐 여러 세대의 학자들에게 영감을 주었던 학자의 연구를 소개하는 것이다. 미드가 우리에게 남긴 글을 통해 가상의 대화에 참여하는 것 외에 미드에게 경의를 표할 수 있는 더 나은 방법이 무엇인지 모르겠다. 물론 그러한 대화는 변호하는 것과는 거리가 먼 비판적이고 간단치 않은 것이어야 한다. 미드의 통찰이 불충분하게 발전되었거나 후속 연구를 통해 잘못된 것으로 입증된 경우가 많기 때문이다. 그럼에도 불구하고 개인 정신의 문제를 사회적 삶과의 관계에서 이해하는 데 기여한 미드의 업적은 우리가 고전적인 선배들로부터 물려받은 가장 가치 있는 통찰 중 하나라고 할 수 있다. 이제 나는 이러한 공헌이 어떤 맥락에서 발전했는지 살펴보고자 한다.

제2장

생애와 저작: 1863~1931

이 장에서는 미드의 지적 역사에 등장하는 주요 에피소드들을 소개하는 것이 나의 목표이다. 도시는 종종 사회사상가의 전기(傳記)를 구성하는 가장 특권적인 맥락을 제공한다. 세기의 전환기에 베버와 짐멜이 베를린이라는 도시와 맺었던 밀접한 관계나 뒤르켐과 세기말 파리와의 관계는 내가 염두에 두고 있는 것을 잘 보여주는 사례이다. 미드의 경우에도, 그의 삶과 저작 대부분에 발전한 도시 환경이 작용한다. 그것은 20세기 초반의 시카고이다. 하지만 미드는 태어날 때부터 시카고 사람은 아니었고, 시카고에서 자란 것도 아니었다. 그는 1863년 2월 27일 매사추세츠주 사우스 해들리(South Hadley)에서 태어났다. 6년 후, 그의 아버지 하이럼 미드(Hiram Mead)는 오하이오주 오벌린에 있는 신학교의 신학 학과장으로 임명되었고, 조지 미드는 이 작은 뉴잉글랜드 타운에서 어린 시절을 보냈으며, 1880년부터 1883년까지 오벌린 대학에 다녔다. 미드는 1894년에 시카고로 이주해 1931년 사망할 때까지 시카고에 머물렀는데, 시카고로 이주하기 전까지는 오벌린에서 다양한 전문적 및 개인적 경험을 겪었다. 이러한 초기 경험과 시카고의 지적·사회적·정치적 삶에 대한 미드의 성숙한 참여는 그의 인생에서 가장 중요한 두 가지 전기적 맥락으로 고려되어야 한다.

대체로 전기적인 이 장의 논의는 다음과 같이 전개될 것이다. 미드의 초기 지적 발달을 검토하는 데서, 두 명의 가까운 친구 헨리 캐슬(Henry Castle)과 존 듀이의 형성적 영향은 특별히 언급할 가치가 있으며, 실제로 특별하게 다룰 것이다. 그런 다음 시카고에서 이루어진 미드의 개인적 및 지적인 발달로 이어갈 것이다. 나는 일반적으로 간과되는 미드의 모습인 그의 시민적 활동을 강조함과 동시에, 그가 철학과에서 쌓은 학문적 경력과, 자신의 생각을 글로 옮기는 데 어려움을 겪었다는 미드의 고백에도 불구하고 그가 미쳤던 놀라운 영향력, 사회심리학에 관한 책의 출판 계획, 그리고 원숙한 시기에 베르그송과 화이트헤드의 상대주의 철학을 발견한 것을 소개할 것이다. 미드는 단순히 상아탑에 갇혀 사는 학문적 사상가가 아니었다. 대부분의 생애 동안 그는 자신의 지적 도구를 최대한 활용하여 당대의 사회적·정치적 문제들에 대처하는 헌신적인 시민이기도 했다.

초기

미드의 젊은 시절에서 가장 중요한 사건 중 하나는 의심의 여지없이 오벌린 대학의 급우였던 헨리 캐슬과의 만남이었다. 나중에 미드가 인정했듯이, 캐슬은 "나의 오벌린 생활에서 다른 모든 것을 합친 것보다 더 큰 부분을 차지했으며, 그와의 우정은 그곳 밖에서 얻은 것보다 더 많은 것을 가르쳐주었다."[1] 그들의 관계는 개인적인 이유와 지적인 이유에서 비롯되었으며, 지적인 이유는 미드의 초기 철학적 방향을 형성했던 '공동의 철학적 관심사'[2]를 포함했다. 1880년대의 미국 대학 시스템에서, 노아 포터(Noah Porter)의 『지적 과학의 요소(The Elements of Intellectual Science)』(1871)와 (윌리엄 제임스의 『심리학의 원리』 이전에 미국에서 출판된 심리학에 관한 가장 영향력 있는 책이자) 포터의 1868년 교과서판인 『인간 지성(The Human Intellect)』은 도덕철학 과목을 수강하는 학부생들의 필독서였다. 오벌린 대학도 예외는 아니었다. 하지만 미드와 캐슬은 스코틀랜드 도덕철학의 열렬한 지지자는 아니었다. 스코틀랜드 도덕철학에 대한 두 친구의 의구심은 자유의지의 원리에 대한 접근과 관련이 있었다. 캐슬의 서신에서 알 수 있듯이,[3] 그들은 그러한 원리의 논리적 모순에 대한 불만을 강의실에서도 매우 적극적으로 표현했다. 이 에피소드의 중요성은 미드가 기독교적인 경건과 스코틀랜드 도덕철학을 결합한 철학적 전통에 대해 공개적으로 의문을 제기했다는 데 있다. 자연과학과 다윈주의가 미국 고등교육의 기독교적 지배에 도전하고 있던 시기에 오벌린에서 가르치는 전통 철학에 대해 젊은 미드가 불만을 가진 것은 그가 경건한 청년(그가 평생 동안 간직하게 될 특성)이었음에도 불구하고 세계에 대한 다른 설명에 지적으로 개방적이었다는 것을 나타낸다.

미드는 1883년 여름에 오벌린 대학을 졸업했다. 그가 친구 캐슬을 다시 만나기까지는 4년이 걸렸다. 그동안 미드는 생계를 유지하려고 노력했다. 미드는 베를린 하이츠(Berlin Heights) 근처의 고등학교에서 교사로 먼저 일한 후에, 1884년 봄에 위스콘신 중앙 철도의 확장을 위해 미네소타에서 측량사로 일하기 시작했으나, 몇 달 후 그만두었다. 후에 그는 (미니애폴리스와 퍼시픽 철도에서) 다른 측량사 직책을 맡았는데, 1885년 초에 다시 그만두었다. 이러한 직업 경험은 문학계, 특히 '철학적 비평과 문학' 분야에서 경력을 쌓고 싶었던 미드에게 매력적이지 못했다.[4] 불행하게도 미드는 개인 자금이 부족했기 때문에 그러한 목표를 성취하는 것은 거의 불가능했다.

1885년 1월, 미드는 미니애폴리스에서 개인 교사로 일하기 시작했다. 미드가 예비 학생들을 가르치는 동안, 그의 친구 캐슬은 베를린 대학교의 철학

과정에 등록하기 위해 유럽으로 떠났다. 이것은 젊은 미국인에게 드문 일이 아니었다. 19세기의 마지막 4분기에 수천 명의 미국인 학생들이 당시 학계에서 가장 높이 평가받는 독일의 대학들에서 공부했다.[5] 캐슬은 철학을 공부하기 위해 베를린으로 갔지만, 미드의 만류에도 불구하고 곧 마음을 바꿔서 법조인의 길을 걷기 위해 미국으로 돌아왔다. 1887년 초 캐슬은 하버드 법대에 등록했는데, 이 결정은 미드 자신의 학문적 경력에 심대한 영향을 미쳤다. 캐슬이 하버드에 도착한 직후 미드는 자신의 어릴 적 친구를 방문했고, 이틀간의 방문은 미드에게 큰 영향을 미쳤다. 그해 4월에 미드는 캐슬에게 하버드 지원 절차에 대해 물어보았다. 미드의 지원은 성공적이었고, 9월에 미니애폴리스를 떠나 매사추세츠주 케임브리지로 향했다.

한번은 미드가 하버드에서 조사이아 로이스의 칸트 강좌에 등록하려는 계획을 포기해야 했다. 미드의 독일어 실력이 부족했기 때문이다. 당시 로이스는 미국 학계에서 주요한 지적 인물 가운데 하나였기 때문에 미드가 그 강의에 등록하지 못한 것은 확실히 크게 실망스러운 일이었다. 하지만 미드는 로이스가 여는 다른 강좌들에 등록했다. 캐슬은 여동생 헬렌에게 보내는 편지에서 이렇게 썼다. "조지는 모든 수강 신청을 마쳤고, 이제 해야 할 일이 많아. 그는 팔머(Palmer)가 가르치는 윤리학 강의와 로이스가 가르치는 스피노자와 스펜서에 대한 강의, 그리고 두 개의 그리스어 강좌를 수강하고 있어. [로이스가 가르치는] 칸트 강의는 정기적으로 수강하지는 않지만 들어와서 들을 것 같아."[6] 하버드의 또 다른 주요 인물은 미드가 하버드에 있을 때 처음에는 심리학(미국 최초의 심리학 강의)을, 그리고 나중에는 철학을 가르친 윌리엄 제임스였다. 오랜 세월 동안 알려진 것과 달리 (미드와 제임스가 서로를 꽤 잘 알긴 했지만) 미드가 제임스 밑에서 공부한 적은 없었다. 제임스는 미드에게 여름방학 동안 뉴햄프셔주 초코루아(Chocorua)에 있는 자택에서 자기 아들을 가르치면서 보내도록 요청했다. 미드가 친구 캐슬에게 설명했듯이, "제임스 교수가 내게 말하길, 그 자리에 신청자가 몇 있었지만 내가 시험을 잘 봤기 때문에 특히 나를 (그 자리에) 원한다고 했어. 그러면 그가 형이상학에 대해 이야기할 사람이 생기는 거라고 말이야."[7] 그해 여름이 끝날 무렵, 미드는 최근에야 발견된 개인적인 사정으로 인해[8] 2년차에는 하버드에 더 머물지 않기로 결정했다. 대신 그는 독일 대학에서 공부하고자 했던 자신의 오랜 꿈을 이루었다.

독일에서 미드가 어떻게 지냈는지 살펴보기 전에, 미국에서 학문적 삶이 발전한 제도적 맥락에 대해 간략히 언급할 필요가 있다. 19세기 후반부터 20세기 초반까지 대학 진학률이 급격히 증가한 것은[9] 당시 고등교육에 대한 막대한 민간 투자를 반영했다. 시카고 대학교는 이러한 상황을 보여주는 좋은 사례이다. 코넬 대학교, 밴더빌트 대학교, 존스 홉킨스 대학교와 마찬가지로 시카고 대학교의 설립은 존 D. 록펠러(John D. Rockefeller)가 3,000만 달러를 기부했기 때문에 가능했다. 미드가 공부했던 오벌린 대학과 같은 작은 교단 대학들은 점차 대형 연구 대학교들에 자리를 내주었다.[10] 1920년대까지 계속된 미국 교육 체계의 세속화는[11] 미드 세대의 학문적 삶에 가장 중요한 특징 가운데 하나였으며, 그것은 미드가 가장 개인적인 방식으로 경험한 과정이었다. 세계에 대한 독단적인 설명이 담긴 종교적 보수주의와 자연과학의 해방적인 과학적 방법 사이의 갈등은 미드의 초창기 시절에 결정적으로 중요한 배경을 제공한다. 또한 19세기 후반 미국 사회과학 내의 분화 과정도 미드의 초창기 시절과 관련이 있다. 우선, 나중에 사회과학을 구성하게 된 분야들이 1870년대에야 등장하기 시작했다는 점이 중요하다. 방금 살펴본 바와 같이, 하나의 학문 분야로서의 생리학적 심리학이 제임스에 의해 하버드에서 처음 소개되었다. 사회과학 분화 과정의 또 다른 측면은 19세기의 마지막 수십 년 동안 활동한 학자들의 프로필과 관련이 있다. 로스코 힌클(Roscoe Hinkle)에 따르면, 이 세대에서는 두 그룹이 구별될 수 있다. 한 그룹은 전통을 중시하여 새로운 연구 분야들을 구분 지으려는 동기가 적었고, 다른 한 그룹은 전통적인 학문의 경계를 허물고자 하는 학자들로 구성되어 있었다. 힌클이 심리학에서 이 둘째 학자 그룹을 설명하기 위해 제시한 예는 "실험실을 강조하는 독일의 새로운 생리학적 심리학에서 훈련받은 사람들의 선봉"에 있었던 (듀이의 친구인) 스탠리 홀(Stanley Hall)이었다.[12)]

미드는 독일에 도착한 직후인 1888년 가을, 캐슬의 말을 빌리자면 "세상에서 가장 드문 행운으로", 우연히 홀을 만났다. 실제로 홀은 그러한 최신의 학문 분야에서 어디서 무엇을 공부해야 할지에 대한 미드의 의구심을 해소하는 데 도움을 주었다. 이 우연한 만남을 계기로 미드는 철학이 아닌 생리학적 심리학을 전공하기로 결심하게 되었다. 미드의 친구 캐슬은 다음과 같이 언급했다.

> 조지[미드]는 생존을 위해 벌벌 떨고 있는 가난하고, 쇠약해지고, 비참한 기독교가 자유사상의 입에 재갈을 물리고 있는 미국에서는 …… 독립의 풍미를 발하는 궁극적인 철학적 의견을 말할 기회를 얻기 어려울 것이라고 생각했기 때문에 이 분과 학문을 전공해야겠다고 생각하고 있습니다. 다른 한편, 조지는 생리학적 심리학에서 자신이 전능한 복음주의의 저주와 추방을 자초하지 않고 조용히 일할 수 있는 무해(無害)한 영역을 가지게 된 겁니다.[13)]

그렇다면 미드가 새로이 등장한 이 연구 분야를 전공하기로 결정한 것은 종교적 정통성과의 직접적인 충돌을 피할 수 있는 영역에서 자연주의적이고 진화적인 통찰력을 발전시키고 싶었기 때문인 것으로 보인다. 인간 지성에 의존하여 작업가설을 검증하는 방법을 사용하는 과학은 도덕과 조화를 이룰 수 있었다. 1888년에 철학이 아닌 생리학적 심리학에서 경력을 쌓으려는 미드의 의식적인 움직임은 결정적인 순간을 드러내는 전조인 것처럼 보인다.

사람들은 미드가 인간 양심의 기원에서부터 도덕적 질서의 본질에 이르기까지 인간 문제에 대한 자신의 접근 방식에서 처음으로 과학적 관점을 채택하는 것을 발견할 수 있다.

독일에 머무는 동안 미드는 두 지역에 살면서 공부했다. 처음에는 라이프치히 대학에서 공부했는데, 그곳에서는 1888~1889년 겨울 학기에 여러 철학 강좌를 들었다. 이 중 한 과목(형이상학의 기초)은 과학 분야로서의 심리학을 창건한 사람 중 한 명인 빌헬름 분트가 개설한 것이었다. 어느 정도는 이 첫 학기가 진행되는 방식에 대한 불만 때문에 그리고 어느 정도는 홀과의 만남 때문에 미드는 라이프치히에 오래 머물지 않았다. 1889년 3월에 미드는 베를린으로 옮겨서 명문 훔볼트(Humboldt) 대학교에 입학했다. 그때 미드는 빌헬름 딜타이(Wilhelm Dilthey) 밑에서 공부할 기회를 얻었는데, 딜타이의 유명한 윤리학 강의는 젊은 미드에게 깊은 영향을 미쳐서 미드가 딜타이의 지도 아래 박사학위 논문을 쓰기로 결심할 정도였다. 미드가 캐슬에게 보낸 편지에 따르면, 미드의 의도는 칸트의 공간 개념을 생리학적 심리학의 관점에서 재구성하는 것이었다. 달리 말해, 미드는 공간이 일종의 직관이라는 칸트의 논지를 거부했으며, 미드의 의견에 따르면, 공간은 "우리 눈의 구성물로서 …… 3차원은 단순히 시신경과 촉각, 특히 손의 감각에 달려 있는 것"으로 봐야 한다.[14] 그러나 미드는 박사 과정을 마치지 못했는데, 그 주된 이유는 1891년 여름 초에 듀이로부터 앤아버에 있는 미시건 대학교에 합류해 달라는 초청을 받았기 때문이다. 거기서 심리학 교수로 새로 부임한 미드는 생리학적 심리학을 가르쳐야 했다. 미드가 캐슬에게 설명한 대로, 생리학적 심리학은 "철학사 과목인데, 절반은 칸트를 다루고 절반은 진화[이론]를 다루는" 것이었다.[15]

1891년 10월 1일 미드는 베를린에서 자신의 절친한 친구의 여동생인 헬렌 캐슬과 결혼했으며, 그 후에 아내와 함께 배를 타고 미국으로 돌아왔다.

이듬해 그 부부는 첫째이자 유일한 자녀인 헨리 캐슬 미드를 낳았다. 독일에서 보낸 2년 반 동안 미드는 신흥 학문인 생리학적 심리학에서 탄탄한 과학적 배경을 쌓았을 뿐만 아니라 특히 지방 자치 단체 수준에서 사회주의 운동에도 깊이 동감하게 되었다. 진보적인 사상과 이상으로 풍요로워진 그는 앤아버에 정착했다. 이 시기에 듀이가 미드에게 미친 영향은 매우 컸다. 미드가 듀이의 사상, 특히 듀이의 헤겔주의의 이해를 사용한 것은 여러 경우에 볼 수 있다. 예를 들어, 미드가 "몸과 영혼은 한 가지의 양면일 뿐이며, 둘 사이의 간극은 우리의 삶이 아직 우리의 사회적 삶의 이상을 실현하지 못하고 있다는 사실의 표현일 뿐"이라고 썼을 때,[16] 그는 원래 듀이가 공식화한 아이디어, 즉 삶의 과정을 육체적인 것과 정신적인 것이라는 두 가지 상호 관련된 측면으로 이해해야 한다는 기능주의를 전달하고 있는 것이다. 따라서 사회적 삶은 자연과 인간 모두를 통해 스스로 표현하는 유기적 전체로 간주된다. 인간이 자신의 목적을 성취하기 위해 자연에 대해 협력적으로 행동할 때, 삶은 사회적 성격을 획득한다. 따라서 1894년 듀이가 새로이 문을 연 시카고 대학교로부터 온 제안을 수락했을 때 미드가 주저하지 않고 듀이를 따랐던 것은 놀라운 일이 아니다. 그해 가을, 미드는 듀이가 학과장을 맡은 철학과의 조교수가 되어, 35년 이상 지속될 대학교 및 시카고와의 관계를 시작한다. 이 관계는 이 장의 나머지 부분에서 다루는 중심 주제이다. 그러나 계속하기 전에, 미드에게 가장 깊이 영향을 미친 비극적이고 예기치 못했던 한 사건에 대해 한마디 언급할 필요가 있다. 그것은 1895년에 미드의 어린 시절 친구인 헨리 캐슬이 북해에서 발생한 증기선 충돌 사고로 사망한 사건이다. 남은 생애 동안 미드는 캐슬과의 우정을 항상 깊은 상실감으로 되돌아보곤 했다.

시카고에서의 미드

20세기 초, 시카고는 빠르게 성장하는 대도시이자 세계에서 가장 역동적인 대학교 중 하나가 자리한 곳이었다. 정치적인 측면에서, 그 '바람의 도시'는 미드처럼 특히 지역 단위의 급진적인 사회 개혁에 관심이 있는 사람에게는 흥미롭고 도전적인 지역이었다. 이민자의 사회통합, 노동 대 자본의 갈등, 교육 문제, 그리고 여성의 권리는 20세기 초반 정치 의제에서 가장 중요한 문제들을 예시한다. 개혁을 위한 '공부와 일'을 병행해야 한다는 미드의 신념을 보여주는 예로는, 미드가 (1908년 미드가 창립을 도운) 이민자 보호 연맹(Immigrants' Protective League)에 관여한 것, 1910년 이른바 '의복 파업'을 중재하기 위해 설립된 시민 위원회에 참여한 것,[17] 그리고 시카고 도시 클럽(City Club of Chicago)과[18] 시카고 대학교 인보관(鄰保館, Settlement)의[19] 장기 회원으로 활동한 것을 들 수 있다. 시카고는 정치적인 측면에서뿐만 아니라 지적 측면에서도 흥미로운 곳이었다.

미국 사상에서 미드의 위치를 이해하는 데 특히 중요한 것은 찰스 샌더스 퍼스가 시작하고 제임스, 듀이 및 다른 많은 이들이 발전시킨 고전적 프래그머티즘이라는 철학 전통이다. 미드의 경우, 프래그머티즘에 그가 전념했던 것은 미드의 삶과 저작이라는 두 가지 중요한 차원을 이해하는 데 실마리가 된다. 한편으로 그리스어 pragma('사실[thing done]')에서 유래한 '프래그머티즘'이라는 용어[20] 자체는 '존재하는 세계'의 특정 부분에서 발생하는 문제 상황을 해결하는 데 초점을 맞춘 미드 철학의 세속성을 암시한다. 다른 한편으로, '실제성(practicality)'에 대한 이러한 지향은 과학의 가능성을 진정으로 신뢰하는 것에 의해 인도되었다. 이러한 신뢰를 과학주의 또는 가치에 대한 과학의 중립성을 지지하는 것과 혼동해서는 안 된다. 왜냐하면 프래그머티스트들과 특히 미드는 과학의 사회적 배태성을 너무나 잘 알고 있었기 때문이다. 하지만 프래그머티즘에 대한 언급만으로 지성사에서 미드가 차지하는 위치를 다 이해할 수는 없다.

세기의 전환기에 쓰인 미드의 저술을 살펴보면, '사유의 방법'으로 이해되는 '헤겔주의'가 미드의 의제의 중심에 있었다. 미드가 자신의 입장을 매우 명확하게 표현한 서평인 1901년 논문 「헤겔주의의 새로운 비판: 그것은 유효한가?(A New Criticism of Hegelianism: Is it Valid?)」가 대표적인 예이다. 문제의 책의 저자 찰스 다르시는 "다른 인격들에 대한 우리의 지식이 어떻게 객관적인 타당성을 가질 수 있는가?"라는 질문에 답할 수 있는 인간 주관성의 정의를 정식화하려고 시도한다.[21] 다르시는 극복할 수 없는 간극이 개인의 의식들을 분리시키며,[22] 물리적 대상에 대한 우리의 지식이 인성에 대한 지식보다 더 객관적이라고[23] 시사한다. 이에 대해 미드는 "자아는 사회적 의식 내에서 발달하기 시작한다는 그 사회적 의식"의 관점에서 볼 때, "의식에 대한 분석은 본질적으로 자아의 사회적 본성을 드러내기 [때문에] 이러한 간극이 재구성의 지점이라는 긍정적인 중요성을 가진다"라고 반박한다.[24] 행위에서 발생하는 문제들에 대한 객관적인 해결책을 제시하는 것을 목표로 하는 철학은, 정신적인 것의 경우, 자아가 영원히 주관적인 존재를 형이상학적으로 탐구하는 함정에 빠지지 않고 이러한 어려움을 만나 해결하는 방법을 언급해야 한다. 헤겔의 영향은 이때도 여전히 매우 크지만, 이 사실로부터 미드가 언제나 주관적인 실체에 대한 일종의 형이상학적 추론을 지지했다고 추정하는 것은 오해일 것이다. 미드의 독해에서, 헤겔의 변증법은 인류가 직면해야 하는 행위의 문제들에 대처하는 유용한 도구이다. 변증법은 하나의 사유 방법으로서 그 변증법이 가지는 실험적인 과학적 잠재력이 헤겔 자신에 의해 적절하게 발전되지는 않았다.

미드가 초기에 헤겔주의를 취한 주된 이유는 물론 헤겔에 대한 듀이의 고유한 열정 때문이었다. 교육과 교육학에 관한 미드의 텍스트들은 듀이가 미드에게 끼친 영향을 보여주는 좋은 예이다. (예를 들어, 널리 알려진 1900년의 저서 『학교와 사회』에 제시된) 듀이의 교육 이론은 교육학적 사고의 영향력 있는 흐름을 창조했을 뿐만 아니라 1896년에 듀이가 직접 설립한 시카고 대학교 부속 초등학교의 원동력이기도 했다. 나중에 '실험학교(Laboratory School)'로 알려지게 된 이 학교는 듀이의 진보적 교육 테제에 구체적인 형태를 부여하기 위한 것이었는데, 이것은 미드 부부가 자신들의 자녀인 어린 헨리를 이 학교에 입학시키면서 열정을 가지고 동참했던 프로젝트였다. 따라서 교육학 저술에 관한 한 미드가 듀이에게 큰 빚을 졌다는 것은 놀라운 일이 아니다. 예를 들어, 1896년에 미드는 자신의 동료들에게 아이의 마음을 "교육자가 전신회사의 관리자처럼 들어가서 원하는 곳에 전선을 설치할 수 있는 텅 빈 나라"[25]로 이해할 수 있는지 묻는 장면을 볼 수 있다. 그러한 견해를 거부한 것은 미드가 일(work)을 교육의 주요 원칙으로 채택하는 것에 반대한 데서 비롯된다. 대신, 학교는 주변 대상들에 의해 유발된 자극이 "아이가 연속적으로 관심을 갖게 되는 대상들과 아이가 수행해야 할 삶의 과정에서 그 대상들이 서로 맺는 관계들에 대해서 아동 유기체의 자연적인 성장에 응답"[26]할 수 있도록 배치되어야 한다는 의미에서 놀이(play) 개념을 학교의 핵심 원칙으로 채택해야 한다. 미드는 처음부터 정보 주입식의 권위적인 모델 및 규율이 없으면 아이의 충동을 인도하는 지능 형성이 방해된다는 모델을 거부하면서, 교육을 아이의 자연적인 발달 과정을 지적으로 통제하는 수단이라고 생각했다. 프래그머티스트들의 진보적인 교육 모델에 따르면, 학교와 가정은 아이의 발달이 일어나는 근본적인 사회 영역이기 때문에 학교는 가정으로부터 분리될 수 없다.

미드 초기의 헤겔주의와 듀이의 영향에 대한 둘째 예는 미드의 사회 개혁에 관한 글에서 찾을 수 있다. 미드의 개혁주의가 지닌 헤겔적 특성은 사회현상은 이해할 수 있는 본성을 가지고 있으며 이러한 본성은 인간 정신에 이용 가능하다는 가정을 보여준다. 달리 말해, 인간 지성의 표현으로서의 과학적 방법(실제로 미드와 다른 프래그머티스트들은 이 방법을 "지성의 방법"이라고 불렀다)은 사회적 사건들을 지배하는 법칙을 설명하는 데 도움이 될 수 있다. 앞에서 살펴본 바와 같이, 미드가 독일에 머문 결과 중 하나는 자치적 사회주의(municipal socialism)에 대해 엄청나게 찬탄하게 된 것이었다. 따라서 미드가 1899년 논문 「사회 개혁에 관한 작업가설」에서 자신의 사회 개혁주의를 설명하기 위해 이런 종류의 정치적 해결책을 선택한 것은 당연한 일이다. 유토피아적이거나 '프로그램적'인 성격의 사회 개혁에 대해 사회주의적으로 접근하는 것을 거부하는 미드는 그럼에도 불구하고 "건설적인 입법을 통해 더 큰 사회적 평등을 실현할 수 있는 급진적인 변화를"[27] 일으키는 사회주의적 이상이 완벽하게 타당하다고 믿었다. 미드가 유토피아적 사회주의를 거부한 것은 일반적인 사회적·정치적 변화를 추구하는 거대한 계획을 거부하는 것과 마찬가지였으며, 그는 과학에 기반한 점진적 개혁을 선호했다. 미드와 프래그머티스트들은 흔히 폭정과 억압으로 이어지는 세상을 바꾸려는 시도 대신 '삶의 방식'으로서 민주주의를 발전시키는 방법으로 구체적인 사회적·정치적 문제들을 해결하는 것을 목표로 삼았다. 미드는 초기 시카고 시절에 과학이 도덕적·정치적 문제를 해결하는 가장 좋은 방법이 될 수 있다고 생각했다. 사회 개혁에 과학적으로 접근하고자 하는 이러한 믿음은 결국 미드 세대의 가장 큰 군사적 갈등인 제1차 세계대전으로 인해 약화되었다.

그러나 그러한 물리적 충돌에 대한 미드의 반응을 살펴보기 전에, 듀이의 초기 헤겔주의의 형성적 중요성을 반영하는 미드의 또 다른 활동 영역을 간략하게나마 살펴보는 것이 유익할 수 있겠다. 그것은 미드가 가장 독창적이고 영향력 있는 공헌을 한 연구 분야인 사회심리학에 대해 쓴 미드의 저술이다. 미드는 미시간과 시카고에서 비교심리학과 심리학 방법론 과목들을 가르쳤다. 그가 시카고에서 널리 인기 있는 사회심리학 강좌를 제공한 것은 그 주제에 대한 그의 평생의 관심을 설명할 뿐만 아니라 사회학 학생들에 대한 그의 영향력을 이해하는 데에도 도움이 된다(미드가 철학과의 일원이었다는 사실을 잊지 말아야 한다). 당시 미드가 발표한 논문들은 이미 그의 이론에 독특한 성격을 부여하는 사회적인 인간 주관성 개념을 보여주었다.[28] 그러나 초기 단계에서 미드의 입장은 듀이의 입장과 크게 다르지 않았다. 미드는 몇 년이 더 지나 1910년대 초에 이르러서야 이 문제에 대해서 듀이의 이론이나 다른 프래그머티스트의 이론을 대체할 수 있는 언어적이고 계통 발생적인 함의를 가진 사회-심리학 이론을 발전시킬 수 있었다. 1905년 시카고 대학교 총장 윌리엄 하퍼(William Harper)와의 개인적 갈등으로 인해 듀이와 듀이의 아내는 시카고를 떠나 듀이에게 자리를 제안한 컬럼비아 대학교가 있는 뉴욕으로 가기로 결정했다. 하지만 미드와 듀이는 자신들의 남은 인생 동안 절친한 친구로 지냈다.

시카고에서의 미드의 삶은 도시의 삶 그 자체로서 흥미진진한 것이었다. 미드는 많은 사회 개혁적 활동들과 사회심리학 및 교육 이론을 집필하고 강의하는 학문적 경력 사이에서 균형을 맞추느라 매우 바빴다. 1911년에 사회심리학에 관한 책을 출판하지 않기로 결정한 것은 이러한 맥락에서 해석되어야 하며, 이는 결국 그가 거의 책을 출판할 뻔했다는 것을 보여줄 뿐이다. 최근 일반 대중에게 공개된,[29] 오래 잊혔던 이 책은 1910년대를 전후한 미드의 지적 관심사에 대한 명확한 그림을 제공한다. 미드는 이 책의 출판을 위해 사회심리학, 비교심리학, 그리고 교육 철학에 관한 18편의 논문을 엄선했는데, 그중 9편은 미발표 논문이었다. 교육 문제에 관한 10편의 논문(이 중 4편은 미발표 논문이었다)을 포함하기로 선택했다는 것은 교육이라는 주제가 그의 사회심리학에서 얼마나 중요한 것이었는지 보여준다. 전반적으로, 이 책을 구성하는 18개의 장은 그의 초기 사회-심리학 및 교육적 논지에 대한 설득력 있는 증언이다. 그러나 미드에게는 『심리학에 관한 에세이(Essays on

Psychology)』의 출판을 진행하지 않고자 했던 강력한 이유가 있었는데, 이는 주로 이 기간 동안 그가 사회심리학적 사고를 통해 겪은 이론적 발전과 관련이 있다. 내 견해로, 1910년경 미드의 지각 이론과 인간 의식 개념에서 이루어진 '사회적 전환'은 그가 이 책의 출판을 원하지 않았던 이유를 설명해 준다. 그가 더 이상 자신이 완벽하게 동의하지 않는 사회심리학에 자신의 이름을 연관시키고 싶지 않았던 것은 당연한 일이다. 또한 상황적 성격의 추가적인 동기도 있다. 당시 미드의 개혁주의 활동은 대단히 시간이 많이 걸리는 일이었기 때문에 1911년 초에 출판사로부터 받은 교정본을 수정하지 못했을 것이다. 그때 그는 시카고의 직업 교육에 관한 300쪽 분량의 보고서를 편집, 조정 및 출판하고 있었으며, 앞에서 언급했듯이 다른 여러 자원 활동에도 적극적으로 참여하고 있었다. 마지막으로, 미드의 지적 체계가 지닌 특성은 아마도 미드의 생애 동안 『심리학에 관한 에세이』가 출판되지 못했던 셋째 이유일 것이다. 역설적이게도, 그의 지적 체계는 실제로 유동적인 상태에 있는 체계였다.

후기

몇 년 후, 대서양 건너편에서 한 세르비아 민족주의자가 오스트리아-헝가리의 프란츠 페르디난트(Franz Ferdinand) 대공을 암살하면서 전례 없는 규모와 잔혹성을 지닌 전쟁이 발발했다. 유럽은 두 개의 적대적인 부분으로 나뉘었다. 1914년부터 1918년까지 '동맹국'(독일, 오스트리아-헝가리와 오스만 제국)은 '연합국'(영국, 프랑스, 러시아가 주도한 국가들의 연합)과 싸웠고, 1917년 4월 미국이 참전하면서 대서양 양쪽으로 확대된 분쟁으로 유럽을 집어삼켰다. 제1차 세계대전은 20세기 초의 지식인들과 과학자들에게는 하나의 도전이었다. 사회학의 고전적 인물들을 포함하여 한 세대 전체의 사회사상가들에게 과학적 객관성과 공정성이라는 이름으로 특수주의적이고 비과학적인 편견을 대체할 수 있는 기회가 주어졌다고 해도 과언이 아니다. 그들 대부분은 그 도전에 응하는 데 실패했지만, 미드는 그렇지 않았다. 미드가 전쟁 때 쓴 개인 서신과 정치적인 글은, 그중 일부는 아직 출판되지 않았었지만, 전쟁의 인도주의적 결과에 대해 깊이 우려하면서 인간 비극의 원인과 본질에 대한 과학적 설명을 기꺼이 제공하고자 했던 사회과학자의 모습을 드러낸다. 제5장에서 살펴보겠지만, 이런 측면에서 애국적인 순간에 자아의 두 단계를 융합하는 것에 대한 미드의 사회심리학적 설명은 특별한 연관성을 갖고 있다.

합리적인 민주적 숙고라는 자신의 정치적 이상을 실천에 옮기는 것이 얼마나 어려운 일인지 잘 알고 있었던 미드는 자신의 경력 마지막 10년을 인식론과 과학철학 연구에 바쳤다. 이런 점에서 앨프리드 노스 화이트헤드와 앙리 베르그송의 영향은 과소평가될 수 없다. 미드가 자신의 경력 초기에 자신이 지지했던 헤겔주의에 점점 더 불만족스러워하고 있었다는 점은 강조되어야 한다. 1910년대 후반에 베르그송과 화이트헤드의 상대주의 이론을 발견했을 때, 미드는 자신의 초기 헤겔주의가 더 이상 제공할 수 없었던 많은 질문에 대한 철학적 해답을 찾았다. 미드의 견해에 따르면, (절대적 관념론에 의해 전제되는) 하나의 유일한 절대적 관점의 존재는 개별 관점들의 객관성뿐만 아니라 진화, 새로움, 그리고 창조성도 배제한다. 반대로, 인간 의식에 대한 미드의 사회이론과 화이트헤드의 상대주의 철학은 '관점들의 객관성'을 강조한다는 공통점이 있다.[30] 미드가 화이트헤드의 제안에서 선택하고자 하는 것은 "자연에 존재하는 관점들의 조직으로서의 자연 개념"이다.[31] 개별 관점은 개별 관점들의 단순한 합을 초월하는 사회적 관점에서 비롯된다. 그렇다면 개별 관점들의 객관성을 어떻게 확보할 수 있는가? 미드에게 이 질문에 대한 답은 프래그머티즘적인 실험에 있다. 사건들의 조직으로 이해되는 개별 관점은 이전에 금지되었던 행위의 완성으로 이어질 때 객관적이거나 실재적인 것으로 간주된다. 이 지점에서 미드가 행위를 다음 네 단계로 구성된 것으로 생각한다는 것을 명심할 필요가 있다. 첫째, 충동으로, 이것은 주어진 자극에 반응하려는 유기체의 생리학적 성향이라는 의미에서 그러하다. 둘째, 유기체는 대상이나 주변 환경의 일부를 지각한다. 셋째, 유기체는 지각된 대상을 물리적으로(예를 들어, 사과) 또는 지적으로(예를 들어, 과거의 사건) 처리한다. 넷째, 유기체는 문제의 대상에게 특정한 가치를 부여함으로써 행위를 완성한다. 이것이 바로 미드의 행위 모델을 구성하는 결정적인 요소이며, 그의 철학 체계에서 중요한 요소이다.

이 철학 체계가 내 책의 주제이다. 그리고 이 장에서는 저자인 미드의 텍스트 뒤에 삶이 있음을 보여주려고 시도했다. 사실, 모든 사상가의 저작물은 그 또는 그녀가 살았던 세계를 언급할 때 더 잘 이해된다. 미드의 경우, 그 세계의 상당 부분은 활기찬 새 대학과 혼란스러우면서도 스릴 넘치는 사회생활로 가득 찬 세기 전환기의 시카고였다. 이 책의 나머지 부분은 미드의 사상, 특히 그의 사회심리학 이론에 대해 논의할 것이다. 미드의 사상 중에 가장 매력적인 측면은 그 사상이 '형성 중인' 것이라는 점이다. 미드 사상의 중심 모티프가 대화라는 관념인 것은 우연이 아니다. 왜냐하면 대화의 인지적 중요성, 사회성과 협력성, 그리고 유동성 이 모든 것은 미드의 철학을 하나의 체계로서가 아니라 유동적 상태로 특징짓는 데서 의견을 같이하기 때문이다.

제3장

미드의 사회심리학: 기본 개념들

인간의 사회적 본성에 대한 가장 시사적인 은유 중 하나는 대니얼 디포(Daniel Defoe)의 캐릭터인 로빈슨 크루소에서 찾을 수 있다. 베네수엘라 연안의 한 섬에서 거의 30년 동안 표류하면서 '프라이데이(Man Friday)'라고 부른 한 원주민하고만 함께 있었던 영국 선원 로빈슨 크루소의 이야기는 18세기 중반에 출간된 이래 모든 세대의 상상력을 사로잡아 왔다. 나는 이 장을 시작하면서 다음과 같은 질문을 하고 싶다. 만약 크루소가 성장한 어른이 아닌 어린아이로 그 섬에 남겨졌다면, 자신이 했던 것처럼 집을 짓고, 동일한 인공물들을 제작하고, 염소와 농작물을 키울 수 있었을까? 미드의 사회심리학은 이 질문에 대한 답이 부정적일 수밖에 없는 이유를 제시한다. 즉, 미드는 크루소가 성인 남성의 축적된 사회적 경험을 그 섬으로 옮겨왔기 때문에 그렇게 할 수 있었다고 가르쳐준다. 갓 태어난 아이는 자아를 발전시킬 수 있기는커녕 그러한 적대적인 환경에서 한 주도 살아남지 못했을 것이다. 따라서 로빈슨 크루소의 모험이라는 은유는 미드의 사회심리학적 주장에 대한 유용한 예시가 될 듯하며, 사실 미드가 직접 강의실에서 사용했던 예시이기도 하다.

물론, 우리가 누구이고 무엇인지에 대한 감각이 내부에서 외부로 발전하는 것이 아니라 외부에서 내부로 발전한다는 것은 우리 대부분에게 여전히 받아들이기 어려운 생각이다. 이는 우리의 자아가 우리 몸, 특히 우리 두뇌의 산물이라는 전통적인 데카르트적 견해가 대중의 마음에 얼마나 깊이 배어 있는지를 보여준다. 미드는 다른 길을 따른다. 미드에 따르면, 자아를 사회적 삶의 산물로 이해해야만 인간 자아의 기원과 본질을 이해할 기대를 품을 수 있다. 따라서 미드의 출발점은 이성적이며 어떤 근본적인 충동에 의해 움직이는 개별적 자아가 아니다. 대신에 미드의 의사소통적 사회이론은 결국 개별적 자아를 출현시키는 사회적 경험에서 출발한다. 미드 철학의 초석은, 고독한 이성적 개인이 수행하는 행위가 아니라, 나중에 자아가 될 유기체들 사이의 상호작용이다.

이 장에서 나의 주장은 다음과 같이 전개된다. 먼저 미드의 사회심리학에서 '타자의 태도 취하기' 개념이 차지하는 전략적 위치를 보여주려는 시도로 시작할 것이다. 미드에 따르면, 대뇌 피질이 인간 사회의 발달을 위한 생리학적 조건이라면, 우리가 스스로에게 대상이 되는 것은, 즉 우리가 자아가 되는 것은 타인의 역할을 취하는 우리의 능력 때문이다. 자아는 사회적이고 언어적인 과정 내에서 출현하며, 그 과정이 지닌 상징적 성격은 아무리 강조해도 지나치지 않는다. 음성 제스처는 자아가 행동에서 발생하도록 허용하는 사회 조직을 위한 매개체를 제공한다. 이러한 제스처는 역할 수행을 통해 의미 있는 상징이 된다. 개인이 음성 제스처를 발화하면, 상대방에게 특정한 반응을 끌어내며, 그 반응은 그 행위의 상징이다. 이어서, 음성 제스처가 그 음성을 발화하는 개인과 그 음성을 듣는 개인 모두에게 동일한 반응을 불러일으킬 때마다 의미 있는 상징이 나타난다. 따라서 인간 정신은 두뇌와 동일시되지 않는다. 미드는 정신을 개인들 내부에서 일어나는 정신적 과정으로 국한시키지 않고 개인들과 물리적 및 사회적 대상들의 관계로부터 출현하는 것으로 이해한다. 미드가 제기하는 사회적 삶의 개념은 언어가 사회적 조정이라는 중요한 기능을 수행하는, 협력적이고 상징적으로 매개되는 과정의 개념이다. 미드는 언어를 인간 사회생활의 조직적 원리로 해석함으로써 인간 경험의 사회적·상징적 측면을 무시하거나 경시하는 경향이 있는 대안적 설명을 배제하고자 한다. 앞으로 살펴보겠지만, 미드의 대안은 인간종의 역사적-계통발생적 진화와 모든 인간 개인의 발달적-개체발생적 성장이라는 두 가지 서로 얽힌 과정을 과학적으로 재구성할 필요가 있다는 점을 지적한다. 이 두 과정이 지닌 상호보완적 성격의 예는 다양한 '언어의 서법(moods of language)'에 대한 미드의 분석 — 여기서는 여러 형태의 언어적 상호작용이 사회적 진화의 단계뿐만 아니라 언어적 행위의 단계로도 간주되는데, 이 분석은 많이 간과되었었다 — 에서 찾을 수 있다. 이 장은 미드의 의사소통적 사회이론에서 언어가 수행하는 두 가지 핵심 기능에 대한 논의로 끝맺을 것이다. 그 두 가지 핵심 기능은 인간 사회 조직의 원리인 동시에 인간 정신 출현의 원인이 되는 원리이다.

타자의 역할 취하기

미드에 따르면, 인간은 대상들로 이루어진 세계에 살고 있다. 우리 주변의 대부분의 대상은 물리적이다. 펜이나 휴대전화는 미드가 "즉각적 경험의 대상"[1]이라고 부르는 것의 하나의 예라고 할 수 있다. 우리는 그 대상들을 붙잡고, 느끼고, 사용할 수 있다. 또한 미드는 인간도 다른 종류이기는 하지만 대상으로 고려되어야 한다고 제안한다. 인간 자아의 성찰적 지능은 인간을 사회적 대상으로 만든다. 사회적 대상(즉, 인간)은 다른 사회적 대상을 포함하여

주변 환경에 대해 성찰하는 능력으로 인해 물리적 대상과 구별된다. 미드의 관심은 인간이 스스로에게 가장 중요한 대상이 되는 과정을 재구성하는 데 있다.[2] 어떻게 이런 일이 일어날까? 이 질문에 대한 답은 미드의 가장 중요한 개념 가운데 하나인 '타자의 역할 또는 태도 취하기'('역할'과 '태도'는 같은 의미로 사용될 것이다) 개념으로 바로 이어진다. 미드에 따르면, 나는 나를 향한 나의 동료의 태도를 취함으로써 그 동료와 관계를 맺는다. 미드의 말처럼, "우리는 우리에 대한 다른 모든 개인의 태도를 취하여 우리 자신의 몸짓으로 우리 자신을 자극할 때라야 다른 모든 개인과의 관계 안에 있는 우리가 된다."[3] 미드는 우리가 물리적 대상 및 사회적 대상과 유사한 방식으로 상호작용한다고 믿는다. 타자의 태도를 취하는 동일한 심리적 메커니즘에 의지하여, 우리는 우리 자신을 타자의 역할 — 그것이 펜일 수도 있고 친구일 수도 있다 — 에 집어넣는다. 물론 펜의 경우 의사소통이 다소 제한적이지만 후자의 경우는 엄청나게 복잡하다.

'타자의 역할 또는 태도 취하기' 개념은 데카르트의 저작에서 철학의 기초 원리로 처음 등장하는 오랜 철학적 개념인 성찰성(reflectivity)의 미드 버전이다. 그러나 데카르트의 "나는 생각한다, 그러므로 나는 존재한다(Cogito, ergo sum)"와 달리 미드의 성찰성은 타고난 능력이 아니라 사회적 경험을 통해 학습된 능력을 가리키는 개념이다. 앞에서 제시한 바와 같이, 미드는 "자아는 스스로에게 대상이 되는 특성을 지니며, 그 특성이 자아를 다른 대상과 구분해 주면서 동시에 신체와 구분해 준다"[4]라고 주장한다. 달리 말해, 자아는 자신을 독립된 실체로 볼 때, 스스로를 물리적으로든 사회적으로든 다른 대상과 구별한다. 게다가 미드는 자아는 신체와 동일시되어서는 안 된다고 강조한다. 예를 들어, 우리는 우리의 발을 볼 수는 있지만, 신체 전체를 볼 수는 없다. 그러나 우리는 우리 자신을 전체로서 경험한다. 자아를 구별해 주는 것은 바로 이러한 종류의 자기 인식이다. 따라서 자아는 주체이자 동시에 객체이다.

자아는 다른 사회적 대상과 상호작용하면서 미드가 말하는 '역할 수행'에 참여한다. 여기서도 자아는 주체이자 동시에 객체이다. 하지만 한 가지 중요한 차이점이 있다. 이 경우 자아는 말하자면 타자의 눈을 통해 자신을 성찰한다(자신을 대상으로 본다). 자아는 타자와 마찬가지로 특정 유형의 자극에 반응하려는 경향을 자신의 행동에 들여온다는 의미에서 의사소통 가운데 상대의 관점이나 태도를 채택한다. 미드에 따르면, 성찰성은 두 가지 행위 수준을 가지고 있다. 하나는 자아가 자신을 대상으로 보는 주관적인 행위이고, 다른 하나는 자아가 의사소통 상대의 태도를 취하는 상호주관적인 행위이다. 미드의 철학에서, 주관적인 것도 대화적 용어로 정의되듯이, 상호주관적인 성찰성 모델은 명확한 우선성을 가진다. 플라톤-아리스토텔레스의 통찰을 되살리는 미드는 사고가 일종의 "내적 대화"[5]라고 제안한다. 따라서 인간의 지능은 본질적으로 성찰적이며, 이 성찰성은 대화적 성격을 띠고 있다. 미드에 따르면, 우리의 정신 안에서 일어나는 바로 그 독백은 주관적인 형태의 대화일 뿐이다.

'타자의 역할 취하기'라는 표현이 시사하는 것과 반대로, 미드는 이러한 심리적 메커니즘을 사회적 역할의 표상과 관련된 극적인 과정으로 인식하지 않는다. 오히려 미드에게 역할 수행은 사회적이고 생물학적인 과정인 만큼이나 인지적인 과정이다. 역할 수행이 사회 집단에서만 일어나는 한 역할 수행은 사회적 현상이다. 왜냐하면 미드가 설명한 것처럼, "물리적 대상으로서의 유기체가 다른 물리적 대상과의 관계에서만 존재하듯이 자아는 오로지 다른 자아와의 관계 속에서만 존재"[6]하기 때문이다. 타자의 태도를 취한다는 것은 개인의 행동에 도입되는 것이 복잡한 사회적 역할이 아니라 특정한 자극에 대략적으로 다른 개인들처럼 반응하려는 행동적 성향이라는 것을 의미한다. 이런 의미에서 자기-의식이 처음에는 극적인 사건이라 할지라도 나중에는 자기-의식이 추상적인 사고의 과정으로 발달함에 따라 "극적 인물의 특징과 억양은 사라지고 내적 담화의 의미가 강조된다."[7] 앞으로 살펴보겠지만, 역할 수행의 행동적 및 인지적 성격에 대한 미드의 이러한 강조는 미드와 직접적인 지적 계보를 맺고 있다고 주장하는 상징적 상호작용론자들 사이에 널리 퍼진 개념과 상충된다.

미드의 역할 수행 개념은 그의 사회심리학에서 또 다른 중요한 기능을 수행한다. 그것은 "언어를 통한 기능 분화",[8] 즉 인간 척추동물을 다른 동물종과 구별하는 사회 조직의 원리 이면에 있는 행동 메커니즘이다. 다른 하등 동물(예를 들어, 개미 또는 벌)이 사회생활의 조직 원리로서 생리적 분화에 의존한다면, 미드는 인간종의 사회 조직 특성은 "타인의 참가를 포함하는 의사소통"[9]을 중심으로 이루어진다고 시사한다. 인간 사회 조직의 원리는 언어인데, 언어는 인지, 사회적 경험, 그리고 상징적 의미를 지구상의 다른 어떤 동물 종과도 비교할 수 없을 정도로 복잡하게 결합한 인간 고유의 능력이다. 특히 인간종의 진화는 두 가지 수준의 요인이 결합한 것에 기인한다. 첫째 요인은 사회적 충동에 의해 동기화되는 공동생활의 경험이며, 둘째 요인은 척추동물 중추신경계의 대뇌 피질의 발달이다. 후자는 인간종의 발달에 필요한(생리적) 조건이지만, 충분조건은 아니다. "대뇌 피질이 사회적 활동의 기관이 되어 사회적 대상의 출현을 가능하게 해왔다면, 그것은 개인이 자아, 즉 자신의 행위에 반응하는 타자의 성향에 따라 자신의 반응을 조직하는 개인이 되었기 때문이다."[10] 미드가 배제하고자 하는 것은 인간 대뇌 피질의 발달이 인류를 두드러지게 하는 과학, 예술, 기술, 그리고 다른 모든 업적의 유일한 이유라는 관념이다. 미드의 대안적 설명은 타자의 역할을 취함으로써 자아가 생성되는 행동 메커니즘을 촉발하는 현상으로서의 사회적 경험이 중추적인 역할을 한다는 점을 지적한다. 이것이 자아가 인간 척추동물의 독특한 특징이 되는 방식이다.

이 중요한 문제는 잠시 후에 다시 다루겠지만, 지금은 미드의 '타자의 역할 취하기' 개념이 지닌 또 다른 특징, 즉 우리의 제스처에 대한 타자의 가능한 반응을 상상하거나 예측하는 인간 능력에 대해 논의하고자 한다. 미드의 역할 수행 개념이 갖는 이러한 예측적 성격은 이전 장의 끝에서 소개했던 그의 '대상' 개념과 4단계 행위 모델을 참조하면 더 잘 이해할 수 있다. 자아는 접촉의 기대가 나중에야 충족될 수 있는 특정한 물리적 대상을 멀리서 지각한다. 예를 들어, 나는 의자를 보고 그 의자에 앉기 위해 방을 가로질러 이동한다. 따라서 나는 내 앞에 있는 대상에 — 이 경우에는 의자에 — 나의 행동을 조정할 수 있는 몇 초의 시간이 있다. 이러한 조정을 통해 나는 그 의자의 일부 특성(예를 들어, 의자의 형태와 저항)을 나에게 가져올 수 있으므로, 내가 그 의자에 앉는 순간 그러한 특성은 이미 내 유기체 안에 있을 것이다. 이런 식으로 나는 의자에 앉기 전에 그것이 내 체중을 지탱할 수 있는지 여부를 고려하고, 지탱할 수 있을 것으로 예측한다. 물론 사회적 대상과의 관계에서도 마찬가지이겠지만, 이 경우에 예측적 역할 수행의 복잡성은 훨씬 더 커서 실수를 저지르기 쉽다.

지금까지 '대상'과 '역할 수행'의 개념을 살펴보았다. 나의 목적은 미드의 자아에 대한 사회이론이 지닌 가장 기본적인 요소들을 소개하는 것이었다. 그러나 미드의 사회심리학을 이해하는 데 필수적인 여러 다른 중요한 개념도 있다. 이 개념들을 검토하기 위해 나는 인간종의 발달 과정에 대한 미드의 설명을 살펴본다. 이와 관련하여, 하나의 개념이 특히 중요하게 등장한다. 그것은 미드가 분트로부터 차용한 '제스처' 개념이다.[11)]

제스처와 '사회적 행위'

사회적 경험은 미드가 인간 의식의 기원과 발달을 설명할 때 허용하는 유일한 전제조건이다. 그러나 옹호할 수 없는 순환성을 피하기 위해 그는 영장류가 '타자의 태도를 취하는' 고유한 인간 능력에 선행하는 원시적인 역할 수행 행위를 어떻게 해냈는지 설명할 필요가 있다. 그는 앞에서 언급한 두 가지 추론 과정을 결합함으로써 이를 설명한다. 우선, 미드는 인간 대뇌 피질 발달의 중요성을 강조한다. 이것은 "다른 것과 구별되는 특수한 인간 행위의 출현"[12]을 가능하게 한 물질적 원인이었다. 그러나 이러한 생리적 발달은 그 자체로는 인간 행위가 어떻게 진화했는지 설명하지 못한다. 말하자면, 그것은 인간에게 역할 수행 태도가 발달하는 데서 필요조건이었다. 그러나 충분조건을 찾기 위해서는 이제는 사회적 성격을 가진 또 다른 생리적 특성으로 눈을 돌려야 한다. 미드는 충동의 역할을 지적하는데, 이것을 "충족시키려면 사회적 상황과 사회적 관계가 필요"[13]하다. (생식 충동, 부모 충동, 또는 이웃 맺기 충동과 같은) 이러한 기본적인 사회적 충동과 욕구는 일반적인 사회 분화 과정의 기초를 구성한다. 앞으로 살펴보겠지만, 미드와 같은 시기에 시카고에서 활동한 다른 사상가들은 일련의 '사회적 힘(social forces)'이라는 개념으로부터 도출한 복잡한 사회학적 모델을 발전시키고 있었다. 나는 사회학과를 설립한 앨비온 스몰(Albion Small)과 아마도 1910년대에 가장 중요한 시카고 사회학자였던 W. I. 토머스(W. I. Thomas)를 염두에 두고 있다. 따라서 미드가 '사회적 충동' 개념을 사용한 것은 그가 시카고에서 대부분의 동료들과 공유했던 사회적 프래그머티즘의 표지이다. 이제 이러한 충동에 의해 수행되는 역할에 대한 미드의 분석으로 돌아가 보겠다.

충동이 지닌 사회적 성격으로 인해 우리 영장류의 조상들과 같은 개인 유기체들의 행동은 항상 집단 사회생활의 구성요소이다. 이러한 특별한 발달 상황을 설명하기 위해 미드가 선호하는 개념은 '사회적 행위' 내에서 일어나는 '제스처(또는 태도)의 대화' 개념이다.[14] 협력 활동을 할 수 있는 사회 생리적 충동을 타고난 한 무리의 영장류를 상상해 보라. 이 영장류 중 적어도 둘

이 사회적 상호작용에 참여할 때, 미드는 우리 앞에 '사회적 행위'가 있다고 제시한다. 이 사회적 행위에 참여하는 다른 영장류에게 자극으로 기능하는 한 영장류의 움직임이나 태도가 '제스처'이다. 상호작용이 진행됨에 따라, 그 영장류들은 이러한 제스처를 서로 주고받으며, 각 영장류의 행위는 다른 영장류가 반응할 수 있는 자극이 된다. 미드는 이러한 '제스처의 대화'가 일어나는 이유가 문제의 영장류가 충동을 가지고 있으며 이를 충족시키기 위해서 사회적 상황이 필요하기 때문이라고 주장한다. 물론, 사회적 충동의 유형은 매우 많기 때문에 사회적 충동의 종류는 어마어마하다. 사회적 행위는 사랑의 행위에서부터 가장 파괴적인 형태의 폭력에 이르기까지, 두 개인 사이의 단순한 상호작용에서부터 집단 전체의 모임에 이르기까지 다양하다. 명심해야 할 것은 그러한 사회적 행위를 구성하는 제스처가 비인간 개체들에 의해 수행될 때에는, 즉 "그에 대한 다른 유기체의 반응이 제스처를 행한 유기체에게 의미하는 것과 똑같은 것을 나타내지 않을 경우"[15]에는 의미가 없다는 사실이다. 달리 말해, 미드는 가장 원초적인 형태의 사회적 상호작용을 위해 남겨둔 "무의식적인 제스처의 대화"[16]와 제스처가 기호가 될 때 발생하는 "의식적인 제스처의 대화"를 구분한다. 미드는 무의식적인 제스처의 대화에서 의식적인 제스처의 대화로 진화하는 과정은 언어라는 사회적 경험이 없었다면 일어날 수 없었을 것이라고 주장한다.

이제 미드가 제스처 또는 의사소통이라는 의식적 대화의 출현을 어떻게 재구성하는지 자세히 논의하고자 한다. 미드에 따르면, 모든 제스처가 기호가 될 수 있는 것은 아니다. 제스처가 제스처를 하는 개인과 그에 반응하는 개인 모두에게 명확한 의미를 지니기 위해서는 특정한 사회적 행위에 참여하는 개인들 모두에게 유사한 반응을 불러일으켜야 한다. 발신자와 수신자 모두에게 유사한 자극을 방출하는 유일한 제스처 유형은 '음성 제스처'이다. 음성 제스처의 구술적 특성으로 인해 음성 제스처를 발화하고 있는 개인은 다른 개인들과 마찬가지로 그 음성 제스처를 들을 수 있다. 이러한 특성이 바로 음성 제스처만이 우리도 "다른 사람들이 우리 행동에 대해 지니는 태도를"[17] 취할 수 있게 되는 이유를 설명해 준다. 또한 분명하게 발음된 소리는 우리의 언어 운용을 스스로 모니터링하는 데 가장 적합한 메커니즘이다. 여기 유용한 예가 하나 있다. 앞의 영장류 사례로 돌아가서, 사회적 행위에 참여하는 두 개체를 생각해 보자. 남성은 어떤 특정한 음성 제스처를 발화하는데, 이 음성 제스처는 그 남성과 그의 여성 대화상대에게 들린다. 이렇게 함으로써, 그는 그녀의 역할에 자신을 집어넣을 수 있다. 즉, 그는 자신의 음성 제스처에 대한 그녀의 반응이 어떠할지에 대해 상상할 수 있다. 그리고 그가 이것을 상상할 수 있는 이유는, 그가 그녀와 마찬가지로 자신의 말을 듣고 있기 때문이다. 따라서 말하는 영장류는 듣는 영장류의 역할을 취한다. 그러고 나면, 그녀는 대꾸하고, 그리고 그 반대가 일어난다. 그녀도 자신의 말을 들을 수 있기 때문에 그가 하는 역할을 취할 수 있는 것이다. 이 특정 유형의 제스처는 화자와 청자 모두에게 가능하기 때문에 그녀는 그가 그녀의 음성 제스처에 어떻게 반응할지 상상할 수 있다. 미드에 따르면, 의미는 진화의 어느 시점에서 말하는 영장류가 대화상대와 유사한 방식으로 음성 제스처에 반응하는 방법을 배웠을 때 탄생했다. 영장류가 타자의 역할을 취하는 법을 배웠을 때 의미의 의식이 생겨났고, 영장류는 성찰적 지능으로 주위의 대상들을 근본적으로 다른 방식으로 인식하고 조작하기 시작했다. 그들은 이제 사물들의 '내부', 즉 사물들의 추상적인 속성을 볼 수 있게 되었다. 물리적 대상과 사회적 대상이 존재하는 경험 세계에 살면서 영장류는 개별적인 타자를 통해 이러한 성찰적 능력을 인식하게 된다. 따라서 자아의 탄생은 대화적이다.

의미와 의미 있는 상징

미드의 계통 발생 이론에 따르면, 언어는 개인들이 자신이 발화하는 음성 제스처의 사회적 중요성을 인식하게 되었을 때 등장했다. 무엇이 음성 제스처를 마땅히 언어라고 부를 수 있는 어떤 것의 요소로 바꾸었을까? 음성 자극이 의미 있는 것이 되려면 다음 두 가지 조건이 충족되어야 한다. 첫째, 개인이 다른 개인들과 마찬가지로 자신의 자극에 반응한다. 둘째, "자기 자신 안의 이러한 반응은 …… 그 개인에게 자극이 되면서 동시에 반응이 된다."[18] 그래야만 '의미 있는 상징'이 생겨난다. 그러한 상징에는 특정한 의미작용이 부가된다. 즉, 그러한 상징은 특정한 의미를 가진다. 미드의 주장에 따르면, '의미 있는 상징'과 '의미'라는 이 두 개념의 관련성은 더 자세히 살펴볼 필요가 있다.

우선, 미드는 의미 있는 상징이 사회적 상호작용에서만 등장할 수 있다고 강조한다. 어떤 특정한 사회적 행위에서 하나의 제스처가 가진 의미는 행위하는 개인 쪽의 "반응의 의식이나 반응할 준비 상태"[19]와 동일시된다. 그러한 의미 의식은 사회적 행위를 행동 조건으로 삼는다. 미드는 "의미 있는 제스처 또는 상징은 항상 그것이 일어나는 경험과 행동의 사회적 과정을 그 의미로 가정한다"[20]라고 주장한다. 달리 말해, 자연 언어와 상징은 사회 집단들에 공통적으로 존재한다. 그러나 미드는 자연 언어와 상징이 개인의 행동과 인성에도 이입된다고 주장하고 싶어 한다. 따라서 의미 있는 상징은 사회생활에서 개인의 상호작용 및 참여의 기초일 뿐만 아니라 개인의 추상화 및 성찰적 사고의 기초이기도 하다. 공원에서 혼자 친구를 기다리는 사람을 예로 들어보자. 거기 앉아 있는 동안, 그녀는 직장에서 보낸 하루, 다가오는 만남에 대한 기대 등 자신의 삶에 대해 생각한다. 신체적으로는 혼자이지만, 생각할 때는 의미 있는 상징을 사용한다. 그러나 친구가 도착하자마자 그녀는 의미 있는 상징을 친구와 대화하는 데 사용할 것이다. 이 예에서 알 수 있듯이, 성찰적 사고와 언어적 의사소통은 모두 '의미 있는 상징'을 필요로 한다. 하지만 이 시점에서 '상징적 상호작용'이라는 표현은 미드 자신이 만든 것이 아니라 그의 학생 중 하나인 허버트 블루머(Herbert Blumer)가 만든 것이라는 점에 주목할 필요가 있다. 블루머에 대해서는 상징적 상호작용론의 사회학적 흐름에 대한 장에서 논의할 것이다.

둘째로, 의미 있는 상징의 결정적인 특징은 그 상징이 지닌 상징적 성질이다. 하지만 미드는 어떠한 내성주의적(introspectivist) 접근도 거부한다. 그에게 언어 상징은 "의미 있는 또는 의식적인 제스처일 뿐이다." 그 상징을 해석하는 것은 "실제 사회적 경험의 장 안에서 일어나는 외적이고 명시적인 과정이자 신체적이고 생리적인 과정이다."[21] 미드는 상징을 어떻게 정의하는가? 무엇보다도, 상징은 의미의 개념과 혼동되어서는 안 된다. 미드는 의미의 논리적 구조를 첫째 유기체의 제스처, 둘째 유기체의 반응하는 제스처, 그리고 사회적 행위의 '결과'로 구성된 내적인 삼자관계로 묘사한다. 첫째 유기체의 제스처에 대한 둘째 유기체의 반응은 그 제스처에 대한 해석이며, 이 반응이 의미를 불러일으킨다. 따라서 의미는 사회적 행위의 구조에 내재되어 있으며, 그 결과 의미는 "사회적 행위 안에 이미 객관적으로 존재"한다.[22] 미드는 자신의 주장을 설명하기 위해 곰의 발자국을 예로 사용한다. 발자국은 곰의 상징이다. 그러한 발자국을 우연히 발견할 때, 우리는 그 찍힌 진흙 자국을 이전 어느 순간에 곰이 지나간 것과 연관시킨다. 우리는 그 발자국을 두려워하는 것이 아니라 그 발자국이 의미하는 것, 즉 곰을 두려워할 수 있다. 따라서 발자국은 상징이고, 곰은 그 상징의 의미(즉, 사회적 행위의 '결과')이다. 그리고 그러한 상징을 그러한 의미로 이어지는 것으로 규정할 수 있는 것이 인간 지능의 독특한 특성이다. 따라서 개인들은 집단의 다른 구성원들뿐만 아니라 자신에게도 특정 대상이나 제스처의 함의를 나타내는 상징을 창조한다. 그렇다면 어떤 의미에서 상징화는 대상을 창조한다. 진흙 자국은 개인이 그것을 보고 그 자국을 '곰'을 의미하는 것으로 해석할 때만 '발자국'이 된다. 상징화 과정이 일어나는 사회적 맥락이 아니었다면 그러한 대상은 존재할 수 없었을 것이다. 이 상징화 개념에서 끌어낼 수 있는 의미는 적어도 두 가지가 있다. 첫째, 미드가 언급하듯이, 언어는 "그 상황이나 대상의 존재 또는 등장을 가능하게 한다. 왜냐하면 언어가 그 상황이나 대상을 창조하는 바로 그 메커니즘의 일부이기 때문이다."[23] 둘째, 특정 대상이나 제스처의 의미는 의미의 의식 이전에 존재하며, 개인들과 그들이 사는 환경을 연관시키는 행동 구조에 존재한다. 인간의 행동은 이러한 관계를 구조화하기 때문에, 미드에 따르면, 의미는 언어적으로 구성되는 것도 아니고 주어진 데이터도 아니다.

셋째로, 미드의 일반적인 주장에 대한 함의라는 측면에서, 나는 '의미 있는 상징'이라는 개념의 사회학적 결과를 강조하고 싶다. 사회 및 사회적 협력에 대한 미드의 개념은 의미 있는 상징을 언급하지 않고는 이해될 수 없다. 복잡한 대규모의 사회생활은 오로지 인간이 의미 있는 언어를 발전시켰기 때문에 가능하다. 미드의 "합리적인 자아라는 면에서 사회 통합화와 조직화의 원리"[24]는 인간의 상징화 능력에 기반을 두고 있다. "더욱 효과적인 협동 행위를 위해 우리는 반응을 수행하는 수단으로서 상징을 가질 수밖에 없다. 이렇게 하여 의미 있는 언어의 획득이 가장 큰 중요성을 가진다."[25] 우리가 본 것처럼, 다른 사람들의 반응을 공유하는 것은 무의식적인 제스처의 대화와 의식적인 의사소통을 구별하는 요소이다. 전자의 경우에는 자기 자극이 거의 존재하지 않는 반면, 후자의 경우에는 자기 자극이 결정적인 역할을 한다. 요약하자면, 계통 발생에 대한, 그리고 특히 인간 언어가 등장하는 진화적 과정에 대한 미드의 설명은 인간 진화에서의 중요한 전이에 대해 다음과 같은 그럴듯한 설명을 제공한다. 즉, 음성 제스처는 인간이 자신의 음성 제스처에 반

응함으로써 스스로에게 대상이 될 수 있도록 하는 결정적인 기능을 부여받았다는 것이다.[26]

언어와 정신

이제 우리는 인간 정신의 발달에 길을 닦아준 상징적 성질을 가진 사회적 활동인 언어에 대한 미드의 논의를 살펴볼 준비가 되었다. 그렇다면 우리는 자연 언어의 과학적 연구에 관한 미드의 방법론적 입장을 묘사할 단어가 필요하다는 데서부터 출발해야 한다. 미드는 주관적 의식을 순전히 행동주의적 용어로 환원시킨 왓슨의 행동주의가 지닌 객관주의적 접근과 언어를 원래 주관적인 사태로 연구하는 반대의 오류를 범하는 내성주의 둘 다 거부한다. 미드의 관점에서 볼 때, "언어나 말의 과정 ─ 그 기원과 발달 ─ 에 관한 연구는 사회심리학의 한 분파이다. 왜냐하면 그 과정은 상호작용하는 유기체 집단 안에서 행동의 사회적 과정을 보아야만 이해할 수 있기 때문이다."[27] 언어의 출현에 관한 연구에서 미드가 선호하는 것은 자연주의적이고 사회적인 관점이다. 미드의 계통 발생에 대한 설명에서 언어는 개인 유기체들이 수행하는 사회적 협력 활동으로서 등장했는데, 개인 유기체들의 행동은 의미가 부여된 음성 제스처를 포함한다. 원래의 순수한 정신은 애초에 없다. 미드에게 그 시작은 생물학적이고 사회적이다. 그가 보기에 언어의 출현을 가장 적절하게 설명하는 사회생리학적 메커니즘은 무엇인가? 앞에서 요약한 바와 같이, 미드는 개인들이 자신이 발화하는 음성 제스처의 사회적 의미를 인식하게 될 때 언어가 출현했다고 시사한다. 이 과정에 관련된 행동적 메커니즘은 미드 이전의 많은 사상가가 제안했던 것처럼 모방이 아니었다. 미드는 모방 충동은 언어 획득 과정을 설명하기에 적절하지 않다고 생각했다. 제스처의 대화 사례를 생각해 보라. 제스처에 대한 반응의 행동적 설명으로 모방적 충동에 의존한다면, 이러한 반응은 단순한 재현의 문턱을 결코 넘지 못할 것이다. 미드가 관찰하듯이, "그 민감한 경험은 …… 단순히 보고 들은 것을 재생산하는 자극이라고 할 수 없다. 이것은 오히려 유기체적 과정을 실행하기 위한 자극이다."[28] 미드의 대안적 설명은 타자의 역할을 취하는 인간의 능력을 가리킨다.

미드는 우리가 우리의 제스처에 대한 상대방의 반응을 예상함으로써 상대방의 관점에서 우리 자신을 볼 수 있다고 주장한다. 그러나 가장 원초적인 단계에서는 역할 수행이 과거의 사회적 행위에 대한 기억 이미지에 의존한다. 그렇다고 모방적 충동이 있다고 말하는 것은 아니다. 미드가 강조하는 것은 첫 번째 역할 수행 노력에 착수하기 전에 사전의 경험적 재료가 논리적으로 필요하다는 것이다. 미드는 우리 자신의 행동에 대한 우리의 반응 속으로 "우리 주변 사람들의 반응이 지닌 기억 이미지, 즉 유사한 행위에 대한 응답 안에 있는 다른 사람들의 반응이 지닌 기억 이미지가 자연스럽게 흐른다"[29]라고 시사한다. 이 기억 심상은 사회생활이 역할 수행의 전제조건인 이유를 설명해 준다. 영장류는 사회적 경험 없이는(즉, 타자 없이는) 타자의 관점을 취하는 방법을 결코 배울 수 없었을 것이다. 따라서 자연 언어의 시작을 개인주의적이고 비사회적이며 합리적이라고 가정하는 것은 논리적으로 지지할 수 없다. 개별 유기체들이 이 기억 심상을 갖게 되면, 그들은 처음에는 제스처의 대화를 통해, 그런 다음에는 의식적인 의사소통을 통해 사회적 충동을 표현하기 시작할 수 있다. 한 상황에서 다음 상황으로 이행하는 것은 우리의 제스처의 일부가 다른 사람들이 우리를 보듯이 우리 자신을 볼 수 있게 해주기 때문에 가능한 일이다. 이러한 개인 유기체들이 음성 제스처의 사회적 중요성을 이해하기 시작했을 때 의미 있는 언어가 출현했다.

일부 저자들이 제안하는 것[30]과 달리, 자연 언어의 기원과 발달에 대한 미드의 이론은 언어 발달의 가장 원초적인 단계를 재구성하는 데 국한되지 않는다. 미드는 자신의 일부 강의에서,[31] 자신이 '언어의 서법'이라고 불렀던 것, 즉 사회 진화의 단계이자 언어 행위의 단계로 인식되는 언어적 상호작용의 형태에 대해 길게 논의했다. 이러한 '양식'에 대한 간략한 스케치만으로도 미드의 분석이 한두 단어로 된 문장에 대한 연구를 넘어선다는 것을 알 수 있다. 미드가 제안한 분류는 다음과 같은 언어적 서법, 즉 명령법, 가정법, 기원법, 그리고 마지막으로 직설법을 포함한다. 이러한 서법들은 자연 언어 발달의 여러 진화 단계를 묘사하기 위한 것이다. 이들 중 가장 원초적인 단계에서는 명령법이 의사소통의 주된 형태였는데, 진화의 이 시점에서 사회관계는 힘과 강압을 통해 조정되었다. 그 후 인간에게 중추신경계가 발달하면서, 숙고와 연관된 가정법과 의사결정 상황과 관계된 기원법이라는 두 가지 다른 언어 서법이 등장했다. 그러나 이 두 서법이 단순히 명령법을 대체했다는 의미는 아니다. 반대로 인간은 더 다양한 언어적 능력을 갖추게 되었다. 이제 인간은 한 가지 서법이 아니라 주어진 상황에서 선택할 수 있는 여러 언어적 서법을 갖게 된 것이었다. 미드의 의도는 분명하다. 그는 다양한 언어 진화 단계에 대한 이 분류법으로 자신의 계통 발생에 대한 설명을 보완하고자 한다. 예를 들어, 자의식은 가정법과 함께 등장한다. 왜냐하면 미드가 설명하듯이 중추신경계는 "시간 차원을 행위로 도입함으로써 대안을 제시하는 능력"을 의미하며, "다양한 가능성을 현재 상황으로 들여오기 위해 다른 대안들을 제시할 수 있기" 때문이다. "그렇다면 여기에 숙고, 대화, 내부 토론, 또는 회의가 있다."[32] 그러한 신중하고 합리적인 활동을 지속적으로 실천하는 것은 결국 가장 늦게 발달한 언어의 서법인 직설법의 출현으로 이어졌다. 이제 개인들은 동일한 사회적 행위에 관련된 다른 개인들에게뿐만 아니라 자신들에게도 서로 다른 행위 방침을 표현할 수 있다. 이러한 언어적 서법은 다음 구절에서 볼 수 있듯이 미드의 자아에 대한 사회이론에 자연스럽게 들어맞는다.

우리는 우리 자신에게 대상을 보여줘야 할 뿐만 아니라 그 대상에게 특정한 방식으로 반응할 준비가 되어 있다는 것도 보여줘야 하며, 이러한 표시(indication)는 (그 지시의 대상이거나 대상이 될 수 있는) 다른 개인의 태도나 역할에서 이루어져야 한다. 그렇지 않은 경우, 이러한 표시는 의미화에 관련된 공통 속성을 가지지 않을 것이다. 상징이 유의미해지는 것은 그가 자신이 되는 동시에 타자가 될 수 있는 능력을 통해서이다. 이에 대한 일반적인 진술은, 우리는 우리가 다른 사람에게 무엇을 하라고 지시하는 것을 마음속에 가지고 있다는 것이다. 방향을 지시할 때, 우리는 다른 사람에게 방향을 지시하는 동시에 우리 자신에게도 방향을 지시한다.[33]

이제 우리는 미드 사회심리학의 관점에서 언어가 적어도 두 가지 측면에서 중심적인 역할을 한다는 것을 알 수 있다. 첫째, 언어는 인간 사회 조직의 기본 원리를 구성한다. 달리 말해, 언어는 일반적인 진화의 과정에서 사회 안에서의 삶이 발전하는 원리의 지위를 부여받는다. 따라서 미드의 사회 개념은 본질적으로 상징적이며 협력적인 기획이다. 그러나 앞서 지적했듯이, 언어와 의미 있는 상징은 신체적 자아들 사이의 상호작용의 산물로 생각할 때만 과학적으로 재구성될 수 있다. 둘째, 언어는 인간 정신 출현의 원인이다. 미드는 인간 정신은 "커뮤니케이션과 일반적으로 사회적 경험의 과정에서 등장하여 발전된 현상"[34]으로 개념화되어야 한다고 주장한다. 따라서 인간 정신을 순수하게 개인적이고 이성적인 것으로 보는 데카르트적 관점은 거부되고, 사회생활의 산물, 진화의 산물, 그리고 의미 있는 제스처의 상징적 교환의 산물로 보는 관점이 선호된다.

이 두 가지 관점은 모두 자세히 다룰 가치가 있다. 인간 삶의 상징적 본성의 경우, 미드가 사회학적 정전(正典)에서 정당하게 자리를 차지한 이유 가운데 하나는 바로 이러한 통찰 때문이다. 그러나 이것이 상징적 상호작용론 — 뚜렷하게 미국적인 최초의 사회학적 전통인 — 이 제안하는 방식으로 미드의 저작을 독해하는 것이 문제가 없다는 말은 아니다. 앞으로 살펴보겠지만, 상징적 상호작용론자들의 해석 틀을 넘어서서 미드의 작업을 살펴봐야 할 강력한 이유가 있다. 그럼에도 불구하고, 인간 주관성과 사회적 상호작용을 하나의 동일한 과정의 단계로 보는 미드 개념의 상징적 성격은 부인할 수 없다. 이 점을 좀 더 자세히 살펴보겠다.

미드에 따르면, 자아의 구조는 성찰적이다. 자아는 자신, 다른 자아, 그리고 물리적 대상을 성찰적으로 이해하고 소통한다. 타자의 역할을 취하는 인간 능력, 성찰성을 책임지는 행동 메커니즘은 결과적으로 음성 제스처, 언어, 그리고 의미 있는 상징의 발생에 의존한다. 음성 제스처의 복잡성과 구술적 성격은 무의식적인 제스처의 대화에서 한 개인이 타자의 반응을 예상하고 그에 따라 자신의 반응을 표현할 수 있는 진정한 상징적 상호작용으로 진화적으로 변화하는 것을 허용했다. 내적인 삶, 즉 자아와 자기 자신 간의 의사소통은 상호주관적 의사소통에 대한 미드의 이해를 모델로 삼고 있다. 성찰적 사고를 구성하는 내적 대화는 사람과 사람 사이의 의사소통을 참조하지 않고서는 이해할 수 없다. 결국 미드는 의미 있는 상징 개념에 크게 의존하는 '역할 수행' 개념을 통해 대인 의사소통을 설명한다. 따라서 상징화는 미드의 인간 사회성을 이해하는 데서 핵심적인 특징이다.

미드의 사회심리학은 본질적으로 상징적 활동인 인간의 자기 성찰성의 기원, 조건, 그리고 기능을 과학적으로 재구성하려는 시도이다. 미드의 철학을 특징짓는 것은 진화론적이고 자연주의적인 관점과 인간 경험에 대한 사회적이고 상징적인 이해가 결합되었다는 것이다. 사회 계급은 미드의 모든 글에서 거의 언급되지 않으며, 사회 조정 매개체로서의 연대는 뒤르켐의 개념과 같은 결정론적 특성이 없으며, 거시 사회적 갈등과 사회 계층에 대한 체계적인 이론도 부재하다. 하지만 사회에 대한 미드의 상징적 관점은 여러 세대의 사회학자와 기타 사회과학자들에게 엄청난 영향력을 발휘해 왔다. 그러한 영향력은 적어도 한 가지를 보여준다. 바로 미드의 '타자의 태도 취하기' 개념은, 즉 그의 이론 체계를 세운 개념적 축은 오늘날에도 우리가 살고 있는 세계의 상징적 본질을 이해하는 데 강력한 지적 도구라는 것이다.

이제 정신의 상징적·의사소통적 특성에 대해 살펴보면, 이것이 미드와 같은 사회심리학자에게도 논란의 여지가 있는 논지였다는 점을 고려해야 한다. '정신을 가진다'는 것이 상징적 상호작용을 전제로 한다는 그의 논지는 성찰적 사고를 원자화되고 추상적인 개인과 동일시하는 오랜 철학적 전통 — 데카르트의 성찰적 코기토(cogito)에서부터 존 로크와 같은 영국 경험론자에 이르기까지 — 에 반하는 것이다. 1910년대 중반까지 미드의 주요 영감의 원천 중 하나였던 헤겔을 통해서야 비로소 성찰성(reflectivity)이 사회적 문제로 보이기 시작했다. 그러나 미드는 성찰적 자아가 적어도 만족스러운 객관성은 아닐지라도 자신을 제외한 다른 모든 것에 대해 성찰할 수 있다는 이른바 '사각지대 딜레마'의 해결책에 관해서는 헤겔과 의견이 달랐다. 헤겔이 완전히 스스로 투명한 성찰성을 보장하기 위한 수단으로서 '절대적 성찰'이라는 사변적 개념을 제안했던 반면, 미드는 그 대신 (애덤 스미스의 거울 은유에 더 가까운) 이중적인 자아 개념을 선택했는데, 이에 대해서는 다음 장에서 자세히 논의할 것이다. 지금은 미드의 자아에 대한 사회이론이 서양 사상에서 데카르트에 의해 시작된 유아론적 패러다임에서 미드 자신이 핵심 인물인 상호주관적 패러다임으로 옮겨간 진정한 '사회적 전환'을 대표한다는 점을 지적하는 것으로 충분하다.

미드는 정신이 언어적 상호작용으로부터 창발한 것이라는 논지를 중심으로 자의식의 기원에 대한 입장을 구성한다. 미드는 "언어에서 정신의 영역이 나오는 것이다"[35]라고 주장한다. 앞서 논의했듯이, 이러한 주장은 대체로 합의된 것이 아니었다. 인간 정신을 물리적 신체와 구별된 실체로 보는 데카르트의 해석과는 별개로, 미드는 왓슨의 심리적 행동주의에 맞서 자신의 주장을 증명해야 했다. 후자의 관점에서 보면, 정신은 생리학이나 신경학의 측면에서만 설명될 수 있었다. 미드는 인간 경험에 대해 비사회적으로 묘사하는 전통적인 행동주의적 해석을 명백히 거부한다. 그는 생리학적 발달이 정신 출현의 물질적 원인으로서 필수적이라는 것을 인정할 준비가 되어 있었지만, 그럼에도 불구하고 『정신, 자아, 사회』의 중요한 구절에서 다음과 같이 강조한다.

> 정신이나 지능의 진화적 발생은 경험과 행동의 사회적 과정 전체가 그 안에 연루되어 있는 분리된 개인들 중 한 사람의 경험 속으로 들어올 때 일어난다. …… 이와 같이 사회적 과정 전체가 그 과정에 포함되어 있는 개인의 경험 속으로 들어오는 것은 바로 반사(reflexiveness)라는 수단에 의해서 ― 개인의 경험을 스스로에게 돌려줌으로써 ― 가능해진다. …… 그러므로 반사는 사회적 과정 안에서 정신이 발달하는 데 본질적인 조건이다.[36]

정신은 생리학적으로는 뇌에 의존하지만, 사회적 경험의 모체를 통해서만 생겨날 수 있다. 각 개별 유기체는 사회적 삶에 참여함으로써 생리적 잠재력을 실현한다. 그래야만 인간의 고유한 특징인 사고 ― 즉, 의미 있게 상징적인 방식으로 행동하는 능력 ― 를 발휘할 수 있다. 상징적 표현은 원래 언어적이기 때문에, 언어가 없는 정신은 존재하지 않으며 정신의 내용은 "사회적 상호작용의 발달이며 산물일 뿐이다."[37] 요컨대, 정신은 뇌와 혼동해서는 안 되며 어떤 '순수한 실체'라는 사변적인 개념과도 혼동해서는 안 된다. 미드에게 정신은 인간 경험의 사회적 과정에서 창발한 것이다.

제4장

사회적 자아

앞 장에서 나는 로빈슨 크루소가 갓난아이로 섬에 버려졌다면 왜 자아를 발달시킬 수 없었는지를 이해하는 데서 미드가 어떻게 도움이 될 수 있는지를 보여주려고 노력했다. 미드에 따르면, 전체는 부분보다 앞선 것으로 인식되어야 하며, 그 반대는 아니다. 개인이 사회에 의해 설명되어야 하는 것이지, 사회가 개인에 의해 설명되어야 하는 것은 아니다. 개인 정신보다 사회적 전체가 논리적으로 연대기적으로 선행한다는 것은 문명 안에서만 자아를 발달시킬 수 있음에도 불구하고 왜 크루소가 그 외딴섬에서 수년 동안 혼자 사는 데 아무런 문제가 없었는지를 설명해 준다. 미드의 자아에 대한 상호주관적 모델은 우리 인간을 다른 동물 형태와 구별하는 정신적 과정의 사회적 기원에 대한 그럴듯한 설명을 제공하는 것으로 보인다.

이 장에서는 자아를 사회적 창발물(social emergent)로 이해하는 미드의 설명을 상당히 심도 있게 다루고자 한다. 인간 의식 발달의 본질과 논리에 대한 미드의 평생 연구 관심은 (의식 자체와는 별개로) 정신 및 성찰적 지능과 같은 개념을 포함하는 정신적 과정에 대한 탐구로 그를 이끌었다. 실재에 대한 미드의 과정적 관점은 여기서 다시 한번 등장할 것이다. 미드에 따르면, 인간 의식은 의식의 주관적인 상태('자각'으로서의 의식)와 객관적인 기능적 과정('성찰적 지능'으로서의 의식)을 모두 포함한다. 그는 의식을 인간 신체 어딘가에 위치한 물질 또는 형이상학적 실체로 인식하는 대신, 의식을 의식의 기능의 측면에서 정의하거나 의식의 사회적 성격에 비추어 정의하는 방식을 택한다. 성찰적 지능이라는 의미에서의 의식 — 자각으로 이해되는 '의식'의 주관적인 의식 상태와 혼동되어서는 안 된다 — 은 우리가 살고 있고 또한 우리가 그 일부인 환경에서 일어나는 기능적 과정이다. 마찬가지로, 성찰적 지능과 정신은 둘 다 개별 유기체와 환경 사이의 관계 측면에서 이해된다. 한쪽 끝에서는 이러한 관계가 우리가 세상을 대할 때 직면하는 행위 문제들에 대처하는 우리의 능력을 포함하며, 다른 쪽 끝에서는 이 관계가 우리 경험의 일부 — 우리가 특권적으로 접근할 수 있는 부분 — 를 묘사하는데, 그 안에서 우리는 우리가 개별적으로 우리 자신에게 대상이라는 사실을 발견한다. 정신은, 데카르트가 원했던 것처럼, 송과선[좌우 대뇌 반구 사이에 있는 내분비 기관_옮긴이]에 위치해 있는 것이 아니라 개인이 자신과 나누는 내적 대화인 사회적 과정과 동일시된다.

이 장에서는 자아와 자아의 두 가지 발달 단계인 '놀이'와 '게임'에 대한 논의로 진행할 것이다. 아동기 발달에 대한 미드의 관심을 알아두는 것이 중요하다. 미드는 항상 아동의 행동에서 사회심리학적 아이디어에 대한 예시를 찾는 데 큰 열의를 보였다. 이러한 관심에 대한 진술은 개인적인 측면(그와 그의 아내는 시카고 대학교 구내에 실험학교를 설립하는 데 적극적으로 참여했으며, 아들 헨리를 그 학교에 입학시켰다)과 지적인 측면 모두에서 사실이다. 앞으로 보게 되겠지만, 미드의 진화적인 사회적 자아 개념은 놀이와 게임의 발달 단계를 참조하지 않고는 이해될 수 없기 때문이다. 'I'와 'me'의 두 가지 측면을 가진 자아의 내적 구조는 다음에 논의할 마지막 주제가 될 것이다. 나는 미드가 자아를 어떻게 서로 다르지만 상호 연관된 두 측면과 관점으로 인식했는지 보여주려고 노력할 것이다. 자아는 'me'로서 사회적 태도를 내면화하고 'I'로서 그에 반응한다. 이 두 측면을 분석적으로 구분할 수는 있겠지만, 사회적 자아의 내적 구조는 'me'와 'I'를 연결하는 변증법적 관계를 참조해야만 이해할 수 있다는 사실이 남아 있다. 전체(자아)를 참조해야만 부분들('I'와 'me')이 그 의미를 획득할 수 있다. 계속 진행하기 전에 한 가지만 언급하고자 한다. 나는 가능한 한 미드가 자신의 수업에서 사용했던 것과 거의 같은 종류의 구체적인 사례들을 가지고 그의 아이디어를 설명할 것이다. 이를 통해 더 많은 청중이 근대적 자아에 대한 미드의 매력적인 통찰을 이해할 수 있기를 바란다.

의식, 성찰적 지능, 그리고 정신

의식이란 무엇인가? 의식은 우리 몸과 우리의 사회적·문화적 삶에 어떻게 연결되어 있는가? 의식은 주로 인간 신체의 어떤 특정 기관에 존재하는 생물학적 현상인가, 아니면 보다 사회적이고 대인 관계적인 성격의 다른 어떤 것과 관련되어 있는가? 네 살 때 바이올린을 연주한 어린 모차르트의 예를 생각해 보라. 모차르트는 자신의 연주를 경외심을 가지고 듣는 사람들에게 자신이 깊은 인상을 남기고 있다는 것을 확실히 의식하고 있었다. 그러나 자신을 둘러싼 경외심에 대한 모차르트의 의식은 그의 뇌 속에 위치하고 있는가, 아니면 사회적 상호작용, 즉 그가 청중과 맺는 유대감이나 연관에서 비롯된 것인가? 미드는 이 질문에 답하는 데 어떠한 의심도 없을 것이다. 조숙한 모차르트의 자각은 (다른 모든 사람의 자각과 마찬가지로) 사회적 상호작용에서 창발한 것이었음에 틀림없다. 물론 자각과 성찰적 사고는 서로 다른 종류의 의식일 뿐이지만 그 차이점에 대해 자세히 설명하기 전에 한 가지 더 짚고 넘어

가고자 한다.

미드는 의식을 뇌에 자리 잡은 실체적 현상이 아니라 기능적으로 '객관적' 세계에 위치한 진행 중인 과정으로 인식한다. 그가 공언한 의도는 한편의 물리적인 것들과 다른 한편의 정신적인 사건들 사이의 경직된 구분을 피하는 것이다. 의식은 사회적 상호작용의 전제조건이 아니라 그 산물이며, 의식은 행위가 형적을 나타내기 위해 존재했던 무언가가 아니라 사회적 상호작용으로부터 창발한 것이다. 미드는 '자각'으로서의 의식과 성찰적 지능을 포함하는 의식을 구별한다. 전자의 경우 '의식의 상실'은 예를 들어 우리가 잠들었을 때와 같이 세상에 접근할 수 없게 되는 상황을 의미하며, 후자의 경우 '의식'은 성찰적 지능의 존재로서 사회 세계에 대처하는 것과 관련하여 사용된다. 여기서 중요한 것은, 개별적 자아만이 접근할 수 있는 대상이나 느낌에 대한 주관적 경험으로 이해되는 의식과, 우리가 사회 세계에 대해 생각하는 방식, 즉 미드가 표현하듯이 "자기 자신 안에서 그 집단의 타인들에게 속하는 분명한 반응들의 집합을 불러일으킬 수 있는 능력"[1]을 가리키는 자의식을 구분한 것이다. 따라서 자의식은 성찰적 사고와 사회성에 밀접하게 관련되어 있으며, 사회적 경험에서 발생하고 주로 성찰적인 자아 안의 구조와 관련이 있다. 자각으로서의 '의식'을 형성하는 주관적인 의식적 상태와 달리, 성찰적 지능으로서의 '의식'은 우리가 처한 환경에서 일어나는 기능적 과정이다.

'의미' 개념을 참조하지 않고 미드의 '의식' 개념을 논의하는 것은 당연히 불가능하다. 앞서 살펴본 것처럼, 의미의 삼원 구조에는 첫째 유기체의 제스처, 둘째 유기체의 반응하는 제스처, 그리고 그 제스처들 사이에서 생성되는 사회적 행위의 '결과물'이 포함된다. 달리 말해서, 미드는 의미를 어떤 종류의 심적인 현상과 동일시하는 것을 거부한다. 오히려 의미는 사회적 행위의 구조에 함축되어 있다. 따라서 의미는 의식에 선행하기 때문에 의미의 존재는 의식에 의존하지 않으며, 의미는 의식과 혼동되어서도 안 된다. 의미는,

의식이 출현하기 전에 사회적 행위의 구조 안에 존재하는 한, 의식에 선행한다. 이것이 하나의 동물이 그 의미를 인식하거나 의식하지 않고도 의미 있는 방식으로 행위할 수 있는 이유이다. 어떤 경우에도 외부의 이성적인 관찰자에게는 그 행위의 의미가 특별한 어려움 없이 파악될 수 있다.

정신적 과정의 핵심에는 '성찰적 지능'의 개념이 있다. 우선, 미드는 "성찰적 행동은 단지 자의식의 조건에서만 일어난다"[2]라고 주장한다. 개별 유기체로 하여금 주변 환경을 고려하여 자신의 행위를 통제하고 조정할 수 있게 하는 것이 바로 성찰이다. 이러한 조정의 과정은 정확히 어떻게 일어나는가? 한 남자가 외딴길을 운전하고 있는데 갑자기 휘발유가 떨어졌다고 상상해 보라. 이 문제를 해결하기 위해 그 남자는 999에 전화를 걸어 경찰을 부르거나, 가장 가까운 주유소까지 걸어가거나, 차에 남아 도움을 기다리는 등 자신에게 가능한 여러 대안 중에서 선택할 수 있다. 미드에게, "지능은 주로 선택의 문제이다."[3] 여러 대안 중에서 하나를 의도적으로 선택하는 것이 바로 본능적 또는 습관적 행위와 지능적 행동을 구별하는 요소이다. 특히 성찰적 지능은 자극에 대한 지연된 반응으로 정의된다. 미드는 이 지연된 반응에서 세 가지 다른 구성요소를 구분한다. 첫째, 휘발유를 찾는 문제에 본능적으로 반응하는 대신, 그 남자는 일시적으로 행위를 억제하고 그 시간을 활용하여 가용한 행위 과정을 마음속으로 검토할 수 있는 능력이 있다. 둘째, 내적 대화에 참여할 수 있는 능력을 통해서, 그 남자는 사용 가능한 다양한 선택지를 정신적으로 시험해 볼 수 있다. 시행착오의 방법과 비교하면, 정신적으로 테스트하는 이러한 능력은 훨씬 더 효과적이다. 그 남자는 실제로 모든 대안적인 행위 과정을 시도할 필요가 없으며, 각 행위와 관련된 장단점을 단순히 상상할 수 있다. 셋째, 그 남자는 단순히 가장 먼저 떠오르는 것에 반응하는 것이 아니라 일련의 대안 중에서 하나를 선택할 수 있다. 따라서 지능은 과거의 경험과 미래의 결과를 상상하는 능력과 관련해서 현재 우리가 직면한 문제를 해결하는 능력이다. "개인으로 하여금 상대방이 자신에 대해 지니는 태도를 취하도록 해주며, 따라서 스스로에게 대상이 되도록" 해주는 것이 바로 이러한 지능을 수행하는 과정이다. "이것은 사회적 환경에 …… 적응하는 가장 효과적인 수단이다."[4]

이 구절에서 알 수 있듯이, 성찰적 지능과 정신은 밀접한 관련이 있는 개념들이다. 특히 "성찰은 정신의 발달에 본질적인 조건이다."[5] 미드는 정신을 어떻게 정의하는가? 그는 정신과 뇌를 융합하기는커녕 기능적이고 사회적인 정신의 정의를 선호한다. 그러한 접근 방식은 정신을 인체의 특정 부분(송과선)에 위치시키는 데카르트의 합리주의적 관점과 상충되는 것이었다. 미드에 따르면 반대로 정신은 "유기체 개인의 행위에 제스처의 대화가 이입되는 것",[6] 즉 내적 대화로 이루어진 철저하게 사회적인 과정이다. 미드의 사회적 정신 이론은 언뜻 보아 생각할 수 있는 것보다 더 급진적이다. 그는 정신은 우연히 사회적 함의를 갖게 된 생물학적 실체(신체 기관)라고, 따라서 사회적 경험은 생물학적 요인의 결과일 것이라고 주장하지 않는다. 반대로, 미드는 정신은 철저하게 사회적 사태라고, 즉 사회적 경험의 산물이라고 주장한다. 그는 사후에 출판된 논문에서 다음과 같이 명시한다.

> 정신은 개인이 다양한 행동 노선의 표현(presentation)에서 스스로에게 대상이 되는 경험의 일부이다. 이러한 표현은 개인의 과거 경험과 그 경험이 남긴 태도들에 의해 조건 지어져서 존재하는 과거 경험의 이미지에 의해 이루어진다.[7]

이 정의에 따르면, 정신은 인간 신체 어딘가에 위치한 기관과 혼동되어서는 안 되며 일종의 형이상학적 실체(영혼)로 이해되어서도 안 된다. 정신은 개인이 타인과 자신에게 의미를 나타내는 능력을 획득할 때 출현하는 사회적 현상이다. 정신은 경험적인 사회적 상호작용의 세계에서 비롯되며 이를 참조해야만 이해할 수 있다. 예를 들어, 누군가는 자신의 의견과 다른 사람들의 견해를 구별하기 위해 "내 생각에(to my mind) A보다 B가 낫다"라고 말한다. 즉, 개인으로 하여금 자신의 생각과 다른 사람의 생각을 구별할 수 있게 해주는 것은 그 개인이 자신의 대상이 되는 경험의 일부에 대해 갖는 특권적인 접근이다. 미드가 어떤 대가를 치르더라도 피하고 싶은 것은 주관주의적이고 관념주의적인 정신 개념이다. 예를 들어, 미드가 유아론이라고 비판한 찰스 호튼 쿨리가 제시한 견해에서는 사회가 개인의 정신 안에서만 존재하며, 사회적인 자아 개념은 상상의 산물일 뿐이다.[8] 이러한 유아론을 피하기 위해, 미드는 정신을 개인들 사이의 사회적 상호작용의 모체를 포함하고 그 모체로부터 발생하는 것으로 인식하는 자연주의적이고 객관주의적인 사회심리학 관점을 지지해야 한다고 주장한다.

이러한 관점에서 볼 때, 정신은 사회적 경험에서 창발한 것인 동시에 우리를 둘러싼 경험적 세계에서 우리가 직면하는 문제들을 해결하는 데 결정적으로 유용한 자원이다. 따라서 정신은 개별 유기체가 처리되어야 하는 여러 가지 조정 문제를 해결하는 사회적으로 획득된 자원이며 그로 인해 행위는 조화롭게 진행될 수 있다. 달리 말해, 미드는 정신을 "사회적 재구성을 수행하고 완성하기 위해 사용하는"[9] 메커니즘으로 본다. 그가 말하는 "사회적 재구성"이란 무엇을 의미하는가? 앞으로 자세히 살펴보겠지만, 미드에게 있어 사회적 재구성은 인간이 자신이 속한 사회나 사회 집단을 비판적으로 되돌아볼 수 있는 정신을 소유하는 것을 의미한다. 사회에 대한 이러한 비판적 성찰은 개인의 정신에 의한 사회 구조의 재조직 또는 재구성을 수반한다. 이어서 미드는 두 가지를 더 지적한다. 첫째, 여기에는 이러한 사회적 재구성에 참여하는 모든 개인 정신이 공유하는 일련의 가치가 존재해야 한다. 둘째, 그러한 재구성은 특정 사회가 지닌 도덕적 관습을 지적으로 확장하는 성격을 띠는 경향이 있다. 물론 이러한 사회적 재구성의 과정은 결국 개인 정신의 변화로 이어질 것이다. 미드의 견해에서, 사회적 재구성과 인성 재구성은 동일한 유기적 사회 과정의 서로 다른 국면에 불과하다.

미드의 정신에 대한 논의에서 마지막으로 다루고 싶은 측면은 그가 자아의 통일성과 정신의 통일성을 대조하는 방식이다. 간단히 말해서, 정신의 통일성은 의미 있는 상징의 형태로 음성 제스처의 상호작용과 관련되어 있지만, 자아의 통일성은 훨씬 더 큰 현상이다. 자아의 통일성은 각 개인의 자아가 구조화되는 방식이 사회가 조직되는 방식을 반영한다는 사실을 일컫는다. 달리 말해, 사회 구조와 자아의 통일성은 밀접하게 연관된 과정이다. 예를 들어, 다원적이고 다양한 사회에서 사회적 구성원은 마찬가지로 다원적인 자아의 구조를 수반한다. 그러나 사회적 다원성의 정도와 관계없이 자아는 항상 다수의 기본 자아로 구성된다는 점에 유의하는 것이 중요하다. 자아의 통일성은 모든 특정 개인이 연루되어 있는 사회관계의 복잡한 유형을 의미한다. 미드의 관점에서 볼 때, 이것은 인간의 보편적인 특징이다. 따라서 역사적으로 우연적인 것은 이러한 관계 유형이 다원주의 사회를 어느 정도 반영하는가 하는 것이다.

이제 정신의 통일성이 자아라는 더 큰 통일성의 일부이거나 미드가 말한 것처럼 더 큰 자아의 통일성에서 "추상화된 것"[10] 이라는 점이 분명해졌을 것이다. 즉, 의미 있는 제스처의 내적 대화인 정신은 자아의 구조에 반영된 사회적 상호작용 유형의 많은 측면을 제외한다는 것이다. 한 가지 예를 통해서 이 점을 명확하게 알 수 있을 것이다. 미국 의회의 한 구성원을 상상해 보라. 그녀는 정당의 당원이며, 미국 유권자의 일부를 대표한다. 이 미국 의원의 '정신의 통일성'은 그녀가 스스로에게 대상이 될 수 있는 사회적이고 상징적인 과정의 조직화된 성격을 말한다. 그러나 그녀의 '자아의 통일성'은 그녀가 속한 사회 조직의 통일성과 관련되어 있다. 이러한 통일성은 미국 사회를 구성하는 다른 모든 사회 제도와는 별개로 이 상상의 의원이 자신의 정치 활동을 펼치는 정치 조직 — 그녀의 지역구, 그녀가 속한 정당, 그리고 미국 하원 — 의 통일성을 반영한다. 미드는 1927년에 학생들에게 다음과 같이 설명했다.

> 자아를 얻기 위해 사람들은 사회에서 발생한 논리적 상황으로 되돌아와야 한다. 우리는 우리의 정치 기구를 유지하기 위해 정당에 의존한다. 우리는 어떤 이슈에 대해 직접적으로 반응을 얻을 수 없으며, 정당 안에서 일해야 할 심리적 필요성이 있다. 이러한 통일성은 그 집단의 통일성이며, 우리는 우리 자신보다 집단을 우선시하지 않고 그 집단에 의존한다. …… 그러한 과정에서 우리는 고양된 자아 감각을 갖게 된다. 특정 집단에 머물지 못하는 것은 자아의 붕괴를 의미할 수도 있다. 만약에 집단을 이용하기만 한다면, 그는 그 집단에 완전히 속한 것이 아니다. 그러나 우리는 자아를 가능하게 하는 보편적인 것, 즉 집단 없이는 자아로서 존재할 수 없다.[11)]

아동 발달: '놀이' 단계와 '게임' 단계

두 살짜리 아이와 함께 놀 때, 우리는 아이의 역할을 하는 자신을 상상함으로써 아이가 행복한지 아닌지, 그 아이가 무언가를 필요로 하는지 여부를 파악할 수 있다. 그 반대는 사실이 아니다. 아이가 우리의 입장이 되어볼 수 있는 능력을 갖추기까지는 몇 년이 걸릴 것이다. 한 단계에서 다른 단계로 넘어가면서, 아이는 점차로 자신의 자아를 발전시킬 것이다. 다음에서는 자아의 출현과 관련한 미드의 설명에 대해 논의하고자 한다. 곧 보게 되겠지만, 미드에게 자아는 자신을 대상으로 삼을 수 있는 능력, 즉 사회적 경험을 통해서만 획득할 수 있는 능력을 의미한다. 자아는 사회적이고 상징적인 과정이기 때문에 하등 동물이나 갓 태어난 유아는 자아가 없다. 그리고 미드의 모든 주요 개념의 경우와 마찬가지로, 그는 자아가 자의식이 아니라 사회적 경험에 위치해야 한다고 주장한다.

앞서 살펴본 바와 같이, 자아의 발달을 담당하는 메커니즘은 '타자의 역할을 취하는' 능력으로, 이는 성찰성이라는 오래된 철학적 개념에 대한 미드의 상호주관적 버전이다. 개인의 경험을 스스로 되돌아보는 것은 특정 개인들이든 전체로서의 사회 집단이든 간에 타인의 입장에 서보는 것을 통해 간접적으로만 가능하다. 다른 사람의 역할을 취하는 것과 집단의 역할을 취하는 것 사이의 구분은, 잠시 후에 살펴보겠지만, 사소한 것이 아니다. 여기서 내가 말하고자 하는 요점은, 개별 유기체가 자아를 갖기 위해서는 자신의 관점을 초월할 수 있어야 하며, 각자는 다른 사람이 자신을 보는 것처럼 자신을 볼 수 있어야 한다는 것이다. 말하자면, 자신을 벗어나야만 객관적이고 일반적인 방식으로 자신을 살펴볼 수 있다.

앞 장에서 우리는 미드가 인간 종의 역사라는 관점에서 자아의 생성을 어떻게 설명하는지 살펴보았다. 이제 아동기 발달의 두 단계를 통해 자아의 생성에 대한 그의 설명을 살펴보고자 한다. 그러나 우리는 미드가 이 두 가지 설명(계통 발생과 개체 발생)을 인간 발달에 대한 병렬적 설명으로 보았다는 점을 명심해야 한다. 그 결과 동일한 메커니즘과 원리가 적용된다. 차이점은 분석 대상이 각각 인간 종과 개인이라는 것뿐이다.

아동기 발달의 첫 번째 단계는 '놀이 단계'이다. 여기에는 '타자의 태도 취하기'라는 원칙이 작동한다. 이 단계에서 아이들은 다른 사람이 되어보는 놀이를 통해 타자의 역할을 취하는 법을 배운다. 이것은 자기 자신이 다른 사람이 되는 가장 단순한 형태이다. 미드가 설명하듯이, "아이는 자신의 사회에 속하는 사람들의 역할을 습득하고 있다."[12] 미드가 가장 좋아하는 예 중 하나는 아이들이 모여서 '인디언 놀이'를 하는 모습이다. 미드가 볼 때 모방은 아이들이 이 역할을 할 때 일어나는 일을 설명하지 못한다. '인디언 놀이'를 한다는 것은 아이가 "다른 사람들에게서 불러일으키는 반응을 스스로에게서도 불러일으켜 인디언에게 화답하는 자극의 집합을 가지고 있음을"[13] 의미한다. 예를 들어, 아이는 인디언으로 무언가 말하는 척하고 나서 어떤 다른 캐릭터(예를 들어, 카우보이)로서 반응한다. 인디언이나 카우보이의 역할은 모방의 산물이라고 할 수 없다. 아이들은 인디언의 제스처와 소리를 모방하는 데 그치지 않고 적어도 자신이 인디언인 것처럼 연기한다.

아이들은 자신이 아닌 다른 존재가 되어 노는 법을 배움으로써 구조화된 자아를 획득하기 시작한다. 즉, 동시에 주체와 객체가 되는 법을 배우는 것이다. 미드의 논지는 우리가 아이였을 때 우리 대부분이 발명한 상상의 놀이 친구에게 무슨 일이 일어나는지 설명하는 데 특별히 적절한 것 같다. 우리는 이 보이지 않는 친구를 창조하는 동안, 때로는 한 번에 몇 시간 동안 이 상상의 놀이 친구와 토론을 이어갔다. 미드가 보기에, 이러한 연습은 우리의 고유한 경험의 대상이 될 수 있는 능력을 발전시키는 데 결정적으로 중요하다. 하지만 이 단계에서 아이들은 개별적이고 특별한 개인들의 태도를 취할 뿐이며, 따라서 제한된 자아만을 가질 뿐이다. 아이들이 보다 일반화되고 조직화된 자아 감각을 얻기 위해서는, 즉 완전히 발달된 자아를 갖기 위해서는, '게임 단계'를 통과해야 한다. 아동기 발달의 두 번째 단계는 아이가 이제 게임에 관련된 다른 모든 사람의 역할을 취하여 그에 따라 자신의 행위를 조정해야 한다는 점에서 '놀이 단계'와 다르다. 놀이에서는 아이들이 원하는 대로 하나의 역할에서 다른 역할로 전환할 수 있다. 즉, 지금은 인디언 역할을 했다가 곧 카우보이 역할을 할 수 있다. 반대로 게임에서는 아이가 분명히 한정된 태도를 취하며, 아이의 행위는 그 게임의 규칙에 의해 정의된다. 이러한 규칙은 각 역할의 한계를 결정하는 구조를 제공한다. 게다가 게임의 규칙은 개인의 행위를 평가할 수 있는 기준점이 된다. 그러한 조직화된 게임의 예로는 미드의 유명한 야구 예시가 있다.

> 아이는 놀이에서 하듯이 타자의 역할을 취해야 할 뿐만 아니라 게임의 모든 참가자의 다양한 역할을 가정하여 그에 따라 자신의 행위도 통제해야 한다. 아이가 1루수로 뛰는 경우, 그 아이는 필드로부터 또는 포수로부터 날아오는 공을 받는 선수이다. 그 아이에 대한 야수들의 조직화된 반응은 다른 포지션들에서 그 아이가 하는 플레이에 배태되어 있으며, 이러한 조직화된 반응은 그 아이의 행동에 동반되고 또한 그 아이의 행동을 통제하는 '일반화된 타자'라고 부르는 것이 된다. 그리고 바로 그 아이의 경험에서 이러한 일반화된 타자가 그 아이에게 자아를 제공한다.[14)]

이 인용문과 관련하여 몇 가지 관찰이 필요하다. 첫째, 미드가 이 두 발달 단계를 설명하기 위해 동원하는 역할 수행의 유형은 이전의 사회적 경험을 전제로 한다. 이미 살펴본 바와 같이, 가장 기초적인 단계에서는 역할 수행이 과거의 사회적 행위에 대한 기억 이미지에 의존한다. 초기의 사회적 경험이 없었다면, 아이들은 타자의 관점을 취하는 방법을 결코 배울 수 없었을 것이다. 따라서 다른 사람이 되어 놀이를 시작하기 전에도 아이는 자신의 첫 번째 역할 수행 활동을 뒷받침하는 사전 경험 자료를 갖고 있어야 한다. 인디언을 (적어도 인디언의 이미지라도) 본 적이 없는 아이가 어떻게 인디언이 되어 놀이를 시작할 수 있겠는가? 그리고 아이가 어떤 언어적 기술을 습득하지 못했다면 어떻게 인디언을 연기할 수 있겠는가?

둘째, 앞에서 설명한 게임 단계에서, 대개 게임의 규칙에 의해 명시된 행동의 조직화는 자아에 필요한 통일성을 구성한다. 달리 말해, (앞에서 살펴본 바와 같이, 자아의 구조가 공동체의 구조를 반영한다는 사실을 의미하는) '자아의 통일성'은 아이가 게임에 참여한 모든 사람의 태도를 조직화한 결과이다. 미드는 이러한 행위가 '타자', 즉 '인디언'과 같은 특별한 타자가 아니라 앞의 예에서 전체 야구팀의 태도를 대표하는 '일반화된 타자'를 만들어낸다고 주장한다. 물론, 게임 단계는 사회적 삶의 서막에 불과하다. 이런 의미에서, 아이는 성장하면서 더 큰 사회 공동체와 상호작용하게 될 것이고, 점점 더 포괄적인 '일반화된 타자'를 포괄하고 조직하게 될 것이다. 그리고 일반화된 타자가 더 광범위해질수록 자아는 더 통합되어 갈 것이다.

셋째, (다음 장에서 자세히 분석할 대상인) 미드의 가장 널리 알려진 개념 가운데 하나인 이 '일반화된 타자'라는 개념은 추상적인 사고 및 객관성과 밀접한 관련이 있다. 미드는 그의 가장 중요한 단일 철학 논문으로 꼽히는 「자아의 생성과 사회통제(The Genesis of the Self and Social Control)」에서 이 개념을 확장한다.[15] 사고를 우리가 우리 자신에 대해 타자의 역할을 취하는 내적 대화로 볼 수 있기 때문에, 미드는 "통상적으로 우리가 대화하는 상대는 내가 '일반화된 타자'라고 명명한 것이며, 따라서 추상적 사고, 그리고 비인격성, 우리가 소중히 여기는 이른바 객관성의 수준에 도달한다"[16]라고 제안한다. '일반화된 타자'의 태도는 확대된 자의식의 결과이며, 객관성, 비인격성, 그리고 일반성의 아이디어를 다른 어떤 것보다 더 잘 표현하는 태도이다. 우리가 취하는 역할을 가진 일반화된 타자가 더 포괄적일수록 우리의 관점은 더 객관적이고 추상적일 것이다. 그러나 이로부터 일반화된 타자의 태도를 통해 특정 자아의 개별적 행동을 결정하는 포괄적이고 전능한 사회와 같은 것이 있다고 추론하는 오류를 범해서는 안 된다. 미드에 따르면, 각 사회 집단은 우리가 사회적 삶에 참여할 때 취하는 태도를 가진 특정한 일반화된 타자를 포함한다. 달리 말해서, 사회 집단만큼 많은 일반화된 타자가 있다. 그러므로 일관되고 완전히 발달한 자아는 반복할 수 없는 방식으로 다수의 일반화된 타자의 태도를 취한다. 각 자아는 공유된 사회적·문화적 가치를 고유한 방식으로 표현한다. 따라서 미드에 따르면, 증가하는 개성을 향한 경향과 증가하는 보편주의를 향한 경향 사이에 모순은 없다.

자아의 구조: I와 me의 구분

미드 사상의 가장 흥미로운 요소 중 하나는 자아의 내적 구조에 대한 그의 생각이다. 완전히 독창적이지는 않지만,[17] 미드가 자아를 'I'와 'me'라는 두 가지 구별 가능한 국면으로 구성된 진행형의 사회적 과정으로 정의한 것은 그의 사회심리학이 지닌 독특한 특징이다. 하나의 사례가 I-me 구분을 명확히 하는 데 도움이 될 수 있을 것이다. 누군가가 몇 분 전에 한 말을 기억하고 있는 상황을 상상해 보라. 기억하는 자아의 국면은 'I'이며, 기억되는 자아의 국면은 'me'이다. 이 사례의 남자가 자신이 말한 것을 기억할 때, 기억하는 바로 그 행위에서 자기 성찰의 주체('I')는 항상 과거로 미끄러지고 관찰의 대상으로서 'me'만 남게 된다. I는 자신의 기능을 수행하는 바로 그 순간에 사라진다. I는 자신을 과거의 행위자로 현시하는 순간 'I'가 되기를 그치고 'me'가 된다. 'I'가 'me'로 전환되는 과정은 끊임없이 진행되며, 사람의 불확실한 반응 행위는, 회고적으로 그리고 타자의 반응을 통해, 지속적으로 객관화된다. 그러므로 'I'는 문제의 자아조차도 놀라게 할 수 있는 자신 안의 새로움의 원천이다. 'I'는 그 소유자에게뿐만 아니라 다른 사람들에게도 잘 알려지지 않은 존재이다. 이제 분명해졌듯이, 'I'와 'me'는 사물이 아니라 자아라는 더 큰 과정 내의 과정들이다. 사람은 '역사적 인물'로서 그녀가 했던 그녀의 과거 행위를 회고함으로써만 그녀의 'I'에 접근할 수 있다.

앞에서 언급한 예를 염두에 두고, 이제 개인이 친구 집단과 대화를 나누고 있다고 가정해 보자. 그는 다른 사람들의 발언에 대해 자신이 무슨 말을 할 것인지 알지 못하며, 다른 사람들도 그가 무슨 말을 할 것인지 알지 못한다. 'I'는 자신의 경험을 바탕으로 현재의 사회적 상황에 반응하는 자아의 국면이지만, 그 반응에는 새롭고 즉각적인 요소가 포함되어 있다. 이러한 의미에서 'I'는 자신의 창조성과 독특성을 행사한다는 것을 나타낸다. 즉, 'I'는 다른 사람들에 대한 개인의 불확실하고 예측할 수 없고 즉각적인 반응이다. 타자의 역할 취하기 메커니즘의 관점에서 볼 때, 'I'와 관련된 불확실성은 상당한 결과를 초래한다. 우리는 상대방의 'I'를 통해 우리 자신을 보기 때문에, 역할 수행은 예측의 요소를 수반한다. 우리는 우리의 대화 상대자의 'I'가 우리의 행위에 어떻게 반응할지 추측하려고 애쓰는 것 외에는 선택의 여지가 없다. 그러나 다른 사람들이 우리의 행위에 어떻게 반응할지는 항상 불확실하다. 이는 가장 단순한 사회적 상호작용에서도 마찬가지이다. 상대방이 하는 행동은 항상 우리가 예측할 수 있는 것과 다소 차이가 있다.

이제 나는 사회 변동의 원천으로서의 'I'를 시작으로, 미드의 사고 체계에서 'I'의 개념이 수행하는 몇 가지 기능에 대해 논의하고자 한다. 미드가 염두에 둔 사례는 역사의 흐름을 바꾼 위대한 인물들이다. 그가 보기에, 예수, 부처, 또는 소크라테스와 같은 '지도자' 또는 '천재'는 사회적 행위주체로서 대단히 강력한 방식으로 자신들의 공동체에 반응함으로써 공동체를 더 크고 풍요롭게 만들었다. 달리 말해, 그들의 'I'는 유독 강했다.

> 어느 주어진 사회적 상황이나 문제 또는 계획 — 그러한 것들이 행동을 조건 짓는다는 점에서는 천재라도 평범한 사람과 다르지 않다 — 에 대해 천재가 반응하는 독자성이나 독창성이야말로 천재와 보통 사람을 구별 짓는 것이다.[18]

물론 'I'가 수행하는 기능은 위대한 역사적 인물이 수행한 것에 국한되지 않는다. 'I'는 또한 혁신적이거나 진보적인 가치에도 책임을 지고 있다. 'me'와 연관된 가치는 "전체를 위해서 자아의 희생조차 요구"[19]하는 경향이 있는 반면, 특히 'I'에 속하는 가치는 사회질서의 재구성을 수반하는 경향이 있다. 이러한 종류의 가치를 설명하기 위해, 미드는 현대 예술가의 태도를 예시한다. 예술가의 경우, "혁신의 요소가 한계에 이르기까지 강조되어 있다."[20] 거시사회학적 측면에서, 미드는 'I'의 혁신적인 성격을 통해 개인주의와 자율성이 증가하는 사회적 경향을 설명한다. 미드에 따르면, 현대사회에는 'I'의 요소가 더 강하게 드러나는 인성을 가진 개인들이 점점 더 많아지고 있다. 위대한 역사적 인물들의 경우처럼, 일상의 반복적인 상황에서 평범한 개인들은 자신의 'I'를 표현함으로써 사회변화를 촉진할 수 있다. 미드의 말처럼, "우리가 살고 있는 공동체를 다르게 만들 정도로 우리 모두는 천재에게 필수적인 것을 가지고 있다."[21] 미드의 민주적이고 반엘리트주의적인 성향이 이보다 더 명확하게 드러날 수는 없을 것이다.

그러므로 'I'는 비판적인 도덕적 사고와 밀접한 관련이 있다. 미드는 인습적 도덕성, 즉 도덕규범의 관습적이고 무비판적인 적용을 당면한 도덕적 문제에 대한 성찰적 검토가 추구되는 비판적인 도덕적 사고와 구별하면서, 하나의 상황에 대한 'I'의 반응이 자기주장이라는 중요한 기능을 수행한다고 시사한다. "누군가는 이제 어떤 상황에 대해 자신을 주장하며, 그 반응에 중점을 둔다."[22] 'I'의 반응을 통해, 우리는 관습으로부터 비판적 거리를 확보하고 관례와 정해진 법으로부터 자유로워진다. 여기에는 더 큰 도덕적 공동체에 대한 호소가 있는데, 그 공동체 안에서는 기존 공동체에서처럼 권리가 제한되지 않는다. 그러한 호소는 관습적인 'me'에 대한 충동적이고 예측 불가능한 'I'의 태도이다. 다음 장에서 살펴보겠지만, 우리가 미드의 의사소통적 윤리를 논의할 때, 미드의 논법은 두 가지 중요한 제안과 함께 진행된다. 첫째로, 개인이 더 큰 도덕적 질서를 감지할 수 있는 것은 (역할 취하기를 할 때 내면화하는 일련의 공통된 태도에 내포된) '일반화된 타자'의 태도 취하기를 통해서라는 것이다. 둘째로, 그리고 충동적인 'I'가 수행하는 역할에 대해 생각할 수도 있는 것과 반대로, 미드는 더 크고 이상적인 공동체에 대한 호소는 이성적인 문제라고 제안한다. "갈등을 이성적으로 해결하려면 습관과 가치를 재구성해야 하며, 이것은 공동체의 질서를 초월하는 것과 관련된다."[23]

이제 'me'로 넘어가서, 이러한 자아의 국면은 주체인 나가 아니라 목적인 자아에 해당한다는 점을 강조하는 것에서 시작하겠다. 따라서 'me'는 'I'에 의해 재구성되는 사회적 대상이다. 자아 내의 'me'는 우리가 다른 사람들의 눈을 통해 우리 자신을 볼 때 드러나는 우리의 자아 이미지와 관련된다. 미드의 주장에 따르면, 우리가 그렇게 할 때 우리는 다른 사람들의 태도를 우리의 행동으로 가져온다. 따라서 'me'는 우리가 그러한 사회적 태도를 조직하는 방식과 관련이 있지만, 'I'는 그에 대한 우리의 충동적인 반응이다. 'I'의 불확실한 성격과 반대로 'me'는 의식적인 성격을 지니고 있다. 'I'의 충동적인 반응은 다른 사람들과 그 자아의 소유자 모두에게 알려지지 않은 반면, 'me'는 우리가 의식적인 방식으로 가정하는 조직화된 사회적 태도를 가리킨다. 개인은 자신이 살고 있는 공동체의 사회적 기대를 알고 있다. 미드는 두 가지 별개의 배경과 관련하여 이 점을 지적한다. 아이들이 하는 조직화된 게임은 집단을 대표하는 조직화된 태도나 반응의 집합을 내면화하는 방법을 배울 기회를 제공한다. 나중에 가족과 같은 사회 제도의 맥락에서 개인들은 이러한 경험적 지식을 사용하여 그 제도와의 관계에서 타자를 인식함으로써 자신을 실현한다. 아이로서 게임을 하든 성인으로서 사회적 삶에 참여하든 간에, 우리는 'me' 덕분에 우리 자신의 행위를 모니터할 수 있다. 미드는 이렇게 쓰고 있다. "자의식을 가지기 위해서는 자신이 당연히 하려는 것을 통제하려는 타인의 태도를 자신의 유기체 속에도 가져야 한다. 그러한 태도를 채용하는 경우 그 사람의 자아의 즉각적인 경험 속에 일어나는 것이 내가 말하는 'me'이다."[24)]

우리는 우리 자신을, 즉 우리의 행위와 사고를 타인의 관점에서 바라본다. 이것이 미드가 'me'를 자아의 한 국면으로 구분함으로써 강조하고자 하는 바이다. 물론, 우리의 행위를 다른 개인의 관점에서 이해하는 것과 보다 일반적이고 추상적인 집단의 관점에서 해석하는 것은 별개의 문제이다. 후자의 경우, 다음 장에서 살펴보겠지만, '일반화된 타자'의 역할을 취한다. 즉, 공동체의 추상적인 관점을 내면화하는 것이다.

우리가 우리 자신을 다른 개인이나 '일반화된 타자'의 관점에서 볼 때, 자아는 자신에게 대상의 지위를 상정한다. 어떤 경우이든 재구성의 주체와 대상은 항상 존재한다. 'me'는 대상으로서 기능할 때의 자아의 국면이며, 'I'는 행위 원칙으로서의 자아를 가리킨다. 앞에서 살펴본 바와 같이, 자아의 통일성은 우리가 속한 사회 집단의 통일성을 반영한다. 'me'는 타인의 관점에서 본 자아 이미지이기 때문에, 왜 'me'의 통일성과 자아의 통일성 사이에 밀접한 관련이 있는지 쉽게 알 수 있다. 말하자면, 'me'를 통해, 즉 대상으로서의 자아를 통해 사회 조직의 통일성이 자아의 구조에 반영된다.

'I'는 혁신적 가치와 자아실현의 원천으로 여겨지는 반면, 'me'는 "관습적이고 습관적인 개인"[25]과 연관된다. 이 관습적인 개인은 다른 모든 사람과 동일한 습관과 태도를 가진 사회 행위자이다. 그의 생각은 이웃의 생각과 거의 구별되지 않는다. 물론, 우리는 'me'가 자아의 한 국면에 불과하다는 사실을 기억해 두어야 한다. 이런 의미에서, 'me'에 의해 표현되는 사회적 기대에 대한 순응은 'I'의 즉흥성과 끊임없이 충돌한다. 미드에 따르면, 각각의 구체적인 개인은 이 두 요소의 특정한 조합을 보여준다. 어떤 경우에는 'me'의 요소가 더 큰 비중을 차지하고, 때로는 'I'가 더 큰 비중을 차지한다. 하지만 대체로 미드는 발전된 현대사회에서는 점점 더 많은 사람들이 'I'의 비중이 더 큰 인성을 갖추고 있다고 믿는다.

I-me 구분에 대한 논의를 정리하면서, 나는 독자들이 다음 사항에 주목하기를 바란다. 첫째, 'I'와 'me'는 손과 발을 구분하듯이 구분할 수 있는 사물이나 실체가 아니다. 오히려 'I'와 'me'는 '자아'라고 불리는 사회적 과정의 상이한 측면들이다. 자아는 어떤 순간에는 'I'로 가장 잘 묘사될 수 있으며 다른 순간에는 'me'로 가장 잘 묘사될 수 있다. 그러나 반복하건대 'I'와 'me'는 분석적으로 구별될 수 있지만 동일한 (사회적) 과정의 상이한 국면에 불과하며, 이

는 또한 훨씬 더 큰 사회적 삶의 과정의 한 국면일 뿐이다. 둘째, 이러한 I-me 구분 개념은 미드가 데카르트적인 자아와 주변 세계의 분리를 거부한 데서 비롯된다. 자아는 세계에 반대되는 것이 아니라 오히려 세계의 일부이다. 따라서 누군가가 다른 사람의 역할을 취하고 결과적으로 자아 이미지를 획득할 때, 그 사람은 타인의 관점에서 자신을 표현하기 이전 상태에 있는 것이다. 그러나 철저하게 사회적인 미드의 자아 개념은 개인 중심의 심리학 이론들과 혼동되어서는 안 된다. 달리 말해, 미드는, 마치 두 가지 개별적인 인식 수준 ― 자아의 주관적인 내적인 삶과 사물들의 세계의 객관적인 존재라는 ― 이 있는 것처럼, 자기 자신을 다른 사람들과 같이 보는 주관적 자아가 있다고 주장하지 않는다. 반대로 미드는 'I'는 'me'와의 변증법적 관계에서 '개인의 경험 안에 있는 사회적 상황'에 대해 개인이 반응하는 것이라고 주장한다.

사회적 태도를 자아의 구조 안으로 끌어들임으로써 미드가 한 일은 코페르니쿠스적 혁명과 다름없다. 데카르트에 의해 시작된 패러다임은 생각하는 실체로서의 자아와 외부 경험 세계가 엄격하게 분리되어 있다고 단정했었다. 미드는 철저하게 사회적인 자아 개념으로 프래그머티즘적인 과정적 실재관을 표명하면서 그 반대가 사실이라고 제시한다. 그는 자아와 세계는 동일한 과정의 분리될 수 없는 부분들일 뿐만 아니라 데카르트가 말한 합리주의적인 '사유하는 것(thinking thing)'은 환상이라고 주장한다. 논리적으로나 역사적으로나 자아의 출현과 발달은 자아를 둘러싼 사회 세계의 본질적인 측면이다.

이제 우리는 두 가지 서로 다른 문제 영역, 즉 한편으로는 미드의 사고의 사회학적·도덕적·정치적 측면에, 다른 한편으로는 미드의 행위 이론과 그의 '대상' 개념에 초점을 맞춤으로써 미드의 핵심 사상에 대한 분석을 진행할 것이다. 미드 저작의 이 두 차원은 상당히 개별적이긴 하지만, 그의 사회심리학 이론을 보완하고 그 이론과 밀접하게 연관되어 있다. 다음 장에서의 나의 목표는 이 연구 영역을 연결하는 체계적인 관계를 전면에 내세우는 것이다.

제5장

사회, 정신, 그리고 자아

지금까지 '타자의 태도 취하기' 개념에서부터 사회적 창발로서의 자아 개념에 이르기까지 미드의 주요 심리학 사상 대부분을 다루었다. 이 장에서 나는 미드 저작의 두 가지 측면에 대해 숙고할 것인데, 이 두 측면은 서로 밀접하게 관련되어 있을 뿐만 아니라 그의 사회심리학에 추가적인 문제도 밝혀주는 것으로 보인다. 첫째 측면은 미드 사회심리학의 사회학적 함의에 관한 것으로, 그의 사회통제 개념, 그의 제도에 대한 논의, 그리고 그의 도덕적 및 정치적 사고에 대해 미드의 과정 철학의 관점에서 언급할 것이다. 내 목표는 일반적으로 그의 유명한 사회심리학만큼 많은 관심을 받지 못한 그의 저작 일부로 독자들의 관심을 유도하는 것이다. 내가 논의할 또 다른 측면은 그의 경력 마지막 10년 동안의 연구와 관련되어 있다. 미드는 제1차 세계대전 이후 제도 정치에 대해 환멸을 느꼈고 그 결과 1920년대에는 정치와 도덕에 대한 지적 생산이 약간 감소했다. 그러나 4단계 행위 이론, 그로부터 비롯된 물리적 대상의 지각에 대한 이론, 그리고 시간 이론에 대한 그의 저술은 더욱 많아졌고, 이들 저술은 결국 그의 후기 사상에서 핵심적인 위치를 차지하게 되었다. 이 장의 후반부는 이러한 문제들, 특히 그의 행위 이론과 그의 '대상' 개념에 할애될 것이다.

미드와 전쟁: I-me 융합

앞 장은 자아의 두 국면인 'I-me' 구분에 대한 논의로 마무리되었다. 이제 다른 관점에서 이 이원 관계를 살펴보고자 한다. 내가 보기에, 'I-me' 구분의 가장 중요한 특징 중 하나는 특정한 경우에 자아의 이 두 국면이 고유한 성격을 잃고 합쳐질 수 있다는 것이다. 'I'와 'me' 사이의 융합 과정은 강렬한 종교적 또는 애국적 열정의 상황에서와 같이 "타인에게 불러일으키는 반응이 그가 자신에게 일으키는 반응과 동일한 것"[1]일 때 발생한다. 이러한 아이디어를 구체적으로 적용한 것은 1915년 논문인 「국제주의의 심리적 기초(The Psychological Bases of Internationalism)」에서 찾아볼 수 있다.

이 논문에서 미드는 "큰 정신적 배당금"[2]에 주목함으로써 유럽에서 벌어진 전쟁에 대한 분석을 시작한다. 짐멜과 뒤르켐의 주장과 비슷한 맥락에서,[3] 미드는 사회 구성원 개개인의 감정적 강도가 예외적으로 높은 순간에 자의식적 국가로 융합될 수 있다고 주장한다. 시민 전체를 휩쓸고 지나간 민족의식의 파도처럼, 이러한 감정적 순간들은 짧은 만큼 강렬하다. 그러한 순간이 발생할 때, 미드는 'I'와 'me' 사이의 융합, 즉 개인 자아와 사회 집단 사이의 절대적인 동일시가 발생한다고 주장한다. 개인과 집단의 융합이 너무 완전하여 개인은 "어떤 의미에서 전체 집단 속에서 자신을 잃을 수도 있고 공동의 대의를 위해 고통과 죽음을 감수하는 태도를 획득할 수도 있다."[4] 이런 일이 일어날 때, 개인 존재가 공동체를 위해 희생될 때, 사회적 융합은 완전하고 절대적이다.

그러나 미드는 이러한 심리적 현상이 시사하는 비합리주의적인 함의를 지지하는 것과는 거리가 멀다. 반대로 국제 분쟁 해결을 위해 그가 제안한 해결책은 그의 과학적 심리학에서 도출한 두 가지 요소로 구성되어 있다. 첫째, 남성적 투쟁 본능에 대한 제임스의 가정을 거부하면서, 미드는 왜 개혁주의적 활동들이 '활기 없는' 것으로 여겨져야 하는지 질문한다. 어쨌든 그 활동들은 "훨씬 더 지능적으로 고안된"[5] 동일한 애국적 원칙을 공식화한 것이다. 미드의 견해에서, 사회 개혁은 국가의 이익보다 인류의 이익을 우선시하기 때문에 본질적으로 국제주의적이다. 둘째, 자아 발달의 기본 메커니즘으로서의 자아 성찰이라는 개념과 의미 있는 집단생활을 위한 기본 조건으로 이해되는 민주적 자치라는 아이디어 둘 다에서 동일한 통찰이 제시된다. 미드는 다음과 같이 관찰한다. "사회 조직의 기능은 개인의 인격과 마찬가지로 국가의 인격을 구축하고 확대하는 것인데, 여기에는 국가적 자의식에 필수적인 의식을 가진 국제 사회 구성원들을 고의적으로 파괴하는 것이 포함될 수 없다."[6]

개인이 스스로 존재하기 위해 다른 인간의 존재에 의존하는 것처럼, 국가 정체성과 정치 공동체의 삶은 다른 국민 국가의 존재에 의존한다. 이것이 바로 미드가 갈등의 주요 원인인 군사주의 문제를 푸는 해결책이 심리학적 성격에 있다고 말하면서 이 논문을 마무리하는 이유이다. 해결책은 동맹국 국가들 쪽의 태도 변화에 달려 있는데, 그 태도 변화는 "전체의 국제적인 사회 구조를 받아들이고 동맹국들도 도구로서 봉사해야 하는 국가들과 공동체들을 각 국가가 영원히 침략을 경계해야 하는 잠재적 적으로 간주하는 것이 아니라 전체의 삶에 종속되고 통제되는 것으로 간주하려는 의지"[7]를 나타낸다. 미드에 따르면, 국가 기구가 정치 공동체가 의도적인 공동 행위를 수행할 수 있는 메커니즘으로 생각되는 한, 국가 기구는 사회 자체의 가치를 통합할 것이다. 정치 제도는 집합 의지의 도구에 불과한 것으로, 혁명의 원칙을 통합하고 그 원칙을 점진적인 변화를 위한 헌법적 명령으로 전환시켜 왔다.

미드는 갈등을 가장 효과적으로 해결하는 방법이 이성이라고 생각했는데 전쟁의 공포도 이러한 미드의 확신을 약화시키지는 못했다. 한 가지 명심할 것은 미드가 이성을 사회적 구성물로 생각했다는 사실이다. 미드는 '인간의 지능'이 인간 종의 역사에서 동료 인간들 사이에서 일어나는 언어적 상호작용의 결과로서 연속적인 단계를 거쳐 진화했다고 설명한다. 미드의 관점에서 볼 때, 과학은 인간 합리성의 진화에서 가장 진보된 단계에 불과하다. 도덕적·정치적 문제에서 나타난 이성적 해결에 대한 저항은 과학적 수단으로 설명될 수 있을 뿐만 아니라 도덕과 정치에 대한 과학적 접근을 통해 대체되기도 해야 한다. 이것이 바로 미드가 인식론과 과학철학에 거의 전념했던 1920년대 후반에 자신의 이전의 정치적 테제 대부분을 반복했던 이유이다.

미드가 '전시 애국주의의 정신적 고양'의 원인인 사회심리적 본능을 묘사하기 위해 '적대적 충동'에 대한 이전의 설명으로 돌아간 그의 논문 「국가적 정신상태와 국제적 정신상태(National-Mindedness and International-Mindedness)」(1929)가 딱 들어맞는 예이다.[8] 이러한 본능적 감정에 반하여, 미드는 "언어가 우리에게 부여한 힘, 즉 타인이 우리를 보는 것처럼 우리 자신을 보는 힘뿐만 아니라 조직화된 사회를 가능하게 하는 공통의 관념과 기능의 관점에서 우리 자신에 대해 말하는 힘"[9]도 주장한다. 미드는 자신의 계통 발생 이론의 특징인 진화적 관점을 유지하면서, 국가주의는 역사적으로 최근의 현상이며, 인간들은 국가주의로 인해 갑자기 가족과 씨족을 초월한 공동체에 자신이 속해 있음을 깨닫게 되었다고 주장한다. 이런 의미에서, '국가적 정신상태'는 '일반화된 타자'와의 대화로 여겨지는데, 이것은 이전의 인간 결속 형태보다는 더 일반적이지만 미드가 이상화한 형태보다는 덜 일반적이다. 미드의 말대로, "우리가 국제적인 언어로 대화를 계속하는 것이 가능한가?"[10] 미드에 따르면, "전쟁의 도덕적 등가물" — 제임스의 표현을 빌리자면 — 은 어떤 근본적인 사회적 충동에서 찾기보다 관념을 이성적인 언어로 표현할 수 있는 사회적으로 획득된 능력에서 찾아야 한다. 그것이 바로 미드가 제안하는 인지주의적이고 국제주의적인 해결책이다. 노동 분쟁이나 교육 문제에서부터 무력 충돌에 이르기까지 사회적 갈등은 현대 과학의 방법 원리와 사회심리학의 가르침에 따라 해결되어야 한다. 전쟁의 경우, 필요한 것은 과학자를 특징짓는 문제 해결 태도를 제도화하는 것이다. 이런 의미에서, (베르사유 조약 체결과 함께) 1919년 6월 28일에 창설된 국제연맹(League of Nations)은 미드가 열렬히 지지한 정치 기구로, 모든 이해관계 충돌의 배후에 있는 공동의 이익을 결정하는 기능을 수행한다. 미드의 말처럼, "전쟁의 도덕적 등가물은 경쟁하는 국가들 사이에서 이러한 공동의 이익을 발견하려는, 그리고 공동의 이익을 현존하는 차이를 해결하고 이러한 이익이 가능할 공동의 삶을 위한 기초로 삼으려는 지성과 의지에서 찾을 수 있다."[11)]

'me', '일반화된 타자', 그리고 사회통제

내가 인용하고 싶은 'me'와 관련된 또 하나의 측면은, 'me'와 '일반화된 타자'라는 개념의 연관성이다. 어떤 의미에서 'me'는 자아 안에 있는 공동체의 대표자이다. 사회적 태도가 자아로 들어오는 것은 '일반화된 타자'를 통해 가능해진다. 바로 '일반화된 타자'의 역할을 취함으로써 우리는 모든 집단 구성원의 관점에서 우리 자신을 볼 수 있다. 앞에서 살펴본 바와 같이, 게임 단계는 '일반화된 타자'의 개념을 산출한다. 그 발달 단계에서 아이들은 다른 모든 사람의 관점에서 자신을 바라보는 방법을 배운다. '일반화된 타자'의 태도는 미드가 조직화된 공동체의 사회적 태도를 묘사하기 위해 사용하는 개념으로, 개인은 자신의 'me'를 통해 사회적 태도를 내면화한다는 것이다. 사실, 'me'

는 아이들이 '일반화된 타자'의 역할을 취하기 시작할 때 출현한다. 아이가 모든 팀원의 관점에서 자신을 보는 법을 배울 때, 그 아이의 인성은 사회 집단의 통일성과 구조를 반영하는 통일성과 구조를 나타내기 시작한다. 따라서 '일반화된 타자'는 완전히 성숙한 인성이 발달하는 데 중요한 요소이다.

> 그가 완전한 자아를 발달시킬 수 있는 것은, 단지 그가 자기가 속한 조직화된 사회 집단의 조직적이고 협동적인 사회활동에 대해 또는 그 집단이 관련되어 있는 일련의 활동에 대해 그 사회집단의 태도를 취하는 경우에 한해서이다.[12)]

이것은 미드의 가장 혁신적인 통찰 중 하나이다. 미드는 사회적 규칙이 단순히 수동적인 개인 자아에게 전달되는 것이 아니라고 시사한다. 반대로, 미드의 '일반화된 타자'는 사회적 태도를 자아에 통합시키는 완전히 다른 방식을 가리킨다. 미드의 자아는 사회적 규칙을 수동적으로 수용하는 사람이 아니라 집단의 태도를 능동적으로 해석하는 존재이다. "자아는 그와 같이 이성적 실체이며, 항상 집단의 관점에서, 즉 일반화된 타자의 관점에서 자신과 대화하는 것을 포함한다."[13)] 개인 자아와 사회 집단 사이의 관계에 대한 근본적인 그림은 명확하다. 미드에 따르면, 우리가 (가장 단순한 어린 시절의 게임에서부터 가장 까다로운 도덕적 판단이나 과학적 추론에 이르기까지) 공동체의 삶에 참여할 수 있는 것은 미리 주어진 사회적 역할을 수행하기 때문이 아니라 집단에 공통된 태도를 마음속으로 해석하고 재구성하기 때문이다.[14)]

미드의 '일반화된 타자의 태도 취하기' 개념이 가지는 도덕적·정치적 함의는 어렵지 않게 파악할 수 있다. 우리가 '일반화된 타자'와 관련된 공통된 태도에 내재된 더 큰 도덕적 질서를 감지할 수 있는 이유는 바로 집단의 관점에서 우리 자신과 대화할 수 있기 때문이다. 도덕에 대한 미드의 접근 방식은 명확한 정치적 의제에 기반을 두고 있다. 관습적인 도덕적 사고와 비판적인 도덕적 사고를 구분하면서, 미드는 후자를 합리성, 공정성, 그리고 자기비판의 특성과 동일시한다. 사회적 행위자는 일반화된 타자의 태도를 취함으로써 주어진 윤리적 문제에 대해 비판적인 도덕적 입장을 취할 수 있다. 이성적으로 행위한다는 것은 자기비판적인 방식으로 행위하는 것이며, 자기비판은 사회비판의 한 형태일 뿐이다. 게다가 사회통제와 자기비판은 항상 밀접하게 관련된 현상이기도 하다. 이 중요한 통찰에 대해 좀 더 자세히 살펴보겠다.

'me'가 '일반화된 타자'의 태도를 채택하는 것을 수반한다는 사실은 한 가지 중요한 결과를 함의하는데, 바로 'me'를 통해서 사회통제가 개인에게 행사된다는 것이다. 달리 말해, 사회는 'me'를 통해 개인 인성에 내면화되는 '일반화된 타자'의 형태로 사회구성원들의 행위에 대한 통제권을 행사한다. 이러한 내면화는 다른 사람의 역할을 취하는 능력을 통해 이루어진다. 게다가 미드가 관찰하듯이, "이러한 역할 취하기의 직접적인 결과는 개인이 자기 자신의 반응을 통제할 수 있는 데서 나타난다."[15] 동시에, 개인이 '일반화된 타자'의 태도를 취할 때, 사회는 그 또는 그녀의 행위에 대해 어느 정도 통제력을 행사할 수 있다. 하지만 미드의 사회통제 개념에는 개인들의 내적 의식에 대한 외부 공동체의 압도적인 압력이 포함되어 있지 않다는 점이 언급되어야 한다. 사실상 미드는 사회통제는 "인간이라는 개인을 짓밟아버리거나 개인성을 말살하는 것과는 거리가 멀며, …… 반대로 실제로 그 개인성을 구성하며 그 개인성과 불가분의 관계에 있다"[16]라고 주장한다. 자아의 사회적 본성은 모든 개인이 독특하고 독자적인 전기(傳記)를 갖는 것과 양립할 수 없는 것이 아니다. 미드가 보기에, 개인성은 보편성의 이면이다. 우리의 준거 공동체의 가치가 보편적일수록 개인성을 위한 공간이 더 많아진다. 그 이유는 각각의 자아의 인성 구조가 조직화된 전체 사회 구조를 반영한다는 사실에 있다. 그러나 그러한 반영은

> 그 과정 내에서 자신만의 특수하고 독특한 관점에서 이루어지는 것이며, 따라서 그 과정 내에서 다른 개인 자아의 조직화된 구조에 반영된 것과는 다른, 전체 사회적 행동의 측면이나 관점을 자신의 조직화된 구조에 반영한다.[17]

사회통제는 사실상 자기비판과 동일시되어야 한다. 개인은 자신에 대한 다른 개인들의 태도, 특히 '일반화된 타자'의 태도를 채택할 때 자의식을 갖게 된다. 그러면 개인은 자신의 행위를 사회적 관습과 기대를 참조하여 모니터링하고 통제할 수 있다. 그러한 자기비판적 태도는 'me'에 의해 수행되며, 이는 자기비판이 사실상 사회비판인 이유를 설명해 준다. 미드에 따르면, 한편으로는 내적 주관성이 있고 다른 한편으로는 외적 사회생활이 있는 것이 아니다. 자의식은 철저하게 사회적 사태이며, 사회적 삶은 본질적으로 상징적 교환의 과정이다. 우리는 사회구성원으로서, 공동체 생활의 참여자로서 우리가 누구인지 지속적으로 정의하고 있다. 어떤 사람이 자신의 고유성을 주장하는 것과 그가 사회적 규칙에 순응하는 것은 두 개의 분리된 차원으로 볼 것이 아니라 하나의 단일한 변증법적 과정의 상호 연관되고 상호 구성적인 두 개의 국면으로 보아야 한다.

사회, 윤리, 그리고 민주주의

미드의 가장 영향력 있는 통찰은 대규모 사회 및 정치 과정과 관련 없지만, 사회, 제도, 윤리, 민주적 정치에 대한 그의 분석은 여전히 빛을 발할 수 있다. 켄틴 스키너(Quentin Skinner)의 저작에서 제시된 은유를 빌리자면, 미드 철학의 거시적 구성요소가 그의 지적 보물의 대부분을 차지하지는 않을 수 있지만, 거시적 구성요소에 대한 역사적 고찰은 우리가 가진 확신과 비판적 거리를 두는 데 확실히 도움이 될 수 있다.[18] 미드의 사회 개념부터 시작해 보겠다.

이미 제안했듯이, 미드의 책 제목인 『정신, 자아, 사회』에 나오는 용어의 순서는 미드 분석의 내적 논리를 반영하지 않는다. 미드가 이러한 요소들을 인식하는 순서를 설명하려면 제목이 '사회, 자아, 그리고 정신'이어야 한다. 달리 말해, 사회는 정신과 자아 모두에 논리적으로 그리고 시간적으로 앞선다. 이러한 관점에서 미드는 자신의 사회심리학 이론에서 사회에 핵심적인 설명 역할을 부여한다.

이와 관련된 관점에서, 미드는 사회가 'me'의 형식으로 개인 자아에 의해 내면화된 것으로 본다. 여기서 사회는 개인이 사회통제의 목적을 위해 사용할 수 있는 '조직화된 반응의 집합'으로 인식되며, 이는 앞서 살펴본 바와 같이 자기비판의 관점에서 작동한다. 그리고 미드가 사회 개념을 다루는 또 다른 관점이 있는데, 바로 그가 살았던 구체적인 사회, 즉 현대 산업구성체로서의 사회이다. 「자아의 생성과 사회통제」(1925)에서, 미드는 현대 산업 사회의 복잡성이 증가함을 고려할 때 '현대인'이 이전 세대보다 자신의 필요에 기여하거나 자신의 시민적 의무를 공유하는 사람들의 입장에 자신을 놓을 수 있는지 질문한다. 연관된 도시화 및 산업화의 과정과 함께 현대성을 향한 사회적 변화는 사회문제 해결에 인간 지능을 적용함으로써 성취된 인간 진보에 대한 미드의 믿음에 영향을 미치지 않은 듯 보인다. 미드는 다음과 같이 쓴다.

> 인간 사회의 복잡성이 중추신경계의 복잡성을 초월하지 않는 한, 적절한 자의식의 문제와 일치하는 적절한 사회적 대상의 문제는 사회적 행동과 관련된 무한한 수의 행위에 익숙해지는 문제가 아니라 공간 및 시간의 거리와 언어·관습·사회적 지위의 장벽을 극복하여 공동의 삶의 기획에 우리와 함께 참여하는 사람들의

역할 속에서 우리가 우리 자신과 대화할 수 있도록 하는 문제이다.[19)]

1931년에 죽음을 맞이한 미드가 현대성에 대해 가진 확신 — 또는 동시대 프래그머티스트 동료들이 현대성에 대해 가진 확신 — 은 아우슈비츠의 공포와 핵 아마겟돈으로 인한 종의 자멸 가능성에도 흔들리지 않았다. 그렇다고 해서 미드의 과학 개념이 사회·인문 과학에 적용된 일종의 순진한 실증주의에 해당한다는 말은 아니다. 나는 현대성에 대한 미드의 설명이 마르크스, 니체, 프로이트, 또는 베버의 설명보다 훨씬 덜 회의적이고 비관적이라는 점을 강조하고 싶다. 이러한 나의 논지를 뒷받침하는 사례는 미드의 '제도' 개념에서 찾을 수 있다.

미드가 볼 때, 일반적인 사회 분화 과정에는 두 극단이 있다. 한편으로, 그는 사회적 상호작용이 일어나는 생리적 기초로 사회적 충동을 지적한다. 다른 한편으로, "타인들의 동일한 반응, 다시 말해서 계급적 또는 사회적 반응에 대한 개인들의 반응으로 구성되는"[20)] 제도적 극단이 있다. 미드의 관점에서 제도는 사회적으로 공통된 반응으로 정의된다. 특정 상황에서 사회집단은 개인에 대해 동일한 방식으로 행위한다. 제도가 형성되는 것은 바로 그때이다. 예를 들어, 집을 자신의 재산이라고 주장하는 사람에게 모든 사람이 동일한 방식으로 반응한다면(그들이 그의 주장을 존중한다고 가정하자), '재산'이라는 제도에 대해 말할 수 있다. 따라서 제도는 사람들이 조직화된 태도의 집합을 내면화하는 데 의존하는 하나의 사회적 과정이다. '일반화된 타자'의 태도를 취함으로써 개별 자아는 '제도화된 개인'이 된다. 물론, 각 개인의 'I'가 'me'에 의한 이러한 내면화에 반응하는 방식은 각 자아의 특성에 따라 다르다. 예를 들어, 어떤 사람이 집에 대한 재산권을 주장할 때 공동체의 공통된 반응은 문제가 되는 사람의 성격에 따라 달라진다. 예를 들어, 도둑의 반응은 경찰관이나 이웃의 반응과는 분명히 다를 것이다.

이러한 정의에 따라, 미드는 사회 제도가 반드시 억압적이어야 할 어떠한 이유도 찾지 못한다. 반대로, 많은 사회 제도는 실제로 "탄력성을 가지면서도 진보적인 것이고, 개인성을 방해하기보다 키우는 것"이다. 그러고 나서 그는 어떠한 경우에도 "이러한 사회 제도가 없다면 …… 완전하게 성숙한 개인의 자아 또는 인격은 결코 존재할 수 없다"[21]라고 지적한다. 미드는 제도가 개인의 창조성에 대한 사회적으로 조직된 통제 수단이라는 운명론적이고 결정론적인 개념을 지지하는 대신, 제도는 매우 광범위하고 일반적인 의미에서 사람들의 행위 노선을 정의하기만 하면 되며, 독창성과 자기표현을 위한 넓은 범위를 허용해야 한다고 주장한다. 그의 견해에 따르면, 사회 제도는 개인의 고유성을 제약할 수도 있고 가능하게 할 수도 있다. 실제로 일어나는 일은 어떤 '철칙'의 결과가 아니라 역사적 우연성의 문제이다.

이제 윤리에 대한 미드의 접근 방식을 살펴보면, 그의 의사소통 윤리는 도덕적 문제 해결의 일반 원칙을 정의하는 것을 목표로 한다는 점에 먼저 주목해야 한다. 그렇게 미드의 제안은 목적론적이라기보다 과정주의적이다. 그의 접근 방식은 도덕적 행위에 동기를 부여한다고 여겨지는 최종 목적을 정의하는 데 초점을 맞추는 것이 아니라 민주적이고 실험적인 도덕적 방법의 절차를 정의하는 데 초점을 맞추고 있다.

윤리의 방법은 실험적 과학 방법의 절차를 참조하여 분명하게 정의된다. 미드에 따르면, 도덕적 문제의 해결은 과학적 문제와 마찬가지로 "관련된 관심들을 모두 고려해야 한다. 사람은 관련된 모든 관심에 비추어 행동해야 한다. 그것이 바로 우리가 '정언 명령(categorical imperative)'이라고 부를 수 있는 것이다."[22] 비판적인 도덕적 행위 주체와 과학자 둘 다 관련된 모든 사실을 고려해야 한다는 점에서, 도덕적 문제의 해결은 연구과학자의 사례에서 영감을 받는다. 도덕적 문제는 상반되는 목적 간의 갈등을 수반하기 때문에 문제의 핵심은 더 넓은 관점을 염두에 두는 능력이다. 그래야만 충돌하는 모든 관점을 충분히 이해할 수 있다. 따라서 모든 관점을 염두에 두는 문제는 궁극적으로 의사소통의 문제이기 때문에 미드의 윤리가 의사소통의 성격을 띠고 있음을 알 수 있다. 갈등에 처한 모든 당사자는 다른 모든 사람에게 이해 가능한 방식으로 자신의 관점을 표현할 수 있어야 한다. 따라서 미드의 윤리 이론은 '일반화된 타자'의 합리적 관점을 지향하는 한, 그리고 특히 "이른바 보편적 담론에 나타나는 합리적 공동체"[23]를 지향하는 한 보편주의적이다.

내가 보기에, 미드가 자신의 도덕 이론에 과학적 근거를 제공하려는 시도를 가장 명확하게 보여주는 사례는 1923년 논문인 「과학적 방법과 도덕 과학(Scientific Method and the Moral Sciences)」이다. 미드는 공중 보건에서부터 지방 정치와 국가주의에 이르기까지 자신이 제안한 이론을 구체적으로 적용한 다양한 사례를 제시하면서, 윤리적 목적과 그 목적을 달성하는 수단 모두 "지능적인 과학 방법"에 의한 "수정과 재구성"[24]의 대상이라고 주장한다. 그리고 그는 계속하여 현대 과학의 실험 방법과 민주주의적 정치 사이에 내적 연관성이 있다고 제안한다. 연구실과 의회 모두에서 합리적인 방식으로 의사소통하는 인간의 능력은 과학자로서든 시민으로서든 개인들의 행위가 조정되는 기반이다. 이러한 관점에서 볼 때, 미드가 민주주의적 삶의 순전히 양적인 측면에 대해 심각하게 의문을 제기하는 것은 당연한 일이다. "민주주의에서 투표함이 제공하는 대중 정서를 기록하는 서투른 방법"[25]보다 훨씬 더 중요한 것은 ― 듀이와 마찬가지로 미드에게도[26] ― 인지적으로 유능하고 공민적으로 참여하는 시민들 사이에서 지속적이고 정보에 입각한 토론이 이루어져야 한다는 것이다. 미드의 의사소통 윤리가 가지는 급진 민주주의적 함의는 과학 지식이 모든 사회 계층에 두루 전파되어 모든 개별 시민이 자신의 지능을 통해 과학의 결과에 접근할 수 있어야 한다는 것이다. 미드의 민주적 이상이 지닌 합리적인 의사소통적 기초는 분명하다. 모든 사회 및 정치 제도는 정보에 입각한 시민으로부터 흘러나오는 소통에 스며들 수 있어야 한다는 것이다. 이를 위한 필요충분조건은 상호 이해를 통해 합의를 도출하는 합리적인 절차를 정의하는 것이다. 보편 교육과 지능적인 사회 개혁에 의해 유지되는 과학과 민주주의는 분명히 미드가 프래그머티즘적인 방식으로 현대 산업 사회의 문제들에 대해 제안한 해결책에 영감을 주는 원천이다.

미드의 책 제목 『정신, 자아, 사회』에서 항목의 순서를 뒤집으면 정신과 자아를 넘어서는 사회의 우선성에 관한 그의 관점을 표현할 수 있다는 생각을 다시 떠올려보자. 그러나 이 요소들의 순서를 바로잡는 것보다 훨씬 더 중요한 것은 개별 자아와 사회 사이의 관계에 대한 미드의 개념이 지닌 유기적이고 기능적인 특성을 깨닫는 것이다. 미드가 자아를 무의식적 요소와 의식적 요소가 다양한 비율로 합쳐진 하나의 실체로 보는 것이 아니라 하나의 과정으로 본다는 점이 강조되어야 한다. 그의 관점에서 자아는 'I'와 'me'라는 두 가지 구별 가능한 국면으로 구성된 사회적 과정이다. 듀이에게 '자극'과 '반응'이 행위의 구별된 순간을 구성하듯이, 미드에게 'I'와 'me'는 '실체'가 아니라 기능적 범주이다. 더욱이 미드는 자아가 "개인을 부분으로 포함시킨 사회 조직 전체의 한 국면"[27]에 불과하다고 주장한다. 자아는 공동체의 조직화된 태도를 자신의 행위로 가져올 수 있는 한, 사회를 구성하는 일반적인 진행 과정의 한 국면이다. 결과적으로, 개인들이 더 효율적인 사회구성원이 됨에 따라 사회질서는 더 많이 조정된 상태에 도달한다. 우리가 우리의 거주지인 사회에 지속적으로 영향을 미치고 이어서 사회에 의해 지속적으로 형성된다는 통찰은 사회적 삶을 상징적 교환으로 보는 미드의 이해에서 핵심을 이룬다. 의미 있는 상징과 성찰적 지능은 인간을 지구상의 다른 모든 생명체와 구별하는 요소이다. 미드의 가장 혁신적이고 적절한 기여는 바로 우리 세계의 상징적 본질의 기원, 발달 과정, 그리고 함의를 잘 풀어낸 데 있다. 이것은 중요한 의미에서 **우리의** 세계이다. 왜냐하면 우리가 창조한 세계이기 때문이다.

행위 이론

미드 사회심리학의 가장 혁신적인 요소 중 하나는 그의 4단계 행위 모델인 '행위 이론'이다. 간단히 말해, 여기서 중요한 것은 인간 행위의 다양한 시간적 차원을 분석하는 것이다. 미드는 모든 인간 행위를 여러 단계로 구성된 역동적인 전체로 인식한다. 그는 『행위의 철학(The Philosophy of the Act)』(1938)에서 '행위'는 유기체와 환경 사이의 관계, 즉 "자극과 반응, 그리고 그 반응의 결과로 구성된 현재 진행형의 사건"[28]이라고 묘사한다. 따라서 행위는 여러 단계로 전개되는 유기적 전체로 이해되어야 한다. 이러한 단계는 분석을 통해 분리될 수 있지만 전체 행위를 참조하지 않고는 이해될 수 없다.

이미 말했듯이, 미드는 행위를 4단계로 구성된 것으로 인식한다. 그 중 첫 번째는 행위에 대한 충동이다. 모든 행위의 시작에는 주어진 자극에 반응하는 유기체의 생리적 성향이 있다. 지각은 그다음 단계이다. 이 두 번째 단계에서 유기체는 대상 또는 주변 환경의 일부를 지각한다. 행위의 세 번째 단계는 조작이다. 유기체는 멀리 있는 대상을 감지한 후에 그 대상을 향해 움직이든지 그 대상으로부터 멀어질 것이다. 대부분의 경우, 행위의 지각 단계는 물리적으로(예를 들어 사과의 경우에서처럼) 또는 지적으로(과거 사건의 경우에서처럼) 대상의 조작으로 이어진다.[29] 미드가 강조하듯이, 조작은 인간 행위에서 매우 중요한 단계이다. 왜냐하면 조작은 우리로 하여금 "사물들을 딱딱하거나 부드럽게, 거칠거나 매끄럽게, 우리 스스로의 측정치로 크거나 작게, 덥거나 춥게, 그리고 젖거나 마르게" 볼 수 있도록 접촉의 경험을 제공하기 때문이다. "보이는 사물을 실제적인 사물로 만들어주는 것은 바로 이렇게 이미 지화된 접촉이다."[30] 미드는 지각과 조작을 진행형인 행위의 중간 단계로 간주한다. 네 번째이자 마지막 단계는 유기체가 해당 대상에 특정 가치를 부여함으로써 행위를 정점에 달하게 할 때 발생한다. 따라서 정점에 도달함으로써 행위가 완성된다.

행위의 다양한 단계에 대한 이러한 시간적 분석은 미드의 인간 행위 개념이 일방적인 설명을 배제하고 있음을 보여주기에 충분하다. 행위는 순전히 개인주의적 사태로 이해되거나 (사회적, 문화적, 또는 경제적) 외부 요인에 의해 전적으로 결정되는 것으로 이해되어서는 안 된다. 대신, 원래 사회적으로 시작되는 인간 상호작용은 종의 역사와 각 인간의 역사 모두에서 점점 더 높은 수준의 개인성으로 이어진다.

'행위'를 주변 환경과의 관계에서 일어나는 (물리적인 것인) 신체 유기체의 제스처로 인식함으로써, 미드는 인간 지각에 대한 자연주의적 설명(잘 알려진 프래그머티즘의 주제)과 이성적 개인들이 자신의 합리성과 개인성을 그들이 참여하는 사회적 경험(개인들은 사회적 경험의 산물이다)에 빚지고 있다는 통찰을 결합하고자 한다. 성찰적 의식은 주어진 것이 아니다. 개별 유기체들 사이의 사회적 상호작용은 인간의 발달을 위한 전제 조건이며, 인간의 개인성은 오로지 사회적 경험을 통해서만 증가할 것이다(비록 지금은 더 복잡한 특성, 즉 언어적 성격을 띠고 있긴 하지만 말이다).[31] 미드의 '대상' 개념을 생각해 보라. 그에 따르면, 인간 자아를 구별하는 것은 "스스로에게 대상"[32]이 되는 능력이다. 실제로 미드는 이러한 '자기-객관화'의 태도가 인간 합리성과 밀접하게 관련되어 있다고 주장하는 데까지 나아간다. 인간은 스스로에게 비개인적인 객관적 태도를 취할 수 있을 정도로 합리적이다.

미드에 따르면, 대상을 지각하는 능력은 타고난 것이 아니라 이른바 문제 상황에서 주변 환경과의 상호작용을 통해 학습된다. 그렇다면 개별 유기체는 어떻게 다른 존재들 사이에서 자신을 하나의 대상으로 지각하게 되는가? 우선, 미드는 물리적 대상과 사회적 대상을 구분한다. 미드가 제안한 구분은 그의 4단계 행위 이론과 밀접한 관련이 있으며, 우리가 물리적 대상을 형성하기 전에 사회적 대상을 형성한다는 논지, 즉 사회적 의식은 물리적 대상의 의식에 선행한다는 논지에 기초한다. 처음에 인간 유기체는 주변 환경 및 그 환경을 구성하는 대상들과 사회적으로 상호작용한다. 무생물인 물리적 대상을 향한 유기체의 즉각적인 반응은 다른 유기체를 향한 반응과 동일하다. 예를 들어, 나는 평소 사용하는 펜을 좋아하고 배터리가 다 떨어진 휴대폰은 싫어한다.[33] 그러나 시간이 지나면, 개인들은 "그러한 대상에 관해 알게 된 사실에 근거하여, 그러한 종류의 반응으로부터 추상화한다."[34] 그렇다면 우리가 물리적 대상을 다룰 때 두 가지 다른 순간이 있다. 우리의 즉각적인 반응은 사회적인 반면, 나중의 반응은 추상적이고 이성적이다. 한 순간에서 다른 순간으로 넘어가는 과정을 설명하는 것은 인간의 손이다. 어떤 의미에서, 물리적 사물은 인간 손의 산물이다. 우리는 사물들을 지각하고 조작함으로써 애초의 즉각적인 사회적 반응을 뛰어넘어 물리적 대상으로서의 그 사물들에 반응하지만, 이는 우리가 행위를 완성하기 전에 일어난다. 지각과 조작이 행위의 중간 단계인 것처럼, (인간 손에 의해 창조된) 물리적 대상은 "행위의 시작과 완성의 중간쯤에"[35] 나타난다. 내 펜의 경우, 내가 펜으로 글을 쓸 때, 그 펜은 일정한 무게, 색상 및 기타 특성을 가진 물리적 대상이 된다. 내가 문장을 다 쓰고 나면, 내 필체가 내가 좋아하는 펜에 얼마나 빚지고 있는지 되돌아보고 깨달을 수 있다. 미드는 한발 더 나아간다. 그는, 행위의 완성이 피할 수 없는 특수성을 지니고 있다는 사실에도 불구하고, 물리적 사물로서의 펜은 펜을 들고 있는 모든 사람의 경험에 속한다는 의미에서 보편적이라고 주장한다.

미드의 윤리적 사고가 그의 행위 이론과 밀접한 관련이 있다는 나의 이전의 지적을 되돌아볼 때, 그의 의도가 그의 "자아의 근원, 발달, 본질, 구조에 관한 사회이론"[36]을 바탕으로 윤리 이론을 세우려는 것임을 주목해야 한다. 달리 말해, 미드는 개인의 사회적 성격에 민감한 윤리를 제공하고자 한다. 즉, 윤리적 판단의 보편적 특성은 오직 사회성에만 있다. 나는 두 가지 점을 강조하고 싶다. 첫째는 미드가 윤리학의 방법과 과학적 절차 사이에서 끌어낸 근본적인 유사성이며, 둘째는 행위의 완성 단계에서 대상의 가치가 지닌 위치이다.

미드가 대상의 가치의 문제를 다루는 것은 바로 주변 환경과 관련된 "물리적 사물로서의 신체 유기체"의 관점에서이다.37) 그의 행위 이론에 따르면, 행위의 각 단계에서는 주체와 대상 사이에 특정한 종류의 관계를 관찰할 수 있다. 멀리서 지각하는 단계에서는 주체가 대상의 색깔이나 소리와 같은 대상의 '이차적 특성'과 인지적인 관계를 확립할 수 있다. 그러나 가장 높은 대상성(objectivity)은 다음 단계, 즉 조작의 단계에서만 달성될 수 있다. (질량과 같은) 대상의 '일차적 특성'이 주체에 의해 파악되는 것이 바로 이때이다. 마지막으로, 완성 단계에서는 이 시점에서의 주체의 판단이 문화적 또는 역사적 요인에 더 취약하여 대상성을 감소시킬지라도 주체는 대상을 평가할 수 있다.38) 이러한 것들이 미드가 자신의 윤리 이론을 구성하는 토대이기 때문에, 미드가 객관주의적 가치 개념과 주관주의적 가치 개념 모두를 거부할지라도 이러한 윤리에서 가치가 합리적 검토의 대상이 될 수 있는 이유를 이해할 수 있을 것이다. 대상의 가치는 주체와 대상 사이의 관계 맥락에서 발생하는 것이지, 객관적으로 주어진 것도 아니고 주관적인 정신적 사태도 아니다.

이제 미드의 주요 사회심리학적 사상에 대한 검토를 요약할 수 있게 되었다. 나는 제3장에서 제5장까지 논의된 주제와 대략 일치하는 세 가지 주요 사상을 강조하고 싶다. 첫째, 미드의 가장 큰 공헌은 데카르트의 합리주의에 대한 일관된 대안을 제공했다는 것이다. 사회적 경험에서 창발한 것으로 보는 미드의 자아 개념은 인간의 경험을 사회학적 측면으로 환원하는 정반대의 실수를 범하지 않으면서 데카르트의 원자론에 대한 설득력 있는 대안을 제공한다. 미드 이론의 상호주관적 특성은 타자의 역할 또는 태도 취하기라는 중요한 개념과 함께 전면에 등장한다. 이 개념은 자기 성찰이 더 이상 타고난 능력이 아니라 사회적 삶의 산물로 간주되는 혁신적인 방식으로 성찰성이라는 오랜 철학적 주제를 다시 다룰 수 있게 해준다.

둘째, 역할 수행 개념과 기타 관련 개념들(특히 제스처, 대상, 의미 있는 상징, 의미, 그리고 의식)을 갖춘 미드는 우리에게 특이하게 영감을 주는 자아 개념을 남겼다. 인간은 복잡한 생물학적 유기체이며, 인간의 합리성은 언어적 의사소통과 사회적 경험에 밀접하게 연관되어 있다. 언어는 정신 출현의 원인이 되는 핵심 요소 중 하나이다. 따라서 미드가 사고를 일종의 '내적 대화'로 보는 것은 놀라운 일이 아니다. 그에 따르면, 자아는 신체와 혼동되어서는 안 된다. 오히려 자아는 생체-사회적 창발물이며, 자아의 진화는 서로 다르지만 연관된 두 가지 관점에서 재구성될 수 있다. 종의 역사라는 관점에서, 미드는 자의식이 생리적 발달 및 사회적 상호작용의 복합 산물로서 어떻게 점진적으로 출현했는지에 대한 설명을 제안한다. 개인 발달의 관점에서 보면, 미드의 제안은 '놀이'와 '게임' 단계를 중심으로 전개된다. 따라서 미드의 자아는 'I'(상황에 대한 불확실한 반응으로서의 자아)와 'me'(우리가 역할 수행, 즉 타자의 태도를 채택함으로써 구성하는 의식적인 자아 이미지)라는 두 가지 구별 가능한 단계로 이루어진 철저하게 사회적인 과정이다.

셋째, 미드로 하여금 사회학주의의 과잉에 빠지지 않고 데카르트의 원자론을 대체할 수 있게 해준 상호주관주의는 환원 불가능하게 대화적인 행위 개념에 기초한다. 더욱이, 미드의 행위 이론은 개인을 주변 환경 안에 위치시킨다. 데카르트에게는 미안하지만, 자아는 세계와 대립하지 않는다. 오히려 자아는 세계의 일부이다. 거리를 둔 (물리적 또는 사회적) 대상을 지각하는 것이 행위에 대한 자극이 될 뿐만 아니라 우리가 그 대상에 접근하는 방식도 통제하는 한, 대상은 행위에 대한 통제력을 행사한다. 우리는 성공적인 방식으로 대상을 조작하기 위해 지각된 대상의 특성을 통합한다. 이러한 의미에서, 대상의 성격은 행위가 조직되는 방식을 크게 결정한다. 사회적 행위에서는,

즉 여러 사회적 대상 사이의 사회적 상호작용에서는, 어떤 사람과 그 사람의 행위가 지향하는 사회적 대상 사이에 조정이 이루어지는데, 그러한 조정을 사회통제라고 할 수 있다. 대상이 행위를 통제하는 것처럼, 사회적 대상은 사회적 행위를 통제한다. 인간 행위는 우리가 살고 있는 물리적 세계에 접근할 때 영향을 받는 것과 동일한 방식으로 사회적으로 영향을 받는다. 나는 대상의 태도를 취함으로써 나를 향한 대상의 태도를 내면화한다. 사회의 경우에, 나는 '일반화된 타자'의 태도를 취함으로써 즉각적으로 나의 행위에 대해 어느 정도의 (사회) 통제를 행사할 수 있게 된다. 따라서 사회통제는 자기비판의 한 형태일 뿐이며, 사회적 관습은 'me'를 통해 '일반화된 타자'의 태도를 취하는 우리의 능력의 결과로서 우리의 행위를 통제한다.

미드의 생각에 담긴 우아함과 일관성은 감탄할 만하다. 미드 저술의 편집 상태가 개탄스럽긴 하지만, 그의 철학 체계는 단순히 자아의 기원에 대한 20세기 초의 설명이라는 것보다 더 많은 공로를 인정받을 만하다. 미드의 철학은 상호주관주의의 약속을 보여주는 영원한 모범이다. 조지 허버트 미드를 읽는 것은 사회학자가 아니었음에도 불구하고 사회학이라는 학문을 창건하는 데 기여한 저자와 현세대가 대화할 수 있는 기회이다. 다음 장에서는 미국과 해외에서 사회학자에서부터 철학자에 이르기까지 후대 사회과학자들이 미드를 어떻게 받아들였는지를 간결하게 소개하려고 한다. 모든 내러티브에는 주인공, 무대, 그리고 줄거리가 있을 것이다. 따라서 다음 장에서는 미국 20세기 사회학의 맥락에서 미드 사상의 영향에 대해 논의할 것이다. 이 에피소드의 주인공은 시카고 사회학 학파의 구성원들(스몰, 토머스, 파크, 쿨리, 그리고 패리스)과 상징적 상호작용론과 관련된 작업을 하는 사회학자들(블루머, 스트라우스, 베커, 고프먼)이 될 것이다. 나는 상징적 상호작용론자들이, 특히 블루머의 경우에, 미드에게 부여한 해석은 미드의 공헌에 대한 균형 잡힌 설명이라기보다 자신의 의제를 정당화하는 한 형태라고 제안할 것이다. 그다음 장에서 나는 오늘날 사회과학에 대한 미드의 공헌을 재평가할 수 있는 토대를 마련하기 위해 여러 가지 현대적 해석을 논의할 것이다.

이제 1931년 그의 죽음을 전후로 시카고에 있는 동료 사회학자들의 연구에서 미드의 사상이 수용된 역사를 살펴보겠다.

제6장

미드와 상징적 상호작용론

이 장에서는 미드 사상에 대한 논의에서 방향을 전환하고자 한다. 지금까지는 미드가 현재 사회과학에 끼친 주요 공헌에 대한 나의 해석을 제시했다. 이제 나는 미드에 대한 다른 저자들의 해석으로 관심을 돌릴 것을 제안한다. 이러한 해석 중 일부 — 예를 들어, 허버트 블루머나 위르겐 하버마스의 해석 — 는 매우 영향력이 커서 그들은 미드를 마르크스, 베버, 뒤르켐, 짐멜 등과 나란히 사회학의 정전에 올려놓은 공로를 인정받을 정도이다. 그러나 '정전(正典)화' 과정의 본질과 관련하여 내가 하고 싶은 특별한 주장이 하나 있다. 내 견해로는, 가장 중요한 것은 사회연구자들과 특히 학부생들이 어떤 학문적 인물이 '고전'의 지위를 획득하는 과정의 역사적·제도적 성격에 대한 자신들의 인식을 높이는 것이다. 미드도 예외가 아니며 그는 이러한 과정의 좋은 예이다. 내가 다른 곳에서 주장했듯이, 사회학에서 미드의 사상이 수용된 것은 학문의 역사가 새로운 아이디어 및 체계에 의해서뿐만 아니라 주요 해석자들의 이론적 관심사에 의해서도 영향을 받는 방식을 밝혀주는 사례를 제공한다.[1)]

이 언급을 염두에 두고, 이제 나는 20세기 미국 사회학에서 미드 사상이 수용된 과정에 대한 설명을 제시하고자 한다. 나의 논의는 두 가지 에피소드에 초점을 맞추고 있다. 우선, 이른바 사회학의 '시카고학파'와 관련하여 미드를 위치시키고, 둘째로 1950년대 초에 이루어진 상징적 상호작용론의 등장과 이와 관련된 첫째의 시카고학파의 소멸에 대해 논의할 것이다. 블루머의 연구에 대한 비판적 분석은 미국 사회학의 창립 전설 중 하나인 미드와 블루머의 관계를 다룰 기회를 줄 것이다. '사회학의 고전'으로서 미드가 수행한 역할 — 이제는 확립된 사실이지만 — 은 특별히 미드의 전 제자이자 연구 조교였던 허버트 블루머를 통해 '상징적 상호작용론'이라는 미국 사회학의 흐름이 주축이 된 역사적 과정으로 보아야 한다. 1950년대와 1960년대에 지배적인 사회학적 관점이었던 탤컷 파슨스의 구조기능주의에 대한 가장 혁신적인 대안으로서 미드의 명성을 확립한 것은 그 누구보다도 블루머였다. 로버트 머튼(Robert Merton)의 '중범위' 이론 개념과 함께 파슨스의 구조기능주의 관점은 유럽의 사회학 창건자들(파레토, 뒤르켐, 그리고 베버)의 합법적인 계승자이자 사회학 연구에 대한 유일한 과학적 접근법이 됨과 동시에 사회학적 패러다임으로 자리매김했다. 철학적 프래그머티즘의 영향 아래 시카고 대학교에서 발전한 20세기 초 미국 사회학 전통은 사회학의 기원과 발달에 대한 파슨스의 중요한 내러티브인 두 권으로 구성된 『사회적 행위의 구조(The Structure of Social Action)』(1938)[2]에서 완전히 무시되었다. 이제 살펴보려는 것이 바로 이 전통이다.

미드와 시카고 사회학 학파

철학적 프래그머티즘과 상징적 상호작용론이라는 사회학적 전통 사이의 관계에 대한 몇 마디만으로도, 사회학자들이 기능주의와 구조주의에 대한 실행 가능한 대안이 될 수 있는 이론적 관점을 찾기 위해 미드의 저작 — 사회학적 주제나 방법과 직접적으로 관련되지 않음에도 불구하고 — 을 반복해서 재검토하는 이유를 명확히 알 수 있다. 드미트리 샬린(Dmitri Shalin)이 「프래그머티즘과 사회적 상호작용론(Pragmatism and Social Interactionism)」(1986)에서 보여주듯이, 프래그머티즘과 상호작용론적 사회학 사이에는 여러 접점이 있다.

1. 사회적 상호작용론이 사회질서에 대한 사회학적 연구를 창발적 과정으로, 즉 항상 '형성 중인' 무언가로 추구할 수 있게 영감을 준 것은 바로 실재가 유동 상태에 있다고 보는 프래그머티즘의 철학적 관점이다.
2. '상호작용'이라는 근본적인 사회학적 개념은 '창발적 질서'의 개념을 통해 '하나'와 '다수' 사이의 관계, 즉 보편적인 것과 특수한 것 사이의 관계라는 전통적인 문제를 대체하려는 프래그머티즘의 철학적 시도에서 직접 유래한다.
3. 미드를 포함한 대부분의 미국 프래그머티스트들이 공유하는 진보적이고 민주적인 가치는 상호작용론적 사회학의 이념적 토대를 정의하는 데서 중요한 역할을 한다.[3]

내 견해로는, 프래그머티즘과 상호작용론적 사회학 사이의 이러한 개념적·주제적 연관은 미드와 시카고 사회학 사이의 관계에 대해 귀중한 설명을 제공한다.[4] '시카고'는 1892년에 설립된 대학과 미시간 호수 근처의 도시 둘 다를 의미한다. 앞서 보았듯이, 미드는 시카고 대학교 철학과에서 30년 넘게 가르쳤다. 시카고 사회학에 그가 영향력을 갖는 이유는 그의 인기 있는 사회심리학 강좌에 사회학 전공 학생들이 등록했기 때문이다. 그러나 시카고학파의 핵심 인물로서 미드가 갖는 지위에 대한 더 중요한 설명이 있는데, 그것은 그가 프래그머티즘 관점에서 다루었던 사회적 상호작용과 자의식의 문제에 대해 지적 공헌을 했다는 것이다.[5] 시카고학파의 다양한 구성원을 하나로 묶어주는 공통된 지적 분모가 있다면 그것은 바로 철학적 프래그머티즘이다. 달리 말해, 미드 생전에 시카고 사회학자들은 대부분의 사회과학, 특히 경제학을 지배했던 효용주의(utilitarianism)에 대한 철학적 대안으로 프래그머티즘을 선택했다. 합리적으로 목적을 추구하는 단일한 행위자 모델 대신에, 프래그머티즘은 개인 행위자를 주변 환경에 연관시키는 과정이라는 개념을 제안했다. 철학적 프래그머티즘과 시카고 사회학 사이의 이러한 친화 관계는 20세기 후반에 통합된 다른 모든 영향에도 불구하고 이 사회학 전통의 독특한 특징 중 하나로 남아 있다.

도시 자체에 관해서는, 시카고가 사회학과 구성원들에게 주요 연구 재료를 제공했다고 말하는 것이 타당할 것이다. 미드를 비롯한 시카고학파의 구성원 대부분이 공유한 사회 개혁에 대한 관심은 대학 주변 공동체에 구체적인 무대를 마련했다. 미드와 그의 동료들이 이민, 인종 차별, 도시 계획, 실업, 또는 교육과 같은 사회문제를 분석할 때, 연구 대상은 시카고 그 자체였다. 당시 시카고는 도시 성장, 산업화, 사회 분화라는 빠르고 심오한 과정을 겪고 있었다. 1880년대와 1930년대 사이에 그 도시는 유럽과 세계 각지에서 온 수십만 명의 이민자들의 최종 목적지가 되었다. 훗날 '진보의 시대'로 불리게 된 이 시기는 실제로 엄청난 사회적 변화의 시기였으며, 시카고는 이러한 사회적 변화 과정의 중심에 있었다.[6]

성장하는 대도시와 밀접하게 조화를 이룬 활기찬 신생 시카고 대학교는 사회문제에 대한 과학적 해결책을 제공하는 데 관심이 있는 사회과학자 세대에게 완벽한 제도적 환경이었다. 시카고학파는 준(準)문화기술지적 성격의 경험 연구와 사회 개혁을 상당히 지향했다. 퇴니스(Tönnies), 뒤르켐, 짐멜의 사회학적 연구 결과에 친숙한 시카고학파의 구성원들은 유럽의 사회학적 이론화와 연구 방법을 새로운 통찰력으로 보완하여 사회학을 정립하려고 노력했다. 이것은 시카고시의 급속한 근대화와 관련된 문제에 대한 통찰이었으며, 미국의 철학적 프래그머티즘에 의해 제공되었다. 미국 사회학의 제도화에 (1893년 설립될 당시에 공식적으로 선정된) 그 대학의 사회학과 및 인류학과가 기여한 바는 과소평가될 수 없다. 그 기여는 1895년에 창간된 이 분야 최초의 학술지인 ≪미국사회학(American Journal of Sociology)≫의 탄생, 1905년에 세워진 미국 최초의 전문 사회학자 협회인 미국 사회학회(American Sociological Society, 1959년에 American Sociological Association으로 명칭 변경)의 창립, 한 세대의 전문 사회학자를 배출하는 데 도움을 준 파크(Park)와 버제스(Burgess)의 『사회학 입문(Introduction to the Science of Sociology)』(1921)과 같은 교과서의 출판, 수많은 연구 프로젝트의 실현을 말한다. 적절한 사례는 윌리엄 I. 토머스(William I. Thomas)와 플로리안 즈나니에키(Florian Znaniecki)의 폴란드 이민 공동체에 대한 심층연구로, 이 연구는 1918년 시카고학파의 1세대 학자들 중 가장 잘 알려진 단일 저작인 『유럽과 미국의 폴란드 농민(The Polish Peasant in Europe and America)』의 출판으로 이어졌다.

미드가 사회학과 동료들에게 미친 영향은 무엇이었는가?[7] 다른 방식으로 말하자면, 사회학에 대한 시카고학파의 접근 방식 중 어떤 측면이 미드의 자아에 대한 사회이론이 끼친 영향을 가장 잘 보여주는가? 미드가 시카고학파에 끼친 주요 공헌은 다름 아닌 완전히 독창적인 행위와 합리성 개념이었다. 효용주의 사회이론의 전형적인 개인주의적 행위 개념에 대해 그 반대의 입장에서 대안을 시사하면서 행위 대 구조, 행위자 대 사회라는 근본적인 이분법을 받아들이는 대신, 미드는 그러한 논의의 전제 자체에 의문을 제기했다. 미드의 견해에 따르면, 개인 자아와 사회 사이에 필연적인 대립은 존재하지 않는다. 따라서 인간 행위는 사회적으로 영향을 받고 사회적으로 생성되는 것으로 생각할 수 있으며, 개인들은 끊임없는 상호 구성의 과정에서 사회에 의해 형성되는 만큼 자신을 둘러싼 세계를 창조한다. 미드의 혁신적인 관점에서, 사회구조는 개인 행위를 구조화하는 동시에 개인 행위에 의해 구조화되는 현재 진행형의 과정이다. 달리 말해, 미드의 프래그머티즘적 행위 모델은 시카고 사회학자들로 하여금 (오늘날까지도 경제학에서 여전히 지배적인) 효용주의 관점과 연관된 개인주의와 기능주의, 시스템 이론, 기타 사회학적 흐름에 의해 제시되는 구조주의를 모두 거부할 수 있게 해준다. 나는 미드가 이룬 성취의 진정한 의미는 인간 행위성과 사회구조 사이의 관계가 지닌 "문제를 바라보는 방식을 근본적으로 바꾸었다는 사실에" 있다고 관찰한 요아스에게 깊이 동의한다.[8]

시카고학파 1세대의 종말은 (파슨스가 경력을 쌓았던) 하버드와 기타 아이비리그 대학교들과의 경쟁으로만 설명할 수 있는 것은 아니다. 1920년대부터 1930년대 초반까지 초기 상호작용론자들 사이에 논쟁이 벌어졌고, 그 결과 최초의 시카고학파는 분열되었다. 이 학파의 주요 역사가인 로버트 E. 패리스(Robert E. Faris)에 따르면, 이 논쟁은 미드처럼 신체와 정신의 프래그머티즘적인 접합을 선호한 사람들을 쿨리처럼 관념론의 함정을 피하는 데만 몰두하기보다 사회학적 경험 연구를 증진하거나 수행하는 데 전념했던 사람들과 대립시켰다.[9] 이러한 관점에서 볼 때, 엄청난 양의 경험 연구를 담당한 사회학 전통으로서 상징적 상호작용론이 성공한 데 대한 대가는 신체를 희생하면서 정신을 물화(reification)한 것이다. 이 논쟁에서의 미드의 역할을 이해하려면, 1920년대에 그가 사회학과와 맺었던 관계가 두 명의 사회학자에 의해 중재되었다는 사실을 고려해야 한다. 이제 논의하고자 하는 것이 바로 그들의 이야기이다.

그중 첫째 사회학자는 로버트 패리스의 아버지이자 미드의 제자였던 엘스워스 패리스(Ellsworth Faris; 1874~1953)였다. 패리스는 1926년 스몰이 은퇴한 후 사회학과 학과장이 되었다. 1918년 학과에 합류한 이후, 특히 8년이 지나 학과장이 된 이후, 패리스는 1920년 이후 시카고 사회학자들 사이에서 미드의 명성을 쌓는 데 두드러진 역할을 했다.[10] 상당한 영향력을 가진 선생이었던 그는 사회학 대학원생들에게 미드의 강의를 수강하라고 권유했다. 대학원생 중 한 명은 다음과 같이 회상했다.

> 패리스는 사회학과 내에서 사회심리학을 전공하던 자기 학생들을 데려다가 미드의 강의로 이끄는 데 큰 영향을 미쳤다. 그래서 나는 이것이 모든 점에서 그 당시 철학과의 미드와 사회학과의 사람들 사이의 주요 연결 고리였다고 말하고 싶다.[11]

이 학생의 이름이 허버트 블루머였다는 사실은 사소한 것이 아니다. 블루머가 개인 인터뷰에서 회상했듯이, 미드가 블루머의 논문을 접하고 (1928년 패리스의 주재하에 열렸던) 박사학위 논문심사에 참석해서 블루머에게 질문을 던지기도 했던 것은 바로 패리스를 통해서였다.[12] 이후 블루머는 사회학과 교수진에 합류했고, 1931년 미드로부터 사회심리학에 대한 자신의 강의를 대체하도록 요청받았다. 몇 달 후 미드는 세상을 떠났다.

이 마지막 에피소드의 관련성은 블루머가 미드의 생애 마지막까지 적어도 부분적으로는 미드의 마지막 연구 조교였기 때문에 항상 자신이 미드의 지적 후계자라고 주장했다는 사실에서 기인한다. 미드와 블루머 사이의 이러한 짧지만 개인적인 관계는 미국 사회학의 기원과 발전에 대한 자기 정당화 서사의 맥락에서 창건 신화의 지위를 획득했다. 다른 신화와 마찬가지로 블루머와 미드의 관계가 가진 서사는 두 가지 기능을 수행한다. 한편으로는 선생과 제자 관계가 학문의 발전에 어떻게 기여할 수 있는지를 보여주는 예로서 기능하고, 다른 한편으로는 그 학문의 자기 이해를 방해할 수 있는 불일치와 모순을 숨긴다. 요컨대, 미드의 사회적 프래그머티즘과 블루머의 상징적 상호작용론 사이의 연결이 갖는 실제 성격과 함의를 완전히 이해하려면 그

신화를 넘어서야 한다. 이것이 내가 다음에서 제안하는 것이다.

블루머의 미드: 만들어지고 있는 고전

허버트 블루머(1900~1987)는 시카고에서 미드를 만나기 훨씬 전부터 프래그머티즘을 향한 순례를 시작했다.[13] 듀이의 열렬한 추종자였던 찰스 엘우드(Charles Ellwood)는 젊은 블루머가 처음으로 지적 영향을 받은 인물이었다. 블루머는 엘우드 밑에서 1920년과 1921년에 미주리 대학교 사회학과 학사 및 석사학위를 각각 취득했다. 그 후 미주리에서 사회학 강사로 경력을 쌓기 시작한 블루머는 1924년까지 엘우드 밑에서 일한 후, 박사학위 공부를 위해 시카고로 옮겼다. 시카고에 도착한 블루머는 이미 프래그머티스트들의 사회 개혁적 의제와 반데카르트적인 철학 입장에 대해 잘 알고 있었다. 그가 첫 번째 지적 멘토로 엘우드를 꼽는 것을 주저했다는 사실은 확실히 엘우드의 "추상적이고 가치 지향적인 시각"[14]과 관련이 있다. 시카고에 있는 동안 블루머는 앞서 미드와 젊은 블루머의 관계에서 수행한 역할을 언급한 바 있는 패리스의 가르침을 통해 훨씬 더 경험적인 성향의 사회학에 노출되었다. 블루머는 다음과 같이 회상한다. "나는 엘스워스 패리스와의 공부를 통해서 미드의 사상을 접하게 되었다. 이후 몇 년 동안 직접 미드와 함께 공부하면서, 이 기간 중 일부는 그의 연구 조교로 일했다."[15] 블루머는 미드의 저작에서 자신의 경력 내내 동행하게 될 인간 조건에 대한 시각을 발견했으며, 1952년부터 1987년 사망할 때까지 캘리포니아 대학교 버클리에서 이를 발전시킨다. 블루머가 1950년대와 1960년대의 지적 및 연구적 도전에 더 잘 대처하기 위해 자신의 석사 논문을 어느 정도 수정했는지 알아보기 위해, 다음 단락에서는 미드 자신의 제안과 대조하여 블루머의 사회학적 관점이 지닌 주요 특징을 살펴볼 것이다.

블루머가 평생에 걸쳐 가진 지적 관심사는 사회과학에서의 이론과 경험 연구 사이의 관계이다. 이 주제는 블루머의 박사학위 논문[「사회심리학의 방법(The Method of Social Psychology)」(1928)]에서 일찍이 발견할 수 있으며, 실제로 그의 거의 모든 주요 글에서 반복적으로 등장한다. 처음에 블루머는 미드가 옹호하는 실험 과학적 방법에 더 가까운 방법론적 입장을 지지했다. 블루머가 자신의 박사학위 논문에서 주장하듯이, "인간 행동에는 자연과학적 방법을 인간 행동에 적용하는 것을 방해하는 것이 없다."[16] 1930년대를 거치면서, 블루머는 점차 쿨리의 '공감적 내성'의 재구성으로 볼 수 있는 입장으로 이동한다. 블루머는 쿨리의 정신주의를 거부함에도 불구하고 참여 관찰을 하려는 자신의 성향을 전적으로 고수한다. 달리 말해, 블루머는 사회 행위자의 행위에 대한 해석 그리고 행위자가 행위에 부여하는 의미에 대한 해석이 사회과학자에게 극도로 중요하다는 쿨리, 토머스 등의 저술과 연관된 주제를 지지하게 된다. 사회 실재를 이해하기 위해서는 누군가는 사회관계의 그물에 몸을 던져서 사회 행위자가 보는 대로 세계를 보려고 노력해야 한다. 블루머의 명성은 1930년대에 극적으로 높아졌는데, 이는 해석적 방법론에 대한 이러한 선호와 사회 세계의 상징적 본질에 민감한 이론적 접근을 조화시키는 독특한 방식 덕분이었다. 사회학이 광범위한 양적 데이터 분석과 조사 연구를 통해 학문 분야로 자리매김하던 시기에(제2차 세계대전은 이러한 경향을 더욱 심화시켰다), 블루머의 이해(verstehen) 연구 전략은 학문적 틈새를 채웠다. 블루머의 시각은 1960년대 말까지 미국 사회학의 지배적인 관점이었던 탤컷 파슨스의 구조기능주의에 대한 대안으로 처음부터 이해되어야 한다. 결과적으로 미드가 사회학의 정전에 포함되는 것은 좋든 나쁘든 간에 이러한 상황에 따라 결정될 것이었다.

토머스와 츠나니에키의 방법론적 관점에 대해 비판적인 입장을 취한 블루머는[17] 파크가 "도덕적 질서"라고 불렀던 것에 위치한 행위 문제에만 초점을 맞춘 대안을 제시한다. 1937년에[18] 블루머는 "상징적 상호작용론"이라는 표현을 만들어낸다. 이 표현은 물리적 환경과 사회적 경험의 관계보다 사회적 삶의 주관적 측면, 즉 집합행위의 상징적 짜임새에 관심을 두는 사회학 연구의 흐름을 칭하게 되었다. 특히 상징적 상호작용은 "그 자체로 생성적이고 형성적인 행위성(agency)"[19]으로 보아야 한다. 상징화에 대한 미드의 아이디어를 연상시키는 이러한 통찰은 1960년대 사회학자들 사이에서 엄청난 인기를 얻었으며, 버거(Berger)와 루크만(Luckmann)의 『실재의 사회적 구성(Social Construction of Reality)』과 같은 주목할 만한 저서에 영감을 불어넣었다. 이러한 상황은 다음의 질문들을 더욱 적절하게 만든다. 상징적 상호작용이 형성적 행위성이라는 것은 무엇을 의미하며, 경험적 사회 조사 연구에서 이것은 어떤 함의를 갖는가?

우선 상징적 상호작용론은 세 가지 기본 전제에 근거한다. 첫째는 개인은 자신의 세계를 구성하는 사물들(물리적 대상, 인간, 또는 제도)이 자신에게 지니고 있는 의미를 바탕으로 하여 그 사물들에 대해 행위한다는 것이다. 둘째 전제는 이러한 사물들의 의미는 사회적으로 창발하는 것, 즉 사회적 상호작용에서 비롯된다는 것이다. 셋째는 행위자가 주변 환경을 다루는 해석 과정에서 이러한 의미가 지속적으로 수정된다는 사실을 말한다.[20] 이러한 전제들의 함의를 자세히 설명하면서, 블루머는 상징적 상호작용론을 다른 분석적 시각과 구별하는 여섯 가지 '뿌리 이미지(root image)' 또는 기본 요소를 규정한다. 첫째 기본 요소는 '행위에 참여하는 사람들'로 구성된 것으로서의 인간 사회 개념이다.[21] 상징적 상호작용론의 프래그머티즘적 토대는 분명하다. 둘째 뿌리 이미지는 사회적 상호작용의 본질을 가리킨다. 이 지점에서 블루머는 핵심적인 주장을 한다. 그는 사회적 행위를 하나 이상의 외부 요인으로부터 영향을 받은 산물로 보는 연구를 거부한다. 오히려 이 문제에 대한 미드의 통찰에 따르면, 개인 행위는 행위자들 사이의 상호작용의 결과로 해석해야 한다. 블루머는 미드의 이론을 회복함으로써 지배적인 '요인 접근법(factorial approaches)' — 파슨스의 패러다임이 이것의 한 예이다 — 보다 해석적 방법론에 더 적합한 개념 구조 위에서 자신의 행위 모델을 확립하고자 한다. 셋째 뿌리 이미지는 대상의 본질과 관련이 있다. 블루머에 따르면, 대상은 "지시될 수 있거나 언급될 수 있는 모든 것"이다. 따라서 미드와 블루머 둘 다 인간 경험을 개인이 자신의 세계를 형성하는 대상들을 창조하고 변형하고 버리는 과정의 결과로 본다는 점에서 블루머의 개념은 미드의 개념과 유사하다.[22)]

상징적 상호작용론의 행위 모델에는 모두 이와 관련된 '행위하는 유기체로서의 인간', '인간 행위의 본질', '행위의 상호연관성'이라는 세 가지 뿌리 이미지가 더 있다. 행위하는 유기체로서의 인간 이미지의 경우에서처럼, 상징적 상호작용론자들은 인간을 사회학적 또는 사회심리학적 요인들에 의해 결정되는 실체가 아니라 자신에게 신호를 보내는 사회적 과정을 통해 서로 상호작용하는 유기체로 파악하는 경향이 있다. 달리 말해, 블루머는 인간을 정의하는 것은 자신을 대상으로 보는 능력이라는 미드의 통찰을 회복한다. 바로 이 개념이 상징적 상호작용론의 다섯째 뿌리 이미지의 기초이다. 해석이 블루머의 인간 행위 개념에 왜 그렇게 중요한지 설명해 주는 것이 바로 자신을 대상으로 상상하는 인간 능력이다. 자신을 대상으로 볼 수 있는 자아는 세계를 해석하는 방식의 기초 위에서 행동 노선을 형성한다. 여섯째이자 마지막 뿌리 이미지는 이러한 통찰을 일반화한 것이다. 개별 행위자가 활동 과정에서 마주치는 사물들에 대한 해석에 따라 행위 노선을 정하듯이, 대규모 사회 현상도 개별 행동 노선들의 상호 연계성 또는 상호연관성의 산물이다. 한 가지 예를 통해 블루머의 요점을 명확히 이해할 수 있다. 그는 산업화와 같은 대규모 현상의 경우에도 이러한 사회적 과정이 수많은 상호 연관된 행위 또는 '연합(joint)' 행위의 결과로 이해될 수 있다고 주장한다.[23] 이러한 관점에서 우리는 산업화를 다수의 미시사회학적 행위의 접합을 통해 출현하는 거시사회학적 과정으로 볼 수 있다. 대기업의 육체노동자나 최고경영자와 같은 개별 행위자는 사회적 행위자로서의 '경력'을 통해 자신이 부분적으로만 인식하고 있는 대규모 현상의 정의와 발전에 기여한다. 요약하자면, 블루머는 대규모 사회 현상의 근원에는 서로 얽혀 있는 행위와 상호작용의 유형들이 있다고 제시한다. 이를 통해 그는 상징화의 형성적 특성을 무시하는 요인적 접근 방식에 반대론을 편다.

지배적인 요인적 접근법에 대한 대안을 진척시키기 위해서 블루머는 미드의 저술에 내포된 인간 사회에 대한 이론적 도식을 명확히 할 것을 제안한다. 내가 보기에, 미드의 아이디어를 이러한 요인적 접근법에 대한 대안으로 적절하게 만들려는 블루머의 시도는 문제가 없는 것은 아니지만 어느 정도의 창조적인 독해를 수반한다. 그렇다고 블루머가 미드를 제대로 이해하지 못했다는 말은 아니다. 내가 주장하는 바는 블루머의 해석의 정확성과 관련된 것이 아니다. 오히려 나의 요점은 현대 사회이론에 남긴 미드의 유산이 블루머가 강조한 공헌에 국한되지 않는다는 것이다. 특히 미드의 공헌은 사회질서에 관한 파슨스의 강조를 뒤집고 구조보다 행위성을 우선시하는 사회학적 시각의 소유권에 대한 논쟁으로 축소되어서는 안 된다. 오히려 미드의 중대한 공헌은 그 문제를 바라보는 완전히 다른 방식을 제안한 것이다.

미드의 지적 계승자 역할을 맡은 블루머는 몇 가지 핵심적인 문제를 논의함으로써 미드 사상의 사회학적 함의를 재구성한다. 이러한 핵심 문제에는 자아, 행위, 사회적 상호작용, 대상과 연합 행위가 포함된다. 블루머에 따르면, 행위자로서의 인간에 대한 미드의 그림은 "자기 자신에게 지시하고, 또 다른 지시를 함으로써 이러한 지시를 충족시키는"[24] 방식으로 자신과 상호작용하는 능력을 중심으로 그려진다. 따라서 블루머가 보기에, 미드의 사회

적 행위자는

> 밖에서, 안에서, 또는 양쪽에서 자신에게 작용하는 것의 산물로서 행동하는 반응하는 유기체가 아니다. 오히려 그는 자신이 직면하는 것을 해석하고 그 해석을 바탕으로 자신의 행위를 조직하면서, 자신의 세계를 향해 행위한다.[25)]

당연히 블루머는 이러한 자기 상호작용의 과정에 중심을 둔 방식인 자아 개념으로부터 '인간 행위'를 바라보는 방식이 유래한다고 제안한다. 즉, 행위는 세계에 대처하는 과정에서 형성된다는 것이다. "인간은 자기 자신에게 지시함으로써 그리고 자신이 지시한 것을 해석함으로써 행위 노선을 형성하거나 조합해야 한다."[26)] 달리 말해, 블루머와 그의 추종자들에게, 인간 행위는 세계를 해석하는 개인의 능력과 밀접한 관련이 있는 사회 현상이다. 따라서 블루머는 사회학적 분석은 사회적 행위자들이 행위 노선을 구성하는 '정의(定義) 과정'에 초점을 맞춰야 한다고 주장한다. 블루머의 입장과 토머스('상황의 정의')와 쿨리('공감적 내성')가 제시한 방법론적 제안 사이에 유사성을 발견하는 것은 어렵지 않다.

이러한 유사성은 블루머가 미드에게 중요한 주제 중에서 자신의 이론에 적절하게 기여했다고 복원하여 제시한 또 다른 주제인 '사회적 상호작용'의 경우에 더욱 분명하게 드러난다. 블루머는 미드가 '무의식적인 제스처의 대화'와 '의식적인 제스처의 대화'를 구분한 것을 다시 검토하면서, 미드가 상징적 상호작용을 "**해석**, 곧 다른 행위나 말의 의미를 알아내는 것과 **정의**, 곧 그가 어떻게 행위하고자 하는가에 대한 지시를 다른 사람에게 전달하는 것을"[27)] 포함하는 것으로 이해했다고 주장한다. 즉, 블루머가 해석한 미드는 상징적 상호작용을 의미를 창조하는 형성적 과정으로 생각한다고 말할 수 있다. 하지만 블루머의 해석은 이 점에서 미드 자신의 말과 상반된다. 앞서 살펴본 바와 같이, 미드는 의미 있는 상징의 의미가 "의미에 대한 의식이나 인식이 나타나기 이전에 사회적 행위 안에 이미 존재"[28]한다고 주장한다. 이는 의미가 사회 행위자의 해석적 행위의 결과로 생성된다는 블루머의 주장과 모순된다. 블루머는 해석이 사회 행위자가 "주목하는 것을 대상화하고, 의미를 부여하고, 그 의미를 자신의 행위의 지침으로 사용하는"[29] 자기 지시의 과정이라고 보는 반면, 미드는 의미가 "기본적으로 의식의 상태로 여겨져서는 안 되며 …… 반대로 객관적으로, 전적으로 이 [경험] 영역 안에 존재하는 것으로 생각되어야 한다"[30]라고 단언한다.

블루머가 미드에 대한 창조적인 해석을 선택한 이유는 자신의 이론적 의제에 있다. 파슨스의 구조기능주의가 지배적인 사회학적 관점이었던 시기에 글을 썼던 블루머는 미드에게서 파슨스의 모델에 대한 대안을 구축하는 데 필요한 영감의 원천을 보았다. 앞에서 제안했듯이, 미드가 제안한 대안의 중심에는 상징적 상호작용이 그 자체로 형성적 과정을 구성한다는 생각이 자리 잡고 있다. 이제 이 주장의 함의를 논의할 차례이다. 미드의 의미 개념과 블루머의 명목론적 입장 사이에는 거리가 있지만, 후자는 미드의 저작에서 파슨스의 제안에 대한 강력한 대안을 구축하는 데 필요한 통찰력을 끌어낼 수 있었다.

참여자들이 서로의 행위를 끊임없이 해석함으로써 각자의 행위 노선을 구축하는 사회과정으로 이해되는 블루머의 상징적 상호작용 개념은 유익한 조사 도구임이 입증되어 왔다. 이 개념은 사회학의 누적적·정량적 모델이 강요하는 객관주의적 한계를 넘어서는 데 관심이 있는 사회과학자 세대 모두에게 영감을 주는 모티프가 되어온 것이다. 슈츠(Schutz)가 주창한 사회 세계의 현상학과 유사한 영역을 다루면서, 블루머는 사회 행위자가 자신이 인지하고 해석하고 판단하는 것들로부터 만들어낸 것으로 이루어진 사회라는 그림을 제시한다. 개별 구성원에게 부과된 일련의 문화적 규범에 의해 유지되는 사회질서 대신, 블루머는 사회 행위자가 해석과 정의라는 이중적 과정을 통해 자신을 둘러싼 세계를 구성하는 사회를 제시한다. 게다가 블루머는 이러한 방식으로 정의된 상징적 상호작용이 가장 단순한 대면 상호작용에서부터 가장 복잡한 제도적 과정에 이르기까지 인간관계의 전체 범위를 포괄할 수 있다고 주장한다.

내 의견으로는, 상징적 상호작용론의 가장 큰 장점은 방법론적 관점과 오늘날까지 영감을 줄 수 있었던 막대한 경험 연구에 있다. 물론, 자연과학의 실험 방법에 더 가까운 미드의 방법론적 선호는 블루머의 동감적-내성적 방법과 거의 또는 전혀 관련이 없다. 그럼에도 불구하고, 미드 사상의 유익함이라는 관점에서 볼 때, 블루머가 해석적인 방법론적 전략을 발전시키기 위해 '타자의 역할 취하기' 개념을 사용할 수 있다는 것은 주목할 만하다. 블루머의 주장은 명확하다. 사회 행위자는 외부 관찰자에게 보이는 세계가 아니라 자신이 보는 세계에 근거하여 자신의 세계를 향하여 행위하기 때문에, 사회학자는 "행위자의 역할을 취하여" 자신의 관점에서 자신의 세계를 바라볼 수밖에 없다는 것이다.[31]

해석적인 방법론 틀은 대기업, 관료제, 전쟁, 국제 관계와 같은 거시 사회적 과정을 연구하기보다 작고 가까운 인간 연합들을 조사하는 데 훨씬 더 적합하다. 수세기에 걸쳐 진화하여 (이매뉴얼 월러스틴의 세계체계의 경우처럼) 전체 지구만큼 커진 사회구조, 문화구조, 또는 경제구조에도 동일한 한계가 적용된다. 블루머는 대규모 사회 행위와 대규모 사회구조 모두 아무리 복잡하더라도 그것들의 전체 역사에 걸쳐서 상징적 상호작용이 필요하다는 점을 지적함으로써 이러한 비판에 대응하려고 한다.[32] 나는 블루머가 문제의 비판을 어느 정도 충족시키는 방향으로 가고 있다고 믿지만, 그가 충분히 나아가지 않는다고 주장하는 이들도 있다. 상징적 상호작용론에 대한 일부 비판가는 권력, 구조(경제구조, 정치구조 등), 기타 사회의 물질적 구성요소들과 같은 테마가 체계적으로 무시되고 있다고 지적한다. 블루머가 미드의 생각과 자신의 제안 사이의 구분을 모호하게 만든다는 사실을 감안할 때, 이런 종류의 비판은 종종 미드 자신을 향한 것이기도 하다.

따라서 미드가 사회학 정전에 포함된 것은 블루머와 그의 추종자들이 그 공로를 인정받을 수 있는 일이다. 하지만 그것은 많은 대가를 치르고 얻은 성과이다. 미드는 상징적 상호작용 측면에서 인간 사회를 바라보는 견해에 책임이 있는 주요 사상가로 묘사되어 왔다. 블루머의 해석이 지닌 부분적인 특성으로 인해, 실험 방법, 시간성, 민주주의 이론, 의사소통 윤리와 같은 주제에 대한 미드의 저술 — 그가 평생 동안 수많은 시민 활동에 개인적으로 참여한 것은 말할 것도 없이 — 은 전문적인 문헌에서만 검토되었으며, 오늘날에도 사회학 교과서에는 거의 빠져 있다. 블루머가 해석한 미드는 '관념론'이라는 비난, 즉 사회 재생산의 물질적 차원을 체계적으로 무시했다는 비난을 마땅히 받을 수 있다. 그러나 미드 자신의 저술을 고려한다면 그러한 비난은 입증되지 않는다.[33] 게다가 블루머가 해석한 미드는 20세기 사회이론에 대한 미드의 가장 큰 공헌, 즉 행위와 구조를 화해시키는 문제를 바라보는 완전히 혁신적이고 독창적인 방식을 은폐한다. 미드는 행위와 구조를 경직되고 극복할 수 없는 이분법의 극단으로 해석하는 대신, 행위와 구조를 동일하고 역동적인 '항상 형성 중인' 과정의 서로 다른 요소들로 보도록 가르쳤다. 다시 말해, 미드가 실재론과 명목론 사이의 전통적인 이분법을 거부한 것은 보편과 특수라는 오래된 철학적 문제에 대한 특유의 프래그머티즘적 접근 방식과 밀접한 관련이 있다. "'하나'(사회, 구조, 보편)를 연구할 것인가 아니면 '많은 것'(개인들, 행위성, 특수)에 초점을 맞출 것인가"라는 질문에 대해 미드는 항상 어느 쪽에도 우선순위를 부여해서는 안 된다고 고집했다. 대신 우리는 개인과 사회를 상호 구성적인 관계에 관여된 것으로 생각해야 한다.

미드주의 사회학: 몇 가지 예

여기서는 맨퍼드 쿤(Manford Kuhn)의 연구와 관련된 '아이오와학파', 안셀름 스트라우스(Anselm Strauss)의 '협상된 질서 접근', 하워드 베커(Howard S. Becker)에 의해 발전된 '낙인 이론', 그리고 어빙 고프먼의 '연극학적 접근' 등 스스로를 미드의 사회심리학적 사상의 직접적인 지적 계보에 명시적으로 위치시키는 사회학적 접근의 네 가지 예를 제시하고 논의하고자 한다. 물론 미드의 사상을 바탕으로 한 다른 여러 사회학적 관점도 선택될 수 있었다. 내가 이 네 가지 특정한 줄기를 선택한 이유는 그들의 영향력 및 연관성과 상관있다. 특히 1960년대와 1970년대에 이러한 신(新)미드주의 사회학들은 블루머의 고유한 관점과 함께 상징적 상호작용론 패러다임 내의 주요 흐름이었다. 이들은 모두 미드의 영향력 아래 발전된 사회학이 얼마나 다양한지 잘 보여준다. 이는 아마도 미드의 사상의 풍부함에 대한 최고의 증언이 될 것이다.

블루머의 자연주의적인 해석적 접근과 극명한 대조를 이루는 미드주의 사회학의 대안적 줄기는 맨퍼드 쿤의 저작, 이른바 (1946년부터 1963년 사망할 때까지 아이오와에 머물렀던 쿤에게 많은 빚을 지고 있는) '아이오와학파'를 중심으로 등장했다. 이 학파의 핵심 의제는 상징적 상호작용론의 정량적이고 실험적인 변형을 발전시키기 위해 미드의 저작에 기대려는 시도이다. 쿤과 그의 아이오와 추종자들은 자아 또는 사회적 대상과 같은 미드의 개념을 경험적으로 검증된 가설을 정의할 수 있는 방식으로 작동하게 만드는 데 중점을 둠으로써 시카고의 상호작용론 상대들과 그들 자신을 구별한다. 이러한 시도 중에 가장 잘 알려진 예는 응답자에게 '나는 ~~이다'라는 문장을 완성하게끔 20개의 빈칸을 채우도록 요청하는 '20개 문장 테스트(Twenty Statements Test: TST)'이다.[34] TST는 결정론적이고 일반화할 수 있는 방식으로 개인의 자아 감각을 포착해야 한다. 참여 관찰 조사 기법을 강조하는 블루머의 시카고학파와 자아와 집단 간의 기능적 관계에 관한 가설의 정량적 분석을 지향하는 쿤의 아이오와학파를 구별하는 거대한 간극을 인식하는 것은 어렵지 않다.

쿤의 실재론적 지향은 그의 1964년 논문 「지난 25년간 상징적 상호작용론의 주요 동향(Major Trends in Symbolic Interaction Theory in the Past Twenty-Five Years)」[35]에서 명확하게 드러난다. 쿤은 "미드의 전반적인 관점에 나타난 결정성과 비결정성 사이의 모순"[36]으로 알려진 것을 규명하기 시작한다. 이 모순은 자아의 사회적·언어적 본질에 대한 미드의 설명(쿤에 따르면, 미드 이론의 결정론적 측면)과 'I-me' 구분(쿤에게 있어 'I'의 예측 불가능한 특성은 미드 견해의 비결정적 측면과 일치한다)에서 비롯된 것으로 여겨진다. 이 추정된 모순을 통해 쿤은 1960년대 초 상호작용론적 사회학의 현 상태를 평가할 수 있었다. 일부 이론과 저자는 정량적 분석에 적합하지 않은 미드 저작의 측면을 탐구한다는 이유로 '비결정적'으로 분류되었다. 예를 들어, 어빙 고프먼의 연극학적 접근과 베커의 일탈 사회학은 비결정성을 전제로 한 상호작용주의적 이론의 예로 제시된다. 다른 이들은 정확하게 반대로 제시된다. 어쩌면 놀랄 것도 없이, 쿤은 자신의 논문을 마무리하면서, "향후 25년간 상징적 상호작용 이론에서는 한편으로는 조사 기법의 발전이 가속화될 것이고 다른 한편으로는 이 논문에서 고려 중인 대부분의 분리된 하위이론들이 통합될 것"[37]이라고 예측한다.

이러한 역사적 예측 시도는 성공적이지 못한 것으로 증명되었다. 실제로 일어난 일은 쿤의 예상과 거의 정반대였다. '실험실 문화기술지' 방법론을 채택하여 집합행위의 포괄적 원칙에 대한 조사 프로그램을 발전시킨 칼 카우치(Carl J. Couch)의 중요한 연구[38]에도 불구하고, 상징적 상호작용론 전통은 블루머의 자연주의적이고 질적인 관점에 더 가까운 방향으로 진화했다. 물론 상호작용론자들 사이에 방법론적 지향과 이론적 지향이 엄청나게 다양하기 때문에, '전통'이 '상징적 상호작용론'이라는 이름 아래 이루어진 모든 연구를 묘사하는 데 가장 적절한 개념인지 의문을 가질 수 있다.

이러한 자연주의적-질적 제안 중 하나는 시카고에서 블루머와 하워드 휴즈의 제자였던 안셀름 스트라우스(1916~1996)의 연구에서 찾을 수 있다. 스트라우스가 얻은 명성의 상당 부분은 지난 수십 년 동안 사회적 상호작용주의 사회학에서 가장 생산적인 발전 중 하나였던 '협상된 질서 접근'에 기인한다. 이 접근에 대한 간략한 설명만으로도 미드의 사상이 독창적이고 생산적인 사회학적 관점을 구축하는 데 어떻게 동원되었는지를 충분히 알 수 있다. 『협상(Negotiations)』(1978)에서 스트라우스는 다른 연구자들이 검증하고 수정하고 작업할 수 있는 패러다임을 제공하여, '협상된 질서' 이론을 발전시키고자 한다. 스트라우스는 블루머가 제안한 공감적-내성적 방법에서 벗어나 "(협상을 포함하여) 선택된 방식의 잠재된 효과에 대한 행위자의 인식에 주목하는 것만으로는 충분하지 않으며, 더 포괄적인 사회 개념들에 의한 분석이 필요하다"[39]라고 믿는다. 이러한 단서를 염두에 두고, 스트라우스는 어빙 고프먼(그의 연구는 이 장의 뒷부분에서 논의될 것이다)을 비롯하여 여러 사회과학자의 연구에 대해 그들이 '협상'이라는 범주를 어떻게 다루는가 하는 관점에서 분석한다. 스트라우스는 일반적으로 사회과학자들은 사회질서를 협상된 질서로 인식해야 한다는 사실을 간과하는 경향이 있다고 결론짓는다. 이러한 어려움을 피하기 위해, 그는 다음과 같은 통찰로 구성된 협상 패러다임을 제안한다. 첫째, 사회질서는 어떤 의미에서 항상 협상된 질서이다. '어떤 의미에서'라는 단서는 협상이 항상 다른 사회적 과정, 즉 강압, 설득, 또는 조종 등과 함께 발견되는 일반적인 사회 현상이라는 스트라우스의 주장을 의미한다. 둘째, 구체적인 협상 과정은 항상 더 큰 사회적 환경 속에서 일어난다. 스트라우스의 말대로, "더 큰 구조에 대한 고려는 협상 과정에 대한 미시적 분석과 명시적으로 연결될 필요가 있다."[40] 셋째, 협상은 비교적 보편적인 현상으로 간주되기 때문에 스트라우스의 패러다임은 모든 유형의 협상을 다룰 수 있어야 한다. 이는 다양한 구조적 맥락과 이와 관련된 협상 과정에 대한 검토를 의미한다.

미드와 시카고 사회학 전통이 블루머의 모델에 한정되지 않은 연구에 영감을 줄 수 있다는 것을 명확하게 보여주는 스트라우스의 패러다임은 구체적인 협상 과정의 분석과 더 큰 구조적 고려 사이의 접합에 철저하게 전념하고 있다. 특히 스트라우스는 협상 과정에 대한 연구는 (절충안 만들기, 리베이트 받기, 부채 상환과 같은) '협상의 하위 과정들'과 협상이 일어나는 '구조적 맥락'에 주의를 기울여야 한다고 제안한다. 후자의 요소와 관련하여, 스트라우스는 "구조적 속성이 **조건으로서** 매우 직접적으로 협상 과정 자체 안으로 들어온다"[41]라고 주장함으로써 자신의 전(前) 시카고 교수를 반박하는 데 주저하지 않는다. 달리 말해, 스트라우스는 상징적 상호작용론이 구조적 조건에 무감각하다고 비판하는 다른 비판가들에게 답하기 위해 '요인적 접근'에 대한 블루머의 비판을 재빨리 제쳐둔다. 또한 이것이 바로 스트라우스의 협상된 질서가 블루머의 사상 못지않게 미드 저술의 지적 후예인 이유라고 주장할 수 있다. 실제로 데이비드 메인스(David Maines)는 과거가 현재에 미치는 구조화 효과를 강조함으로써 미드의 시간성 이론에 대해 다음과 같이 올바르게 진술한다.

> (미드의 시간성 이론은) 구조와 과정, 결정성과 비결정성 모두를 아우르는 변증법적 관점을 제시한다. 협상된 질서의 기초에 있는 것, 그리고 이러한 관점에 의해 영향 받은 많은 연구에 나타나는 것이 바로 그 변증법적 관점이다.[42]

달리 말해, 스트라우스의 협상된 질서 패러다임은 명백히 실재론과 명목론의 이원론을 극복하려고 하며, 내가 보기에 블루머의 제안보다 미드의 입장에 더 가까운 시도이다.

그러나 미드주의 사회학의 다음 예시인 하워드 베커에 대해서는 동일하게 말할 수 없다. 상호작용주의 이론에 대한 베커의 주요한 기여는 1963년 엄청나게 영향력 있는 저서 『아웃사이더(Outsiders)』를 출판한 이래로 일탈에 관한 연구를 계속 발전시킨 것이다.

베커의 낙인 관점은 지난 수십 년 동안 상호작용론 패러다임 내에서 연구하는 많은 범죄학자에게 주요한 영감의 원천이 되어왔다. 다음의 목적은 일탈 사회학에 대한 상징적 상호작용론적 기여로서 베커의 제안을 논의하는 것이다. 미드와 블루머는 베커가 집합행위로서의 일탈 개념 뒤에 있는 지적 영향에 대해 글을 쓸 때 명시적으로 언급한 단 두 명의 저자이다.[43] 이 행위는 어떻게 연구되어야 하는가? 베커는 실험적 방법의 원칙에 대한 미드의 생각을 연상시키는 방식으로, 사회과학자는 일탈이라고 주장되는 사건에 관련된 모든 개별적 관점을 고려해야 한다고 주장한다. 이러한 관점에서 일탈은 "우리가 그 기원을 발견해야 하는 고립된 행위"로 간주되어서는 안 된다. 오히려 베커에 따르면, "발생했다고 주장되는 행위가 일어났을 때 그 행위는 다른 사람들과 관련된 복잡한 행위의 네트워크에서 발생하며, 그 복잡성의 일부는 다양한 사람들과 집단이 그 행위를 정의하는 방식에 기인한다."[44]

이 마지막 언급에서 일탈에 대한 베커의 개념이 가지는 과정적 성격을 이미 짐작할 수 있다. 즉, 베커는 사회학은 시간에 따른 변화를 허용하는 모델을 통해 일탈적인 집합행위를 연구해야 한다고 주장한다. 이러한 순차적 일탈 모델은 행동의 종류와 행동이 유발하는 반응을 교차분류한 결과이다. 특히 베커는 네 가지 이론적 유형의 일탈을 정의한다. 그중 두 가지 유형은 비교적 간단하다. 하나의 행동이 일탈로 인식되지 않고 실제로 규칙을 준수하는 경우, 그것은 '순응 행동'이다. 규칙을 어기는 방식으로 행위하는 동시에 규칙 위반으로 인식되는 경우, 그것은 '순수한 일탈 행동'이다. 하지만 다른 두 가지 유형은 좀 더 자세히 살펴볼 필요가 있다. '무고한' 유형은 부적절한 행위를 하지 않았음에도 불구하고 다른 사람들에게 그렇게 한 것으로 인식되는 상황을 특징짓는다. 이와는 반대로, 넷째이자 마지막 유형인 '은밀한 일탈'은 부적절한 행위를 저질렀지만 아무도 이를 알아채지 못하거나 아무도 그 행위에 대해 규칙 위반으로 반응하지 않을 때 발생한다.[45] 이 마지막 이론적 유형은 가장 흥미로운 일탈의 종류일 뿐만 아니라 적어도 베커의 순차적 일탈 모델 이면의 이론적 관점에 비추어 가장 문제적인 유형이기도 하다.

이러한 시각은 일탈 현상의 기능주의적 분석에 대한 상호작용론적 대안인 '낙인 이론'이다. 기능주의는 기능적인(즉, 안정성을 증진하는) 행동 유형과 그렇지 않은(즉, 안정성을 방해하는) 행동 유형을 구분한다. 이와 달리 낙인 이론은 일탈을 집단 명령에 따르지 않은 것으로 인식한다. 특히 베커는 "**사회집단은 어기면 일탈이 되는 규칙을 만듦으로써**, 그리고 그러한 규칙을 특정한 사람들에게 적용하여 그들을 아웃사이더로 낙인찍음으로써 **일탈을 만들어낸다**"[46]라고 주장한다. 달리 말해, 베커는 일탈이 사람이 저지른 행위의 특성이 아니라 낙인 과정의 결과라는 아이디어를 전달하고자 한다. 즉, '일탈 행위'는 사람들이 그렇게 낙인을 찍은 행위이다. 전적으로 상징적 상호작용론의 정신에 따라, 낙인 이론은 일탈을 특정한 행동의 본질적인 특성으로 정의하는 것이 아니라 행위를 저지르는 사람과 그에 반응하는 사람들 사이의 상호작용의 산물로 정의한다.

하지만 이 지점에서 하나의 문제가 발생하는 것으로 보인다. 베커의 주장대로 타인이 일탈로 간주하는 행위만이 정말로 일탈이라면, '은밀한 일탈'(앞에서 언급한 넷째 유형)은 자기 모순적인 것처럼 보인다. 아무도 어떤 행위를 일탈로 정의하지 않는데 어떻게 그것이 일탈이 될 수 있는가? 이 역설은 베커 모델의 순차적 성격을 고려하면 저절로 해결된다. 일탈은 다른 모든 형태의 집합행위와 마찬가지로 시간이 지나면서 발생한다. 보다 구체적으로, 무엇이 일탈을 구성하는지에 대한 정의는 순차적으로 발생하며, 동일한 행위가 *T*1에서는 비일탈로, *T*2에서는 일탈로 정의될 수 있다. 베커의 설명에 따르면, 가피학적(sado-masochistic) 페티시즘과 같은 집합행위는 기존의 규칙이 일탈로 간주하지 않기 때문에 *T*1에서는 '은밀한 일탈'이 아닐 수 있지만, "그 사이에 새로운 규칙이 만들어지고 그러한 판단을 허용하는 절차가 존재하기 때문에"[47] *T*2에서는 '은밀한 일탈'일 수 있다. 규칙의 사회적 구성이 시간이 지남에 따라 진화하듯이, 일탈로 간주되는 것과 그렇지 않은 것 역시 진화한다. (비순응하는 규칙에 동의하는 것으로 시작하여 여러 중간 단계를 거쳐 조직화된 일탈 집단에 가담하는 것으로 끝나는) 일탈 행위의 '경력'을 무시하는 사회학적 분석은 이러한 현상에 관련된 '권력' 차원을 다룰 수 없다. 일탈에 대한 모든 상호작용론적 경험 연구의 기초가 되는 통찰이 있다면, 그 통찰은 바로 사회적 규칙은 특정한 사회집단의 창조물이라는 것이다. 구체적인 특정 사회에서 권력관계의 구조는 상호작용론적 일탈 이론에서 중추적인 중요성을 갖는다.

짧게 말해서, 베커의 일탈 모델은 1950년대와 1960년대에 하버드와 컬럼비아에서 주로 발전된 지배적인 구조기능주의에 대한 상징적 상호작용론의 대안이다. 따라서 베커의 모델은 범죄학자와 사회심리학자 전체 세대를 위한 길을 닦았기 때문에 매우 성공적인 연구 프로그램을 설계한 것이었다. 그러나 이 모델에 대한 미드의 영향은 제한적이다. 사실, 블루머가 해석한 미드가 베커에게 어느 정도 영향을 끼친 것은 사실이지만, 베커 자신의 연구 노선은 미드와 직접적인 연관이 있다고 말할 수 없다. 베커의 핵심 목표는 경험적인 사회학 연구에 손쉽게 적용할 수 있는 일탈에 대한 상호작용주의적 접근을 제시하는 것이다. 낙인 이론은 사회에서 특정한 특권 집단이 내린 정의를 강요하는 것의 중요성을 강조함으로써 일탈 문제를 진정으로 고무적이고 새롭게 볼 수 있게 해준 문화주의적 접근이다. 여기서 아이디어들의 연관관계는 상당히 복잡하다. 따라서 이 접근을 단순하게 미드에게 연관시키기보다 미드 사상의 사회학적 함의에 대한 블루머의 작업이 매력적으로 발전된 것으로 간주해야 한다.

미드가 베커의 연구에 미친 영향이 블루머의 상호작용론에 의해 깊이 매개되어 형성되었다면, 시카고학파 주변에는 미드와의 관계가 훨씬 덜 분명한 저자가 있다. 일상의 사회적 삶에 대한 가장 독창적인 이론가 중 하나인 어빙 고프먼(1922~1982)은 미드를 거의 활용하지 않는다. 그러나 사회 실재에 대한 고프먼의 연극학적 접근은 미드가 먼저 연구했던 몇 가지 주제에 대한 훌륭한 탐구라고 말할 수 있다. 나는 자아, 사회적 상호작용, 사회질서, 또는 사회 불평등과 같은 개념을 가리키고 있다. 이제 미드의 자아에 대한 사회이론과 나란히 제시된 고프먼의 대면적 상호작용 이론을 간략하게 설명하고자 한다. 앞으로 살펴보겠지만, 미드의 사회심리학과 고프먼의 연극학적 접근 사이에 이해를 돕는 유사점을 끌어낼 수 있다. 나는 후자가 수십 년 전에 미드가 탐색한 통찰의 일부를 매우 독창적으로 재구성한 것이라고 말하고자 한다.

연극적 공연의 산물로서의 자아는 자아의 본질을 설명하는 데 있어 분명 고프먼이 가장 선호하는 은유이다. 고프먼에 따르면, 자아는 사회적 삶에서 연출되는 공연을 통해 끊임없이 정의된다. 이러한 공연은 사회 조직(social establishment)의 구체적인 유형에 따라 달라지는 사회의 의례 질서에 의해 어느 정도 제약을 받는다. 우리는 사회적 규칙을 따르고 위계질서 내에서 우리의 '자리' 또는 지위에 따라 우리 자신을 표현함으로써 사회적 삶의 의례 질서가 유지되도록 돕는다. 이러한 상호작용 연구는 사회 행위자의 존엄성을 유지하는 데 중점을 두는데, 고프먼은 그것을 '얼굴-작업(face-work)'이라고 부른다. 고프먼이 쓴 책 가운데 이러한 연극학적 모델을 가장 깊이 있게 탐구한 책은 『일상생활에서의 자아 표현』(1959)이다. 이 책에서 고프먼은 독자들에게 사회 조직 내에서의 삶을 연구할 수 있는 사회학적 관점을 자세히 설명하는 일종의 핸드북을 제공한다. 문제의 관점은 연극적 공연의 관점이다. 그 책의 주요 주제는 사회 행위자가 다른 사람들이 자신에게 형성하는 인상을 관리하고 통제하기 위해 사용하는 일련의 테크닉이다. 고프먼은 공연, 팀, 영역, 모순된 역할, 배역에서 벗어난 의사소통, 인상관리 등 여섯 가지 연극학적 원칙을 약술한다. 나는 고프먼의 자아 개념을 정의하는 데 있어 '공연'의 중요성을 강조하고 싶다. 공연은 "특정 관찰자 집단 앞에서 개인이 지속적으로 현존(presence)하는 기간 동안 일어나고 그 관찰자들에게 어느 정도 영향을 미치는 개인의 활동"[48]을 가리킨다. 고프먼은 모든 사회생활이 실제의 드라마라고 시사하는 것으로 볼 수 있다. 특히 그는 한 사람의 자아와 그 사람의 공연을 구별하는 것은 불가능하다고 주장한다. 예를 들어, 대학 교수가 되기 위해서는 특정 속성(예를 들어, 필수적인 학력)을 갖추어야 할 뿐만 아니라 그 역할을 성공적으로 수행해야 한다. 관객과 사회 행위자가 공연된 캐릭터에게 자아를 귀속시키도록 이끄는 것이 바로 이 공연의 신뢰성이다.

고프먼의 저작에서 발견되는 이중적 자아는 미드의 사상에 어느 정도 빚을 지고 있다. 고프먼은 미드의 'I'와 'me'의 구분을 파악하고 이를 변형하여 자신의 연극학의 필요에 부합하게 만든다. 따라서 고프먼은 『일상생활에서의 자아 표현』에서 "너무나도 인간적인 우리의 자아와 사회화된 자아 사이의 결정적인 불일치"[49]를 소개한다. 그러나, 다음에 보여주겠지만, 이 '불일치'는, 미드의 'I'와 'me'의 구분을 연상시키기는 하지만, 완전히 독창적인 제안으로 보아야 한다. 고프먼에게, '공연자로서의 자아'라고도 불리는 '너무나도 인간적인 자아'는 우리로 하여금 공연에 참여하도록 이끄는 기본적인 동기부여의 핵심과 관련된다. 이러한 공연자로서의 자아는 극적인 효과 이상이다. 이 자아의 속성은 심리-생물학적이다(예를 들어, 충동, 기분, 기타 정신적 에너지). 이것은 고프먼이 공상할 수 있고 꿈꿀 수 있고 생각할 수 있고 자부심이나 수치심을 느낄 수 있는 인간을 여기에 위치시키는 이유를 설명해 준다. 다른 한편, '사회화된 자아', 즉 '캐릭터로서의 자아'가 있다. 자아의 이 부분은 사회적 산물이다. 고프먼에게 공연자로서의 자아가 아닌 사회화된 자아는 우리가 내면의 자아라고 생각하는 것을 대표한다. 그는 이러한 반직관적인 논지를 다음과 같은 방식으로 설명한다.

> 올바르게 연출되고 공연된 캐릭터는 관객으로 하여금 자아를 공연된 캐릭터에게 귀속시키도록 이끌지만, 이렇게 부여된 자아는 공연이 이루어지는 현장(scene)의 산물이지, 공연의 원인이 아니다. 따라서 공연된 캐릭터로서의 자아는 구체적인 위치를 갖는 유기체가 아니라 …… 연출된 현장에서 분출되는 극적 효과이다. 특유의 쟁점이자 결정적인 관심사는 공연된 자아가 신뢰를 받을 것인가 불신을 받을 것인가 하는 것이다.[50]

이 구절은 고프먼이 자아를 어떻게 이해하는지 웅변적으로 보여주는 예이다. 또한 고프먼의 자아에 대한 연극학적 이론과 미드의 사회심리학을 구분하는 간극이 얼마나 큰지 보여주는 증거이기도 하다. 내가 보기에, '역할' 개념이 이 두 저자의 자아 모델을 대결시키는 전략적 이점을 구성하는 것은 우연이 아니다. 미드가 '타자의 역할 취하기'라는 표현을 자주 사용하는 것은 사실이지만, 그 표현의 연극적 함의를 명시적으로 배제하고 있다는 것도 사실이다. 미드는 역할 수행에 대해 말하면서 이렇게 이야기한다. "이 문구(타자의 역할 취하기)는 우리 자신의 경험에 포함된 것보다 더 복잡한 행위자의 태도를 암시하기 때문에 약간 유감스럽다." 그리고 그는 덧붙인다. "이 정도로 그것은 내가 마음에 두고 있는 것을 옳게 설명하지 못한다."[51] 미드가 자신의 자아 개념을 서술하기 위해 연극적 은유를 사용하기를 거부한 이유는 간단하다. 그가 '타자의 역할 취하기'라는 표현을 통해 전달하고자 하는 것은, 한 사람이 다른 사람의 역할을 채택할 때는 자신의 반응에 대한 추가적인 통제력을 얻게 되고 이것은 더 부드러운 사회적 상호작용에 기여한다는 것이다. 약간 다른 용어로 표현하자면, 미드에게 사람(공연자로서의 자아)과 가면(캐릭터로서의 자아) 사이의 거리는 최소한이라고 말할 수 있다. 반대로 고프먼에게는 그 거리가 그보다 더 클 수는 없을 것이다.

『일상생활에서의 자아 표현』에서 역할은 조작된 공연이다. 더 중요한 것은, 적어도 현재의 목적상, 공연은 (공연자가 연기되는 캐릭터를 믿지 않는다면) 냉소적이거나 (믿는다면) 진실하다는 것이다. 공연에서 중요한 부분은 그 공연을 보는 사람들을 위한 상황을 정의하는 '전면(front)'이다. 고프먼은 전면 안에서 '무대'(물리적 현장, 예를 들어 교실)와 (말투, 옷 등의) '표현 장비' 및 (관객에게 공연의 성격을 예고하는) '매너'를 포함하는 '개인적 전면'을 구별한다. 「역할 거리(Role Distance)」(1961)에서 고프먼은 역할 개념의 사회학적 함의를 탐구한다.

고프먼이 규명하는 다양한 유형의 역할 중에서 '역할-거리'가 확실히 가장 중요하다. '역할-거리'는 '가상의 자아(virtual self)'가 자신을 불쾌하게 하는 역할로부터 분리될 수 있는 개인의 능력을 의미하며, 고프먼의 연극학이 지닌 중요한 통찰을 다른 어떤 개념보다 잘 표현한다. 자아는 가면 뒤에 있는 사람이 아니다. '고안된', 연출된 자아 뒤에 '진짜' 자아가 존재하는 것이 아니다. 개인들이 공연에 사용하는 가면은 공연을 무대에 올리는 데 책임이 있는 동기부여의 핵심인 만큼 자아의 일부이다. 따라서 공연자로서의 자아와 캐릭터로서의 자아를 구분하는 것은 불필요하다. 사람들이 자신이 관여하는 일부 역할로부터 거리를 둘 수 있다는 사실은 두 가지 다른 것을 나타낸다. 첫째, 고프먼의 사회 행위자는 진실한 연기와 관련된 도덕적 제약으로부터 자유로운 냉소적인 행위 주체가 될 수 있으며, 흔히 그러하다는 것이다. 둘째, 자아는 사회적 과정이며, 고프먼은 이 과정의 연극학적 특성을 끊임없이 강조한다는 것이다.

반대로, 미드의 자아 개념은 그러한 연극적 차원을 포함하지 않는다. 미드가 '타자의 역할 취하기'에 대해 말할 때, 그는 사회학적 '역할' 개념이 시사하는 것처럼 복잡한 행동 유형을 가리키는 것이 아니다. 오히려 그가 염두에 둔 것은 주어진 자극에 대해 다른 사람과 같은 방식으로 반응하는 행동 성향, 즉 태도이다. 미드의 역할 수행 개념은 다른 사람의 행동을 예측하는 데 국한되며, 복잡하고 조직된 사회적 상황에서 자신의 페르소나(persona)를 채택하는 데까지 확장되지는 않는다. 미드의 자아 개념은 이 점을 확인해 주는 것 같다. 미드의 자아는 연극적 효과가 아니다. 그것은 사회적으로 결정된 생물학적 유기체이다. 따라서 미드의 자아는 사회적 상황에서 공연의 산물로 출현하지 않는다. 요컨대, 미드의 자아는 ('일반화된 타자'와 'me'가 증언하듯) 그가 사는 사회에 의해 형성되는 실체이기도 하고, (충동적인 'I'가 보여주듯) 신체적 유기체이기도 하다.

고프먼의 자아 개념은 사회적 상호작용의 연극적 측면에 대한 수많은 흥미로운 사회학적 연구에 영감을 주는 모티브가 되어왔다. 반면에, 미드의 자아 모델은 인간 행위의 사회성에 대한 철학적 함의를 그 누구보다도 잘 표현했다. 그러나 이 두 저자의 연구를 잇는 연결고리는 찾아보려 해도 그 근거가 빈약하다. 이 모든 것은 상징적 상호작용론에 대한 미드의 영향력이 특정 사회학적 흐름의 지적 공통분모를 제공하는 것과는 거리가 멀다는 것을 보여준다. 오히려 미드와 상징적 상호작용론 사이의 관계는 그 관점이 함축하는 것보다 훨씬 더 미묘하고 복잡하다. 내 견해로는, 그 관계는 (블루머의 독해를 통해) 매개된 관계로 보거나, 고프먼의 예에서 알 수 있듯이 독창적인 제안의 출발점으로 보아야 한다.

어쨌든 상징적 상호작용론과 미드의 연관성은 미드의 사상의 풍부함을 보여준다. 이는 해당 저자들이 얼마나 정확하게 미드의 말을 해석했는지에 대한 문제가 아니라 미드의 영향 아래 발전된 사회학적 조사의 폭을 인정하는 문제이다. '상징적 상호작용론'이라는 이름 아래서 시작되었던 탐구 노선의 다양성은 현재 시카고 도시와 대학을 떠나 연구하는 시카고학파의 2세대가 완전히 새롭고 흥미로운 방식으로 미드의 통찰을 따랐다는 생각을 강화할 뿐이다. 고프먼의 연극학은 나의 논지를 가장 설득력 있게 보여주는 예이다.

이 장에서 우리는 상징적 상호작용론의 생성과 발전에서 미드의 사상이 수행한 역할에 대해 논의했다. 특히 미드가 전심으로 지지했던 실재론과 명목론의 화해 문제에 대한 고전적 프래그머티즘의 해답은 그것이 처음 공식화되었을 때와 마찬가지로 오늘날에도 여전히 타당하다는 것을 제시했다. 따라서 현대의 상징적 상호작용론 내에서 '해석주의적 접근과 사회실재론적 접근 사이의 간극'에 대해 개리 앨런 파인(Gary Alan Fine)이 제기한 것과 같은 질문들 — "그러한 접근들이 인식론, 즉 세계를 궁극적으로 알 수 있는가 하는 문제에 동의할 수 없는데도 여전히 중요한 의미에서 단일 관점의 날개들이라고 할 수 있는가?"[52] — 은 우리가 이 문제에 대해 프래그머티스트들을 따른다면 한 가지 답만 인정할 수 있다. 상징적 상호작용론자들은 이러한 이원론적 담론틀을 거부하는 것에서부터 시작해야 하고 개인이나 사회 중 어느 한쪽의 분석적 우위를 거부하는 이론적이고 방법론적인 관점으로 돌아서야 한다. 즉, 현대의 상징적 상호작용론자들이 고전적 프래그머티스트들로부터 얻을 수 있는 철학적 교훈이 있다면, 그것은 경직된 이원론을 거부하는 것이다. 미드가 썼듯이, 개인은 "사회가 개인을 구성하는 것처럼 진정으로 사회를 구성한다."[53] 현대의 모든 사회과학자가 원칙적으로 동의할 이 사소해 보이는 발언은 사실 간과되었던 미드의 통찰 중 가장 중요한 것이다.

제7장

미드와 20세기 사회학

앞 장에서 살펴본 바와 같이, 1970년대까지 미국 사회학에 미드가 미친 영향은 주로 상징적 상호작용론에 의해 매개되었다. 미드의 자아 모델이 미국과 해외의 사회학자들 사이에서 통용되기 시작한 것은 바로 블루머, 스트라우스, 베커와 같은 저자들의 연구를 통해서이다. 그러나 상징적 상호작용론자들이 현대적 목적을 위한 미드 사고의 함의를 탐구하는 데 관심이 있는 유일한 사회 이론가들이라고 말하는 것은 아니다. 이 장에서는 아르놀트 겔렌(Arnold Gehlen), 위르겐 하버마스, 악셀 호네트(Axel Honneth), 한스 요아스, 랜들 콜린스, 제프리 알렉산더(Jeffrey Alexander)와 같은 20세기를 대표하는 여러 사상가의 저술에서 미드의 사상이 어떻게 전개되고 있는지 살펴본다. 이들 중 상징적 상호작용론 전통과 직접적으로 연관된 저자는 없지만, 그들 모두는 자기 경력의 어느 시점에서 미드의 저작을 만났으며, 어떤 경우에는 미드의 기여에 대해 결정적으로 중요한 재검토를 제공하기도 했다. 상당히 짧겠지만 이 논의의 목적은 미드의 사상이 오늘날의 사회이론에 미친 현재 진행 중인 영향을 명확히 하는 것이다.

아르놀트 겔렌

1913년과 1914년에 이 주제에 대한 비판적 강연을 한 뒤르켐을 제외하면 (이 강연은 1955년에야 출판되었지만),[1] 미국의 철학적 프래그머티즘에 관심을 보인 최초의 유럽 학자 중 하나는 독일 철학자 막스 셸러(Max Scheler, 1874~1928)였다. 셸러가 그의 『지식과 노동(Knowledge and Work)』(1926)에서 지식은 행위와 결부되어 있다는 프래그머티즘의 공리를 받아들였음에도 불구하고, 우리는 이 철학 전통에 대한 비판적 언급을 발견할 수 있다.

> 프래그머티즘에 충만한 정신은 시카고의 11층 빌딩들에서, 월트 휘트먼(Walt Whitman)이 쓴 시에서 말했던 것과 동일한 정신이었으며, 애초에 미국을 탄생시킨, 그리고, 막스 베버가 말했듯이, 제네바와 네덜란드에서 '초기 자본주의 영웅의 시대'를 가져온 자유로운 청교도 노동 윤리로부터 비롯되어 원래의 기독교 칼뱅주의적 상부구조가 파괴된 이후에도 남아 있었음에 틀림없는 정신이었다.[2]

셸러가 프래그머티즘을 원시적 형태의 효용주의로 잘못 설명했음에도 불구하고, 그의 동포인 아르놀트 겔렌(1904~1976)이 훨씬 더 생산적인 방식으로 이 철학적 흐름을 접하게 된 것은 바로 셸러의 저작을 통해서였다. 아르놀트 겔렌은 자신의 주요 저작인 『인간: 그 본성과 세계에서의 위치(Man: His Nature and Place in the World)』(1940)에서 미드의 자아 이론을 광범위하게 활용함으로써 독일 독자들에게 미드를 소개했다. 그러나 겔렌은 미드의 저술에서 자신의 연구를 보완하는 데 필요한 특정한 통찰만을 끌어냈기 때문에 겔렌의 독해는 매우 선택적이다. 하지만 전후 독일 대중은 이보다 더 통찰력 있는 미드 해석가를 바랄 수는 없었을 것이다. 겔렌의 해석을 루카치와 호르크하이머와 같은 마르크스주의 지식인들이 제공한 프래그머티즘의 캐리커

처와 비교해 보면, 심지어 좌파 서클에서도 1950년대 독일에서 나치 정권과 연계된 문화 보수주의자 겔렌의 저작을 통해 미국의 프래그머티즘이 알려지게 된 이유를 알 수 있다.

겔렌은 왜 미드에게 그토록 관심을 가졌을까? 이 질문에 대한 대답은 미국 프래그머티즘의 철학적 프로그램이 지닌 핵심적인 특징, 즉 자연주의적인 행위 철학을 통해 데카르트의 합리주의를 극복하려는 시도와 관련이 있다. 이 목표를 달성하기 위해, 프래그머티스트들은 독일 관념론과 다윈의 진화 이론을 재구성하는 작업에 착수했다. 이것이 바로 겔렌과 미드가 공유한 목표이다. 달리 말해, 겔렌의 '기초 인간학(elementary anthropology)'과 미드의 사회심리학의 공통점은 '행위' 범주를 통해 데카르트의 신체-정신 이원론을 극복하려 시도했다는 것이다. 그러나 계속 진행하기 이전에, 겔렌의 지적 프로젝트를 명확히 하기 위해 몇 마디 첨언할 필요가 있다. 겔렌의 '기초 인간학'은 근대의 생물학적 민족학 연구의 결과를 고려함으로써 '인간 본성'에 대해 경험에 기반한 철학적 해석을 제공하는 것을 목표로 한다. 따라서 겔렌의 철학적 인간학의 과학적 위상은 자연과학과 형이상학적 철학 사이의 중간 위치를 차지한다는 점에서 독특하다. 이 인간학에서 특징적인 것은 인간 삶의 구축 법칙으로 이해되는 인간의 '행위 능력'이라는 근본 원칙이다.[3] 겔렌은 다음과 같이 설명한다.

> 우리는 인간의 행위 성향이 모든 인간적 기능과 수행을 설명하는 널리 퍼진 근본적인 구축 법칙이며 이러한 본질적인 특징은 분명히 인간의 신체적 조직에서 비롯된 것임을 증명할 수 있고 또한 증명할 것이다. 그러한 신체적 구성을 가진 존재는 오직 행위하는 존재로서만 살아갈 수 있다. 그리하여 신체적인 것에서부터 정신적인 것에 이르는 모든 인간적 수행의 구축 법칙이 주어진다는 사실을 증명할 수 있다.[4]

이러한 관점에서, 인간의 근본적인 구조의 재구성을 지향하는 '경험 철학'의 핵심 주제인 "인간의 특수 지위"[5]는 인간 행위의 구조에 의해 설명되어야 한다. 겔렌은 인간을 행위를 통해서만 자신의 내재적 결핍을 보완할 수 있는 "결핍 존재"[6]로 파악한다. 인간은 특정한 환경에 적응하지 못하고, 다른 동물들처럼 특수화되어 있지 않으며, 진정한 본능이 부재하다. 그러한 존재가 생존할 수 있는 것은 세계를 변화시키고자 하는 인간 욕구로 이해되는 행위 능력을 통해서만 가능하다. 요컨대, 자연의 왕국에서 인간의 특수 지위는 행위를 위한 충동과 밀접한 관련이 있다. 이러한 생각은 처음에는 피히테와 헤겔에 의해, 나중에는 미국의 프래그머티스트들에 의해 탐구되었다. 이러한 견지에서 볼 때, 앞서 언급했듯이, 'pragma'가 '사태, 실천적 문제'를 뜻하는 그리스어라는 사실은 사소한 것이 아니다.[7] 사실, 겔렌의 철학적 인간학을 미드의 사회적 프래그머티즘에 연결함으로써 미드의 연구에 대한 겔렌의 관심을 설명해 주는 근본적인 범주는 '행위'의 범주이다.

그러나 이 범주를 다루는 겔렌의 방식과 미드의 방식에는 중요한 차이점이 있다. 미드의 행위 개념이 철저하게 상호주관적인 반면, 겔렌의 제안은, 데카르트의 합리주의적 유아론에 비판적이기는 하지만, 여전히 전적으로 유아론적이다. 겔렌의 '기초 인간학'의 핵심에는 경험(Erlebnis), 즉 의식을 포함하는 비합리적이고 감정적인 경험의 개념이 있다. 경험은 개인적인 행위이다. 미드의 견해와는 완전히 대조적으로, 겔렌은 로빈슨 크루소라는 인물을 명시적으로 '고독한 행위자'의 예시로 사용한다는 점이 흥미롭다. 겔렌은 자신의 인간학의 근본적인 모델을 언급하면서 다음과 같이 관찰한다.

> 로빈슨 크루소라는 가상의 고독한 인간의 추상적 모델을 고수하는 것은 바람직했다. 왜냐하면 그렇게 하면 사회, 사회적 삶, 심지어 섹스에 관한 더 광범위한 모든 질문은, 말하자면, 제쳐두고 그것들을 생각나게 하는 언급만 남겨놓을 수 있기

때문이다.[8)]

위의 구절을 통해 미드의 상호주관적인 자아 분석은 겔렌의 인간학의 개인주의적 전제를 바꾸기에 충분치 않았다는 것을 분명히 알 수 있다. 그럼에도 불구하고 겔렌은 여러 측면에서 미드로부터 영향을 받았는데, 그중 가장 중요한 것은 겔렌의 언어에 대한 인간학적 이론과 관련된 것이다. 겔렌의 분석에 따르면, 언어는 행위를 위한 모델일 뿐만 아니라 자기-상호작용과 인간과 세계 사이의 상호작용 모두를 위한 근본적인 모델이기도 하다. 『인간』 2부에서, 겔렌은 "언어의 뿌리"라고 명명한 언어 습득의 다섯 가지 조건에 대해 매우 자세히 논의한다.

1. '소리의 생명(life of the sound)'
2. '시각적 인상과의 소리-운동(sound-motor)적 커뮤니케이션'
3. (인간이 고립된 대상들을 분류하고 상호 연관시킬 수 있게 하는) '인식(recognition)'
4. (충동을 외재화하는) '외침(call)'
5. [헤르더(Herder)가 언어의 유일한 뿌리로 여겼던] '소리 제스처'

겔렌은 미드의 '놀이' 개념이 넷째 뿌리인 '외침'을 더 명확하게 조명한다고 주장한다. 외침은 존재의 내적 상태를 표현한 것으로, 자기-성찰적 행위로서 고독 속에서 실행될 수 있다. 1950년판 『인간』에서 겔렌은 놀이를 '위장된 진지함'이나 어떤 특별한 '놀이 욕구'의 결과로 간주하는 설명들에 대한 대안으로 미드의 '놀이' 분석을 소개한다. 겔렌은 미드의 역할 수행 개념에서뿐만 아니라 '놀이'와 '게임'의 발달 단계에 대한 미드의 설명에서도 언어의 넷째 뿌리를 설명하는 데 필요한 모델을 발견한다. 미드가 구상한 '놀이'는 '부담이 경감된(relieved)' 관심사가 발달하고['경감(relief)'은 겔렌의 분석에서 기본 요소이다] 의사소통적 상상력이 펼쳐지고 규칙이 발명되는 중요한 인간 과정을 표현한다. 규칙이 생겨날 때 상호 의무의 체계로 이해되는 게임이 등장한다.[9)]

미드의 연구는 겔렌의 인간학 — 즉, 의미 있는 상징의 생성에 관한 겔렌의 이론 — 을 보완하는 데 기여한 또 다른 측면이 있다. 겔렌은 자신의 행위 모델과 언어 이론 모두에서 '상징적인' 것의 범주를 살펴본다. 사실, 행위와 언어는 '유사한' 현상으로 여겨진다. 말과 마찬가지로 행동도 놀이를 기원으로 한다. 처음에는 노는 행위와 언어에 목적이 없지만, 노는 행위와 언어는 시간이 지나면서 점점 더 복잡해지고 의식적으로 변한다. 겔렌의 견해에서, 미드는 '타자의 역할 취하기'라는 사회심리학적 메커니즘이 "자아가 자신을 구별하고 대면하는 법을 배우고 이를 통해 자기 인식을 발전시키는 근본적인 수단"[10)]임을 설득력 있게 보여준다. "자신을 객관화하고 자신과 거리를 두고 자신을 소유하는"[11)] 이러한 능력이 타자에 대한 인식에서 발생하는 자기 인식을 설명한다는 미드의 논지는 겔렌에 의해 "극도의 중요성"[12)]을 지닌 것으로 간주된다.

그러나 겔렌이 미드의 사회심리학을 전유하는 데 문제가 없지는 않다. 한편으로는, 삶의 방식으로서의, 집합적 삶의 윤리적 표준으로서의 민주주의에 대한 프래그머티스트들의 강조는 단순하게 겔렌의 설명에서 빠져 있다. 물론, 겔렌의 민주적 적격성은 나치와 겔렌의 연계로 인해 의심스러웠기 때문에 이는 놀라운 일이 아니다. 그러나 미드 사고의 민주적 차원, 미드 이론 체계의 모든 층위를 가로지르는 진정한 횡단적 범주를 생략하는 것은 미드의 사상을 심각하게 잘못 표현한 것이라는 점에 일단 동의해 보자. 나는 미드의 사회이론이 지닌 민주주의적 성격을 고려하지 않으면 그 이론의 근거 자체를 파악하지 못하는 것이라고 제안하는 데까지 나아갈 것이다. 다른 한편으로는, 겔렌은 철저하게 상호주관적인 미드 사상의 성격을 무시하는 경향이 있다. 다시 말하지만, 이것은 상당히 그릇된 설명을 수반한다. 앞서 살펴본 바와 같이, 미드는 인간의 사회성이 두 가지 중요한 성취의 원인이라고, 즉 의사소통 능력과 성찰적 사고 능력의 원인이라고 믿는다. 숙고와 성찰은 미드의 자아 개념을 구성하는 두 가지 요소이다. 겔렌은 인간 행동의 의사소통적 성격을 무시하지는 않지만, 토론과 성찰을 행위와 대비시킨다. 다시 말해, 미드에 따르면 인간은 상호주관적인 의견 교환을 바탕으로 행위하는 반면, 겔렌에 따르면 행위는 세계에 대한 의심되지 않는 믿음에 근거한다. 따라서 겔렌의 인간학은 미드가 항상 강조했던 인간 행위의 상호주관적 본질을 인정하지 않는다.

이제 이 두 가지 생략된 것이 서로 어떻게 관련이 있는지 알 수 있다. 행위의 상호주관적 성격을 인정하지 않음으로써 겔렌은 합리성을 본질적으로 대화적이고 의사소통적인 것으로 표현하지 않는다. 따라서 그는 이러한 형식의 합리성이 갖는 급진적으로 민주적인, 윤리적이고 정치적인 함의를 추구하지 않는다. 요컨대, 겔렌의 반민주적이고 문화적으로 보수적인 해석 틀은 미드에게서 배울 수 있는 그의 능력을 심각하게 제한한다.

위르겐 하버마스

전후 독일에서, 겔렌이 미드를 독해한 것은 미국의 프래그머티즘과 독일 사상가들 사이에 이루어진 두 번째 생산적인 만남의 시작을 알렸다. 앞서 살펴본 바와 같이, 첫 번째 만남은 19세기 후반에 이루어졌다. 당시 헤겔, 훔볼트, 피히테의 관념론은 주로 1872년 매사추세츠주 케임브리지에서 퍼스, 제임스 등이 결성한 대화 클럽인 '형이상학 클럽'을 통해 미국의 지적 맥락으로 처음 들어왔다.[13] 말하자면, 독일에서 미드 사상을 수용한 이야기는 독일과 미국의 만남이 이루어진 두 번째 에피소드의 일부이다. 내가 '일부'라고 말한 이유는 제임스, 퍼스, 듀이를 비롯한 다른 프래그머티스트들의 사상이 1920년대부터 이미 독일 사상가들에 의해 면밀히 검토되어 왔기 때문이다. 그럼에도 불구하고 다음과 같은 점에 대해 독자들의 주의를 환기시키고자 한다. 전후 독일에서 미드 사상이 수용된 것의 연관성은 다윈주의와 함께 1세대 프래그머티스트들에게 가장 강한 영향을 미쳤던 지적 흐름이 독일의 것이었다는, 즉 독일 관념론이었다는 사실에서 비롯된다. 이러한 관점에서, 독일 사회사상가들이 어떻게 완전히 다른 사회 정치적 조건에서 자신들의 독일 관념론의 원천과 미국 프래그머티즘 사이의 지적 연결을 재구축하려고 했는지를 검토하는 것은 더욱 관련성이 높다. 1960년대 초의 대학 시절을 다음과 같이 회상하는 위르겐 하버마스(1927년생)가 대표적인 사례이다.

> 나의 친구 아펠(Apel)이 권해서 나도 퍼스뿐만 아니라 미드와 듀이도 공부했다. 처음부터 나는 미국의 프래그머티즘을 마르크스와 키에르케고르 이후 헤겔에 대한 세 번째 생산적인 답변으로, 말하자면 젊은 헤겔주의의 급진 민주주의 분파로 보았다. 그 이후로 나는 민주주의 이론과 관련하여 마르크스주의의 약점을 보완하는 문제가 발생할 때 미국판 실천의 철학에 의존해 왔다.[14]

이 구절에서 알 수 있듯이, 하버마스는 오랫동안 미국 프래그머티즘이 제공한 자원에 의존해 왔다. 우리의 목적을 위해서, 하버마스가 미드를 의식 패러다임에서 언어 패러다임으로 전환한 최초의 저자로 보고 있다는 점에 주목할 가치가 있다. 즉, 미드의 의사소통적 사회이론은 베버나 뒤르켐의 공헌에 필적할 만한 고전적인 설명의 지위를 부여받는다. 앞으로 살펴보겠지만, 이러한 '정전화' 과정은 미드가 인정받아야 할 공헌의 유형이라는 측면에서 큰 타격을 가했다.

다음에서 나는 미드에 대한 하버마스의 해석을 두 단계로 나누어 검토할 것이다. 첫째, 하버마스가 '사회적 개별화'의 문제, 즉 근대 사회에서 사회적으로 생산된 자아들이 점점 더 개인주의화되는 과정을 다루기 위해 미드의 사회심리학을 어떻게 활용했는지 논의하고자 한다. 둘째로는 좀 더 일반적인 중요성에 대해 논의하고 싶다. 이것은 상징적 상호작용론 전통 밖에서 미드의 연구에 대한 가장 영향력 있는 해석인, 두 권으로 구성된 『의사소통 행위이론(The Theory of Communicative Action)』(1981)이 성취한 미드의 '정전화'이다. 하버마스의 이러한 움직임은 "여전히 근본적으로 주관적인 행위자와 언어적 행동주의에 전념하는 상징적 상호작용론으로 하여금 전 지구적인 사회 세계의 문제들에 적합한 사회적이고 사회학적인 이론의 논의에 참여"[15]할 수 있게 했을 뿐만 아니라 현대 사회정치 이론에 대한 미드의 공헌을 재평가할 수 있는 길도 열었다.

그러나 계속 진행하기 전에, 하버마스의 프로젝트에 대한 간략한 설명이 도움이 될 수 있다. 하버마스는 "독일 관념론의 계승자"[16]인 비판이론의 흐름, 즉 프랑크푸르트학파 2세대의 대표적인 인물이며, 현재의 기존 사회를 "'사람들'이 자율적인 개인이 되어 자신들의 정부를 선택하고 삶을 결정하는"[17] 이상적인 사회로 변화시키는 것을 목표로 한다. 특히 1970년대 이후, 하버마스는 더 이상 인식론적 근거에 기반하지 않고 인간의 의사소통 능력의 재구성에 기반한 비판적 사회이론을 세우려고 노력했다. 달리 말해, 그의 비판이론은 '언어적 전환'을 거쳤다. 이러한 맥락에서 미드의 사회심리학은 세 가지 다른 전통 ― 프랑크푸르트학파의 비판이론, 해석학 전통의 방법론, 그리고 훔볼트가 시작하고 많은 이들 중에서도 특히 미드에 의해 발전된 대화적인 언어 및 의사소통 개념 ― 을 연결하는 것을 목표로 하는 의사소통 행위이론을 향한 길잡이로서 하버마스에게 기여했다.[18]

하버마스가 미드의 사상과 가장 최근에 만난 것은 하버마스의 중요한 글인 『탈형이상학적 사유(Postmetaphysical Thinking)』(1988)로, 이 만남은 겔렌이 아이러니하게도 "개인 — 어떤 경우에서는 제도"[19]로 묘사했던 문제에 대한 사회학적 설명을 제공해야 하는 개념적 딜레마를 중심으로 전개된다. 뒤르켐에서부터 파슨스에 이르기까지 개별화에 대한 사회학의 설명은 분화의 과정과 개인화의 과정을 적절하게 구별하지 않기 때문에 불만족스럽다. 여기서 중요한 문제는 현대 선진 사회들에서는 자아가 더 개별화되면서 동시에 더 제도화되는 사회적 과정이 존재한다는 것이다. 따라서 겔렌의 아이러니는 환상적 프로젝트로서 (푸코의 비판과 유사한) 근대성의 비판을 수반한다. 사회적 기대와 고정관념으로부터 해방될 것이라는 약속은, 바로 그 약속이 새로운 종류의 규범적 기대로 묘사되기 때문에 즉시 반박된다. 이 역설에 대해 하버마스가 제안한 해결책은 미드의 광범위한 사상을 복구하는 것이다.

> 개별화는 고독과 자유 속에서 실행된 자기 활동적 주체의 자기실현으로 표상되는 것이 아니라 언어적으로 매개된 사회화의 과정과 스스로를 의식하는 생활사(life-history)의 동시적 구성으로 표상된다.[20]

하버마스의 의견에 따르면, 미드의 기여의 관련성은 그가 전적으로 상호주관적인 자아 모델을 제안한 최초의 사회사상가라는 사실에 있다. 그러한 모델이 이전의 의식 패러다임에 비해 상대적으로 유리한 점은 자의식을 "주체에 내재한 현상이 아니라 의사소통적으로 생성된 현상"[21]으로 개념화할 수 있다는 것이다. 미드의 자아 이론을 갖춘 사회학자들은 이제 사회 행위자가 점점 더 개인적으로 변해가는 방식과 이렇게 점증하는 개인화가 결국 하나의 제도가 되는 이유를 설명할 수 있는 개념적 장치를 가지게 된 것이다. 하버마스의 미드 독해는 논란의 여지가 있는 만큼 기발하고 야심적이다.

하버마스에 따르면, 미드의 'I-me' 구분은 적절히 재구성된다면 하버마스가 '탈관습적 자아 정체성'이라고 부른 것의 출현을 설명하는 유용한 분석적 도구를 제공할 수 있다. 근대 이전의 사회에서 자아는 구체적인 상호작용의 네트워크에 의해 정의되었다. 근대적 사회 형성의 특징 중 하나인 사회의 분화 경향은 이 '관습적 정체성'에 엄청난 압력을 가했다. 하버마스는 특히 "가치 일반화를, 그리고, 특별히 법체계에서는, 규범의 보편화"[22]를 언급하고 있다. 이러한 과정은 정체성 형성에 광범위한 결과를 가져온다. 근대 이전의 자아와 마찬가지로 근대적 자아도 사회적으로 구성된 것으로만 사유될 수 있다. 그러나 "그에 상응하는 어떠한 사회구성체도 실존하지 않는다."[23] 그것은 예견되어야 한다. 구체적으로, 우리 시대의 탈관습적 정체성은 "비강제적, 호혜적 인정의 대칭적 관계"[24]를 미리 선취할 수 있을 때만 안정될 수 있으며, 'I'는 그러한 무제한적 의사소통 공동체의 기획에 책임을 져야 한다. 하버마스는 미드가 'I'와 'me'를 구분한 것을 역사적 우연으로 취급하면서, 후기 근대에서는 이 둘 사이의 관계가 '전도'되었다고 주장한다.

> 이제까지 'me'는 직접적으로 파악할 수 없는, 자발적으로 행위하는 'I'를 객관화하지 않는 방식으로, 자기 인식 또는 자기 확인의 매개된 행위를 통해 포착해야 했다. 그러나 이제는 예견을 통해 수취인 집단과의 상호작용적 관계를 확립할 것을 'I'에게 요구한다. …… 'I' 자체는 파괴된 관습적 정체성의 재구성을 먼저 더 높은 수준에서 가능하게 만드는 상호작용의 맥락을 기획한다.[25]

물론 이것은 하버마스의 매우 교묘한 움직임이다. 후기 근대 사회에서는 '탈관습적' 정체성의 비율이 증가하고 있다. 하버마스는 미드의 이중성을 전도시킴으로써, 그러한 '탈관습적' 정체성이 개인에게 자율성(도덕 영역)과 자아실현(윤리 영역)이 조화될 수 있는 이상적 공동체를 기대하도록 요구하는 이유를 설명할 수 있다고 믿는다.

그러나 하버마스의 성취에 문제가 없는 것은 아니다. 미드의 'me'는 외부의 사회적 통제에 맹목적으로 예속된 순전히 보수적인 힘으로 변형된 반면, 'I'는 한 사람의 생활사의 연속성을 보장하는 기능을 부여받는다. 하버마스는 인식론적 자기 관계와 자기에 대한 실천적 관계를 구분하면서, 이 둘째 능력을 가진 'I'가 우리 자신에 대해 자신감을 갖게 하는 자유의지의 기능을 수행한다고 제시한다. 그러나 내가 보기에, 인간 행위의 창조적 측면에 대한 미드의 강조 — 이것은 현대 사회이론에 대한 미드의 주요한 잠재적 공헌 가운데 하나이다 — 는 '자기 긍정'의 문제에 대한 하버마스의 강조에 의해 대체된다. 게다가 미드는 'I'가 'me'에 대해 우위를 갖는다고 주장한 반면, 하버마스는 후자를 "도덕적 의식의 담지자"[26]로 본다. 달리 말해, 창조성, 독창성, 예측 불가능성을 발휘할 수 있는 능력을 가진 미드의 'I'는 시간이 경과함에 따라 정체성을 유지하는 데 국한되는 하버마스의 'I'보다 탈관습적 인성의 특징에 더 잘 부합하는 개념적 도구라고 할 수 있다. 미드가 보기에, 우리의 독특성을 재확신하는 것만 중요한 것이 아니라 우리는 우리가 살고 있는 공동체와의 관계에서도 독특해야 한다.

이제 하버마스가 『의사소통 행위이론』에서 미드의 공헌에 대해 논의한 내용으로 돌아가자면, 나는 미국 밖에서 미드의 사상이 수용되는 데서 이 두 권짜리 책이 어떤 관련성이 있는지 강조하는 것으로 시작하고자 한다. 사회학자들 사이에서 미드는 1980년대 초까지 상징적 상호작용론에 영감을 준 인물로 알려져 있었다(상징적 상호작용론은 파슨스의 구조기능주의가 지배력을 잃어갈 때 등장한 이론적 흐름이다) . 1981년에 『의사소통 행위이론』이 출판되자 사회학에서 미드의 이미지가 극적으로 바뀐다. 미드는 더 이상 단순히 최초의 상징적 상호작용론자가 아니다. 그는 목적 행위에서 의사소통 행위로 패러다임이 전환하는 데 기여한 사회학의 창건자 중 하나이다. 이 저작에서 하버마스는 고전적인 사회학적 주제를 재검토한다. '근대성의 미완성 프로젝트'가 합리화 과정의 관점에서 논의된다. 하버마스는 사회의 '체계' 구성요소(시장 경제와 국가 관료장치)와 '생활세계'(문화, 사회, 인성)를 구분하면서, 체계의 수준과 생활세계의 수준 모두에서 합리화 과정을 더 잘 이해하는 데 기여했다고 회자되는 위대한 서사의 주인공들, 즉 마르크스, 베버, 미드, 뒤르켐, 파슨스를 소개한다. 이 모든 저자는 체계와 생활세계의 수준 모두에서 합리화 과정을 더 잘 이해하는 데 기여했다고 알려져 있다.

하버마스는 언어의 출현에 대한 계통발생적 설명에 초점을 맞춤으로써 미드의 사회심리학을 재구성하기 시작한다. 미드는 '제스처의 대화' 개념을 처음에는 신호 언어(signal language)로 이어지고 그다음에는 명제적으로 분화된 말로 이어지는 진화적 출발점으로 사용한다. 인간의 언어는 제스처를 매개로 하는 상호작용에서 상징적으로 매개되는 상호작용으로 전환되는 것으로 특징지어지는 신호 언어로부터 발전하여 규범적으로 규제되는 행위의 기초가 된다. 그러나 이 설명에는 문제가 있다. 하버마스에 따르면, 미드가 한편으로는 상징적으로 매개되는 상호작용과 다른 한편으로는 언어적으로 매개되고 규범에 따라 수행되는 상호작용을 구분한 것은 적절하지 않다. 이러한 어려움을 해결하기 위해, 하버마스는 비트겐슈타인의 규칙 개념에 의지한다. 하버마스의 요점은 제스처를 매개로 하는 상호작용에서 상징적으로 매개되는 상호작용으로 전환하는 것은 "규칙에 따른 행동, 즉 의미 관습 따르기라는 개념으로 설명할 수 있는 행동의 구성"[27]을 수반한다는 것이다. 하버마스의 관점에서, 미드는 언어 행위(speech acts)가 가지는 발화수반적 힘(illocutionary power)의 세 가지 전(前) 언어적 뿌리에 동일한 비중을 두지 않는다. 사실, 미드는 언어가 (규범 및 정체성의 출현과 관련된) 사회화와 (지각 가능하고 조작 가능한 대상의 세계와 관련된) 행위 조정의 주요 메커니즘이라는 것을 깨달았지만, 규범적 연대의 가능성을 탐구하는 데는 실패했다. 하버마스가 설명하듯이, 미드는 "행위 조정과 사회화의 매체로서의 언어에 집중하지만, 이에 반해 상호이해 메커니즘으로서의 언어는 거의 분석하지 않은 채 둔다."[28] 따라서 하버마스는 개인 정체성과 객관적 지각의 기원에 대한 미드의 개체발생적 설명에 초점을 맞추는데, 이는 아마도 이 주제를 다룬 하버마스의 글 중 가장 정교한 독해 중 하나일 것이다.[29] 이 분석의 결과는 미드는 "원 안에서 움직이고 있다(순환적이다)"[30]라는 비판적인 발언이다. 하버마스가 생각하기에, 미드는 자신의 개체 발생 이론에서만 등장하는 개념 — 즉, '일반화된 타자' — 에 의존함으로써 상징적으로 매개된 상호작용에서 규범에 따라 수행되는 상호작용으로 바뀌는 계통 발생적 전환을 설명하려고 한다. 이러한 어려움을 극복하기 위해 하버마스는 뒤르켐의 종교 이론으로 눈을 돌린다.

하버마스가 60여 쪽 뒤에 다시 미드로 돌아왔을 때, 하버마스의 목적은 미드의 기여가 실제로 뒤르켐의 제안을 어느 정도 보완하는지를 평가하는 것이었다. 뒤르켐이 하버마스가 "신성한 것의 언어화"라고 지칭한 것, 즉 문화적 재생산, 사회적 통합, 그리고 사회화의 사회적 기능들이 종교 영역에서 의사소통 구조로 이전되는 것의 계통 발생적 기원을 밝히고 있다면, 미드는 사회적으로 개별화된 인간들의 관점에서 이러한 진화적 경향에 대한 설명을 제공한다. 달리 말해, 미드는 하버머스가 "생활세계의 의사소통적 합리화"[31] 라고 부르는 사회적 경향을 인정한 최초의 저자이다. 그러나 하버마스는 여전히 미드의 접근 방식에 관해 몇 가지 유보사항을 갖고 있다. 첫째는 생활세계의 합리화를 구성하는 사회적 과정들에 대한 미드 분석의 형식주의적 성격과 관련이 있다. 둘째로 더 중요한 유보사항은 미드가 주장하는 '이상주의'와 관련이 있다. 하버마스는 미드가 자신의 '이상주의적' 이론 모델 때문에 "경제, 전쟁 수행, 정치권력 투쟁을 소홀히 한 것"[32]을 보완하기 위해 기능주의로 눈을 돌린다.

내 견해로는, 상징적 상호작용론의 비정치성과 상징적 상호작용론이 사회

관계의 미시적 측면에 초점을 맞춘 것을 고려할 때, 이러한 비판은 블루머가 해석한 미드에 대해서는 타당하다. 그러나 미드 자신이 '사회의 물질적 재생산'의 과정을 무시했다고 비난하는 것은 완전히 다른 문제이다. 앞서 보여주려 했던 바와 같이, 상징적 상호작용론 전통이 가진 놀라운 경험적 풍부함에도 불구하고, 블루머와 그의 추종자들이 미드에 대한 부분적 해석만을 제공했다는 사실은 여전히 그대로이다. 따라서 나는 두 가지 서로 다른 주장을 하고자 한다. 우선, 하버마스가 무슨 근거로 어떤 저자가 상상하지도 않은 목적과 관련하여 비판할 자격이 있다고 느끼는지는 전적으로 불분명하다. 미드는 사회에 대한 비판이론을 만들려고 한 것이 아니다. 미드의 목적은 인간 자아의 발달에 대한 사회심리학적 설명을 제공하는 것이었다. 둘째, 더 중요한 것은, 미드가 정치, 도덕, 국제관계의 영역을 무시했다는 것은 단순히 사실이 아니라는 것이다. 미드는 이 주제들에 대해 광범위하게 글을 썼을 뿐만 아니라 시카고에서 보낸 성인 생활의 대부분을 헌신적인 시민으로 살았다. 아래에서 살펴보겠지만, 그의 삶과 작품의 이러한 측면은 최근에야 제대로 평가받고 있다.

한스 요아스

미드가 사회학의 정전에 포함된 것은, 처음에는 상징적 상호작용론에 의해 촉진되었으나, 하버마스가 미드의 사상을 비판적으로 검토한 데서 결정적으로 자극을 받았다. 기묘하게도, 제프리 알렉산더가 미드나 프래그머티스트들에 대해 전혀 언급하지 않고 네 권으로 구성된 기념비적인 저서 『사회학의 이론적 논리(The Theoretical Logic in Sociology)』를 출판했던 것과 거의 같은 시기에, 한 대륙의 사상가는 거대 사회학 이론을 구성하기 위하여 고전적인 미국 프래그머티스트 중 한 사람의 기여를 회복시켜야 할 필요성을 느꼈다. 1980년대 초에 위대한 통합이론적 사회학 저서들이 갑자기 쏟아져 나왔지만,[33] 미드는 하버마스의 시도에서만 두드러지게 등장할 뿐이었다. 이는 미국의 프래그머티즘과 전후 독일의 많은 사회 이론가 사이의 특별한 관계를 분명하게 보여준다.

하버마스를 제외하고, 미드에 관한 저서로 미드 연구에 큰 영향을 미쳤을 뿐만 아니라 현대의 논쟁들에서도 미드의 사상을 광범위하게 활용한 사회사상가는 단 한 명뿐이다. 독일의 대표적인 사회 이론가 중 한 명이자 아마 오늘날까지도 미드에 관한 최고의 지적 전기인 책의 저자인 한스 요아스(1948년생)가 바로 그 주인공이다. 요아스가 미국의 프래그머티즘, 특히 미드의 저작에 관심을 갖게 된 것은 1960년대부터였다. 하버마스와 아펠과 마찬가지로, 요아스는 이 흐름이 마르크스주의와 다른 독일 지적 전통의 단점을 보완할 수 있다고 믿었다. 대표적인 예로, 악셀 호네트와 함께 쓴 『사회적 행위와 인간 본성(Social Action and Human Nature)』(1980)을 들 수 있다. 이 책에서 요아스와 호네트는 미드의 상호주관성 이론을 독일의 철학적 인간학 전통의 두 주요 인물인 아르놀트 겔렌과 헬무트 플레스너(Helmuth Plessner)의 제안을 보완하는 것으로 논의한다. 그러나 요아스가 미드에 대한 최고의 전문가 중 한 명으로 자리매김한 것은 『조지 허버트 미드. 그의 사상에 대한 현대적 재검토(G. H. Mead. A Contemporary Re-examination of his Thought)』(1985)를 통해서였다.

요아스는 미드를 "오늘날 철학적 관련성과 중요성이 큰" 인물일 뿐만 아니라 사회학이 "한때 사회학에 활력과 미래에 대한 확신을 주었던 충동과 다시 연결되도록" 기여할 수 있는 사회사상가로 보고 있다.[34] 오늘날 대부분의 사회과학 종사자가 동의하는 이러한 진술은 1980년대 초까지만 해도 적어도 미국 밖의 사회학자들에게는 이상하게 여겨졌을 것이다. 사회학에 대한 미드의 공헌이 가지는 상대적 가치에 대한 인식이 그토록 변화한 결정적인 이유는 1981년 요아스가 미드의 저작을 독창적으로 재검토했기 때문이다. 요아스는 블루머와 상징적 상호작용론자들이 제안한 미드 작품에 대한 부분적인 이해를 넘어설 수 있게 해준 엄밀한 기록 연구와 미드의 개념 장치에 대한 치밀한 철학적 분석을 결합하여 미드의 연구 대상에 대한 새로운 이미지를 제공한다. 미드는 더 이상 대면적 상호작용에만 주된 관심을 둔 것으로 간주되지 않는다. 오히려 요아스는 미드의 사고가 자연주의화된 헤겔주의와 기능적 심리학에서부터 행위와 의식 사이의 관계를 주요 관심사로 삼는 사회적 프래그머티즘에 이르기까지 시간이 지남에 따라 어떻게 진화했는지 보여주려고 노력한다. 게다가 상징적 상호작용에 의해 완전히 간과되었던 신체 이미지의 구성, 물리적 대상, 그리고 주관적 시간성에 대한 이론들과 같은 미드 연구의 중요한 측면들이 철저하게 분석된다.[35] 요아스의 핵심 주장 중 하나는 독일 관념론이 미국의 프래그머티스트들에게 주목할 만한 영향을 미쳤으며, 미드도 예외는 아니었다는 것이다. 그리고 나는 요아스가 이런 주장을 할 만한 충분한 이유를 가지고 있다고 생각한다. 요아스의 논지를 뒷받침하는 사실적 증거는 솔직히 압도적이다. 헤겔이 미드의 초기 사상에 미친 영향은 논쟁거리가 아니다. 하지만 나는 우리가 여전히 오늘날 독일과 미국의 첫 만남으로부터 배울 수 있는 것이 무엇인지 논의해야 한다고 믿는다.

그럼에도 불구하고 요아스가 미드 사상을 재구성한 데 문제가 없는 것은 아니다. 요아스의 연구를 겨냥한 비판 중 하나는 듀이가 미드에게 미친 영향에 충분히 주의를 기울이지 않았다는 것이다.[36] 이것은 1920년대 미드의 연구에 대한 요아스의 논의에 특별히 해당된다. 베르그송과 화이트헤드가 미드의 후기 '형이상학적' 저술에서 중요한 역할을 한 것은 확실하지만, 그럼에도 불구하고 듀이는 미드의 생애 마지막까지 미드에게 지적인 준거였다. 그리고 요아스의 해석에 대해 제기될 수 있는 또 다른 종류의 이의가 있다. 이미 지적했듯이, 이 저자는 미드 사상의 다양한 발전 단계에 대한 엄격한 역사적 재구성을 수행하지만, 이 재구성은 부분적으로만 이루어졌다. 이 점을 더 명확히 하기 위해 요아스의 책을 게리 쿡이 쓴 최근의 미드에 대한 지적 전기와 비교해 보겠다.[37] 쿡의 연구는 역사가의 연구이다. 쿡의 책은 미드가 살았고 일했던 다양한 맥락을 신중하게 재구성하고 미드가 쓴 거의 모든 논문에 대한 세밀한 분석을 제공한다. 그러나 사회이론의 관점에서 볼 때, 쿡의 기여는 제한적이다. 쿡의 책은 후대의 사회과학자들이 미드의 사상을 수용한 맥락에서 미드의 사상을 논의하는 데 실패한다. 반대로, 요아스의 책은 역사적 정확성과 이론적 타당성 모두를 목표로 한다. 내가 다른 글에서 주장했듯이,[38] 요아스의 책은 두 부분으로 구성되어 있다. 첫째 부분은 미드의 사상을 역사적으로 재구성하여, 미드의 사상이 시간의 경과에 따라 어떻게 진화했는지 보여준다. 둘째 부분은 주제별로 재구성하는 방식을 채택한다. 그러한 전략의 한계는 분명하다. 역사적 재구성을 주제별 재구성과 결합해야만 우리는 미드의 철학 체계가 어떻게 진화했는지 파악할 수 있다. 달리 말해, 미드의 주요 관심 영역(과학, 사회심리학, 정치)을 파악한 뒤, 동시에 모든 관심 영역에 대한 역사적 재구성을 진행해야 한다. 이러한 방식으로 우리는 각 영역에서 미드의 사상이 어떻게 발전했는지뿐만 아니라 그의 사상의 상호연관성도 알 수 있다. 예를 들어, 미드의 개념 장치에서 중요한 요소인 '타자의 역할 취하기'의 심리학적 메커니즘은 연구과학자의 태도, (계통 발생적 관점과 개체 발생적 관점 모두에서) 사회 행위자의 태도, 그리고 시민의 태도에서 작동하고 있다는 것을 알 수 있다.

그렇다고 해서 요아스의 해석이 시대에 뒤떨어지거나 결함이 있는 미드 독해로 간주되어야 한다는 뜻은 아니다. 반대로, 요아스의 책은 미드에 관심이 있는 사람이라면 반드시 읽어야 할 필독서이다. 주된 이유는 요아스가 '급진적인 민주주의 지식인'으로서의 미드의 초상화와 같은 미드의 삶과 저작의 특정 측면에 대한 신선한 재검토를 제공하기 때문이다. 요아스는 1880년대 후반에 독일에 체류하는 기간 동안의 미드의 형성기의 경험, 특히 "사회민주주의 독일 노동운동이 미드에게 남긴 인상"[39]으로 시작하면서, 미드의 "교육과 정치에 대한 실천적인 참여가 그의 이론적 진화에 매우 큰 영향을 미쳤다"[40]라고 올바르게 지적한다. 더 최근에, 상징적 상호작용론자들로부터 거의 또는 전혀 관심을 받지 못했던 이러한 통찰은 앤드루 페퍼(Andrew Feffer)의 『시카고 프래그머티스트와 미국의 진보주의(The Chicago Pragmatists and American Progressivism)』(1993)에서 추구되고 있다. 이 주목할 만한 연구에서, 페퍼는 1890년대 중반부터 제1차 세계대전까지 미드와 듀이가 시카고의 산업 및 계급 갈등에 정치적으로 참여한 실천적이고 이론적인 측면을 논의한다. 특히 페퍼는 미드가 지닌 정치적 사고의 대부분이 생산자의 에토스라는 관념과 자아실현이라는 종교적 이상의 세속화된 버전을 중심으로 전개되고 있는 것을 보여준다. 요컨대, 페퍼는 요아스의 선례를 따라, 미드와 듀이가 공동체, 사회적 재구성, 협력, 문제들의 과학적 평가에 대해 주장한 이면에 종교적 이상주의 전통과 생산자 공화주의 전통이 중추적인 역할을 하는 사상의 성좌가 있음을 설득력 있게 보여주었다.

악셀 호네트

나는 많은 현대 사회사상가가 어떻게 미드의 저작으로부터 중요한 기여를 복구해 왔는지 보여주려고 노력해 왔다. 이러한 기여 중에서 가장 유망한 것으로 나는 요아스, 페퍼 등이 논의한, 미드의 사회심리학 이론이 지닌 급진 민주주의적 함의를 강조할 것이다.[41] 이 주장은 현대 프랑크푸르트학파의 '리더'인 악셀 호네트(1949년생)의 저술에 의해 확증되는 듯하다. 하버마스의 제자였던 호네트는 "사회이론에 대한 성찰과 현시대에 대한 진단"과 함께 "인정투쟁을 비판사회이론을 위한 전(前)과학적 준거점으로" 삼는 아이디어의 철학적 토대를 제공할 수 있는 사람의 개념을 발전시키기 위해 미드의 'I-me' 구분에 광범위하게 의존했다.[42] 달리 말하면, 호네트가 미드를 전유한 것은 미드의 사회심리학이 사람의 개별화와 상호주관적 인정 사이의 관계에 대한 설득력 있는 분석을 제공한다는 믿음에 의해 동기부여된다. 다음에서는 『사회적인 것의 파편화된 세계(The Fragmented World of the Social)』(1990)와 『인정투쟁(The Struggles for Recognition)』(1995)에 제시된 바대로, 호네트가 헤겔의 인정 이론을 보완하는 수단으로 미드의 사회심리학을 전유한 것을 검토할 것이다.

하버마스가 제안한 비판이론의 변형에 맞선 호네트의 주요 주장은 하버마스의 이론이 도덕철학과 "도덕적 반응과 일상적 상호작용의 감정을 구체적으로 언급하는 진술들"[43]에 대한 과학적 분석 사이에 분열을 야기한다는 것이다. 반면, 호네트는 도덕규범의 정당화 수준과 도덕적 동기에 대한 경험 분석을 연결함으로써 사회비판에 경험적 발판을 마련하는 것을 목표로 한다. 호네트는 헤겔이 예나(Jena) 시절에 발전시킨 인정 이론을 핵심 준거로 삼는다. 따라서 인정 개념이 탈형이상학적 방식으로 재구성될 때, 이 두 수준을 분석하는 것 사이의 연결이 '인정' 개념에 의해 수행되어야 한다는 것은 놀랄 일이 아니다. 호네트는 바로 이 지점에서 미드에 의지한다. 호네트는 "미드의 저작들은 오늘날까지도 청년 헤겔의 상호주관성이론적 직관들을 탈형이상학적 이론 속에서 재구성할 수 있는 최적의 수단을 지니고 있다"라고 쓴다.[44]

헤겔의 '인정투쟁 하기' 사상이 비판사회이론의 출발점이 되기 위해서는 세 가지 조건이 충족되어야 한다. 첫째, 현대 사회이론에 의해 생성된 가장 관련성 있는 기여를 분석해야 한다. 둘째, 현시대를 진단해야 한다. 마지막으로는, 개별적인 인정 요구가 어떻게 모든 사회 행위자에게 고정되는지 설명하는 사람 개념을 정의해야 한다.[45] 이 셋째 조건을 충족해야 할 필요성은 호네트가 미드의 자아 이론으로 눈을 돌리는 이유를 설명해 준다.

호네트는 인간 자아에 대한 미드의 상호주관적 설명이 헤겔의 제안을 자연주의적으로 정당화하는 첫 단계로 간주되어야 한다고 제안하면서 시작한다.[46] 미드가 구체적으로 기여한 것은 자의식이 어떻게 타자에 대한 지각을 통해 발전하는지를 설명하는 심리적 메커니즘에 대한 그의 정의이다. 호네트가 보기에, 미드의 이론은 헤겔이 관심을 가졌던 두 가지 유형의 자아 관계, 즉 도덕적 행위주체로서 우리 자신에 대한 규범적 이해를 일컫는 '실천적 자아 관계'와 자의식을 획득하는 인지적 관계를 가리키는 '인지적 자아 관계'를 자연주의적으로 번역한 것이었다. 도덕 이론에 대한 호네트의 관심을 고려할 때, 호네트가 그다음으로 실천적 자아상의 개체발생적 발달에 대한 미드의 분석에 집중한 이유를 이해하는 것은 어렵지 않을 것이다. 이제 미드는 아동기 발달의 두 단계인 '놀이'와 '게임'을 통해 아이가 어떻게 도덕적 판단의 원초적 형태를 배우는지 설명하는데, 나는 앞에서 '일반화된 타자' 개념이 어떻게 이 두 단계 사이의 전이를 돕는 기능을 수행하는지 논의했었다. 아이는 조직된 사회집단의 역할과 태도를 취할 수 있는 한 사회구성원이 되며, 따라서 '일반화된 타자'가 된다. 현명하게도, 호네트는 미드의 통찰이 옳다면 "이러한 상호주관적인 관계에 '인정'이라는 개념을 적용하는 것은 의미 있는 일"[47]이라고 말한다. 호네트는 헤겔이 규정한 세 가지 인정 관계, 즉 사랑, 권리, 연대와 비교할 때 미드의 '일반화된 타자' 개념은 "단순한 이론적 보충이 아니라" 법적 인정의 '사실적인 인정'을 의미한다고 주장한다.[48] 미드의 업적은 '일반화된 타자'의 관점을 통해 개인들이 어떻게 서로를 법적 인격체로 인식하는지 설명할 수 있었다는 데 있다. 또는 호네트는 다음과 같이 주장한다.

상호작용 상대자들은 '일반화된 타자'의 규범적 관점을 공통적으로 받아들임으로써 서로에 대해 어떠한 의무를 엄수해야 하는지 알게 된다. 그뿐만 아니라 이들은 서로를 개인적 요구의 담지자로 이해할 수 있다. 그리고 각각의 상대방은 자신이 이러한 요구를 충족시켜 주어야 할 의무가 있음을 안다.[49]

물론, 도덕적 행위주체가 형성되는 과정을 재구성하려면 'me'와의 관계뿐만 아니라 'I'와의 관계도 필요하다. 실질적인 정체성 형성 과정에서, 충동적인 'I'는 'me'에 의해 내면화된 사회 규범에 대한 반응을 담당하고 있다. 미드의 말에 따르면, "'me'와 'I'는 대립해 있다. 개인은 권리를 가질 뿐만 아니라 의무도 가진다. 각 개인은 시민, 즉 공동체의 구성원일 뿐만 아니라 이 공동체에 반응하는 존재이기도 하다."[50] 그렇다면 도덕적 갈등은 개별성에 대한 요구를 가진 'I'와 자아의 내면에 있는 집합 의지의 담지자인 'me' 사이의 내적 긴장의 결과로 설명된다. 미드는 바로 이 사회적 발달 과정에 한 개인의 'I'가 가지는 이러한 많은 요구를 둔다. 문명이 펼쳐짐에 따라 'I'의 요구들은 우리로 하여금 더 큰 자유가 받아들여질 수 있는 미래 공동체를 예측하도록 강제한다. 따라서 우리의 현 공동체의 '일반화된 타자'는 미래의 확대된 권리 공동체에 자리를 내준다. 호네트는 이러한 논지가 한 가지 중요한 이점과 함께 헤겔의 '인정투쟁' 이념에 부합한다고 믿는다. 그 이점은 바로 미드의 사회심리학이 "인정투쟁의 동기적 토대를 밝힌다"[51]라는 것이다.

그러나 헤겔과 달리 인정의 상호관계에 대한 미드의 분석은 사랑의 관계나 연대의 관계는 다루지 않는다. 호네트의 견해로, 이것은 미드의 사회심리학에서 헤겔의 윤리적 상호인정 관계와 유사한 통찰을 찾을 수 없다는 의미가 아니다. 사실, 미드의 '일반화된 타자'의 개념은 "주체가 자신의 특수한 성격과 능력에 따라 다른 모든 사람과 구별되는 한 개인으로 인정되고 있음을 인지할 수 있는 상호인정 관계를 거명하는"[52] 한 헤겔의 윤리적 삶(인륜성, Sittlichkeit)과 유사한 기능을 수행한다. 미드는 개인이 지닌 특별한 능력의 상호인정에 대해서는 확장된 논의를 제공하지 않지만, 사회적으로 유용한 노동이라는 수단을 통해 자기실현을 하는 것에 대한 미드의 언급은 호네트의 관점에서 볼 때 "헤겔의 윤리적 삶의 문제에 대한 탈전통적 대답"[53]을 나타낸다. 요약하면, 지나치게 객관주의적임에도 불구하고 기능적 분업에 대한 미드의 모델은 "동기를 유발하는 경험적 맥락"[54]으로 헤겔의 '연대' 개념을 보완한다.

이제 호네트가 미드의 사회심리학에 관심을 가진 주된 이유가 개인적 자율성의 동기적 토대를 상호주관적인 방식으로 명확히 할 수 있는 미드의 사회심리학이 지닌 능력 때문이라는 것이 분명해졌다. 나는 지금까지는 호네트가 미드를 전유한 것에 대해 큰 의구심을 갖고 있지 않다. 나에게 문제가 발생하는 것은, 호네트가 『사회적인 것의 파편화된 세계』에서 '사람의 개별화와 상호주관적 인정 사이의 발생론적 관계'에 대한 미드의 설명이 개별적인 인정의 요구를 '인간의 필요'로 바꾸는 보편적인 '동기부여의 원동력'에 대한 설명을 제시하지 못한다고 시사할 때이다.[55] 호네트는 이어서 미드의 자아에 대한 사회이론을 보완하기 위해 정신분석학으로 눈을 돌려야 한다고 주장하기까지 한다. 나의 의구심은 미드의 'I'가 프로이트의 '무의식'과 동일시되어야 한다는 호네트의 제안과 관련이 있다. 호네트는 미드의 'I'가 "정신분석학에서의 무의식과 거의 다르지 않다"라고 가정하면서, 미드의 개인화에 대한 설명을 "무의식적인 동요와 의식적이고 언어적으로 매개된 경험"[56] 사이의 내적 긴장의 산물로 묘사할 수 있다고 믿는다. 하지만 내가 보기에는 미드의 'I' 개념과 정신분석학의 '무의식' 개념 사이에는 적어도 두 가지 중요한 차이점이 있다. 한편으로, ('이드', '에고', '슈퍼에고'를 포함하는) 프로이트의 정신의 삼분 모델은, 알고는 있지만 알 수 없는 행위의 단계로서 이해되는 미드의 'I'에 대한 기능적 등가물을 포함하고 있지 않다. 다른 한편으로, 프로이트의 '무의식'과 달리, 미드의 'I'는 역사적 변동에 민감하다. 사회가 진화하면 충동적인 구성요소를 포함하는 인간 자아도 진화한다.

패천 마켈(Patchen Markell)은 최근에 「잠재적인 것과 실제적인 것: 미드, 호네트, 그리고 "I"(The Potential and the Actual: Mead, Honneth, and the "I")」라는 논문에서 호네트가 미드의 'I-me' 구분을 전유한 것에 대해 논의했다.[57] 마켈은 미드의 경력 과정에서 'I-me' 구분이 발달한 데 대한 면밀한 재구성과 호네트의 인정 설명에 대한 철학적 분석을 결합하면서, 확실히 그 주제에 대한 최고의 논평을 제공한다. 우리의 목적을 위해 마켈의 논문에서 주목할 만한 점은 마켈이 제시하는 미드의 'I-me' 구분에 대한 혁신적인 독해이다. 윤리 및 정치 이론에 관심이 있는 마켈은 미드가 몇몇 구절에서 'I'를 자아 내부의 창조성이나 자발성의 원천으로서 묘사하는 것이 아니라 "실제로 진행되고 있는, 일어나는"[58] 어떤 것으로서 묘사하고 있다고 시사한다. 마켈의 견해에 따르면, 미드의 'I' 용어 사용이 변천해 온 과정은 도덕철학에 광범위한 함의를 가진다. 마켈이 옳다면, 'I'는 인정을 통해 실현되어야 하는 잠재성의 원천(이것은 호네트의 주장이다)으로 표현되는 것이 아니라 행위로, '실제 반응'으로 표현되어야 한다. 좀 더 일반적으로 말하면, 마켈은 미드의 자아 모델이 '잠재성'과 '실제성'을 분리하는 이원론을 극복하는 데 필요한 개념 도구를 제공할 수 있다고 믿는다. 이러한 이원론을 포기한다면, 지배자와 피지배자 사이의 위계적 구분을 마지못해서라도 정당화하거나 강화할 위험을 더 이상 감수할 필요가 없다. 왜냐하면 대부분의 지배자는 피지배자들의 잠재성에 대한 자신의 권위적인 평가의 힘을 근거로 타인에 대한 자신의 지배를 정당화하기 때문이다. 이것이 호네트의 인정 모델이 지닌 가장 큰 한계일 것이다. 마켈은 다음과 같이 강력하게 말한다.

> 가장 광범위하고 평등주의적인 인정을 부여하는 것조차도 권위에 의문의 여지가 없는 이미 특권을 가진 행위 주체들에 의해 수행될 뿐이며, 그 평등주의는 특

정한 굴종의 구조에 의해 틀 지어지고 부분적으로 배반될 것이다.[59)]

미드의 'I-me' 구분은 바로 이러한 한계를 극복하는 데 도움을 줄 수 있다. 따라서 호네트와 마켈은 둘 다 도덕철학의 가장 난해한 문제 중 하나인 불의에 어떻게 저항할 수 있는가라는 문제에 대답하는 데 있어서 강력한 협력자를 미드에게서 찾는다. 호네트는 미드의 사회심리학으로 보완하고 난 다음 정신분석학적 인간 정체성 개념으로 미드의 이론을 보충하면서 헤겔의 인정 모델을 회복하는 방식을 선택한다. 반대로 마켈은 미드의 'I'를 프로이트의 '무의식'으로 변환할 필요를 찾지 못한다. 그는 단순히 '잠재적인 것'과 '실제적인 것' 사이의 이분법과 같은 경직된 이분법을 피하면서 자신의 고유한 프래그머티즘 용어로 미드를 읽는다. 나는 마켈의 선택이 더 타당하다고 생각한다. 미드가 우리에게 우리의 문제를 해결할 영감을 준다면, 그는 그의 용어로 읽혀야 한다. 물론 그렇다고 해서 우리 스스로가 해답을 찾는 데 있어서 창조적이지 않아야 한다는 의미는 아니다. 마켈의 저술은 내가 염두에 두고 있는 좋은 예이다.

오늘날의 미국 사회학

흥미롭고 또한 정통한 최근 마켈의 미드 전유는 사회학의 학문적 경계를 넘어선 것이다. 현대 사회학자들이 미드의 사상을 어떻게 사용했는지에 대해 깊이 생각하고자 한다면, 다른 곳을 살펴봐야 한다. 이 장의 나머지 부분에서는 어떤 방식으로든 미드의 유산을 활용하려고 시도했던 두 명의 저명한 미국 사회학자의 사례에 대해 논의할 것이다. 1980년대와 1990년대에, 랜들 콜린스(1941년생)와 제프리 알렉산더(1947년생)는 미국 프래그머티즘 전반과 특히 미드의 사회심리학이 지닌 사회학적 의미를 파악하려고 시도했다. 콜린스는 그의 유명한 논문 「신미드주의 정신 사회학을 향하여(Toward a Neo-Meadian Sociology of Mind)」(1989)에서 미드가 "의심할 여지없이 미국 최고의 사회학 이론가"[60]라고 주장하는 데 주저하지 않았다. 그러나 콜린스가 미드의 사상을 전유한 것에 대해 논의하기 전에, 콜린스의 이론적 의제를 명확히 하기 위해 몇 마디 첨언할 필요가 있다. 왜냐하면 콜린스는 1970년대에 갈등 이론의 주요 인물 중 한 명으로 명성을 얻었기 때문이다.[61]

콜린스 버전의 갈등 이론은 갈등 이론과 가장 밀접하게 연관된 사회학 고전인 마르크스의 저작뿐만 아니라 베버, 뒤르켐, 슈츠, 고프먼, 미드 등의 다른 많은 원천도 활용함으로써 다른 갈등 이론들(예를 들어, 랄프 다렌도르프의 갈등 이론)과 차별화된다. 그런데도 콜린스의 갈등 이론은 갈등 이론의 모든 주요한 특징을 보여준다. 즉, 갈등 이론에서는 사회는 다양한 종류의 자원을 놓고 사회 집단들이 경쟁하는 영역으로 이해되고, 개인 행위는 이해관계에 의해 추동되며, 관념은 사회적 갈등에 동원될 수 있는 자원이다. 콜린스에 따르면, 행위자는 자신이 어디에 살든 간에 자신이 추구하는 일단의 기본적인 이해관계나 '재화'를 가지고 있다. 이러한 재화 중 가장 중요한 것은 부, 권력, 명예이다. 게다가 이러한 재화는 "본질적으로 희소한 상품"이기 때문에 사회적 갈등은 인간 사회에 고유한 특징이다.[62] 콜린스는 베버를 따라서 사회적 삶은 사회적 행위 주체들이 자원을 위해 경쟁함으로써 사회 계층 유형을 창조하는 다음 세 가지 주요 영역으로 구성된 것으로 이해될 수 있다고 주장한다. 첫째, 직업 영역은 사회 계급에 따른 개인들의 집단화와 관련이 있다. 둘째, 개인들이 거주하는 공동체는 젠더, 나이, 인종적 출신, 학력과 같은 속성에 기반할 수 있는 지위 집단에 따라 그들의 집단화를 결정한다. 셋째, 정치 영역은 이데올로기적 균열에 따라 조직되며, 이는 영향력과 권력을 극대화하려는 정당의 기원이 된다.[63] 콜린스는 이러한 일반적인 분석틀을 여러 가지 구체적인 사례에 적용했다.

콜린스의 고등 교육에 대한 분석 — 이는 경험적인 사회학 조사 연구에서 그가 남긴 가장 뛰어난 업적 중 하나이다 — 에서 좋은 예를 찾을 수 있다.[64] 간단히 말해, 콜린스는 산업 사회에서 고등 교육에 전념하는 오랜 기간이 종종 무시되지만 고등 교육이 중요한 사회적 기능을 수행한다는 것을 보여준다. 콜린스는 학력이 단순히 우리 시대에 특징적인 직업들에 필요한 기술을 제공하는 것이라기보다(직업 기술은 대학이 아닌 직장에서 배우게 된다) '게이트키핑'의 기능을 수행한다고 시사한다. 직업을 위한 대부분의 교육 자격(예를 들어, 전문 용어)은 해당 직책을 수행하는 것과는 명백한 관련성이 없지만 해당 직책에 대한 접근을 제한하는 데에는 결정적으로 중요한 요소가 된다.[65] 콜린스가 말하는 현대사회의 교육 엘리트는 베버가 묘사한 중국의 문사(文士)와 매우 흡사하게 행위한다. 두 집단은 모두 권위 있고 보수가 높으며 영향력 있는 직업에 대한 접근을 독점하기 위한 수단으로서 교육을 사용한다. 따라서 선진 사회들은 지난 수십 년간 '학력 인플레이션'을 경험해 왔다. 교육 엘리트들이 자신들에게 유리한 취업 요건을 설정할수록 더 많은 사람이 학력에 기꺼이 투자하려고 하며, 더 많은 고용주가 늘어나는 지원자 수를 감당하기 위해 취업 요건을 높여야 한다. 콜린스의 갈등 이론에서 드러나는 교육의 이미지는 고용 시장에서 요구하는 직업적 능력을 사회적으로 중립적으로 그리고 능력에 따라 제공하는 교육에 대한 일반적인 견해와 거리가 멀다. 정반대로, 콜린스는 교육을 지위 집단 차이의 가장 중요한 기반 가운데 하나로 보아야 한다는 것을 보여줄 수 있다.

이제 내가 판단하기에, 콜린스의 미드 분석이 현대 미국 사회학 이론가가 미드의 통찰을 통합하려 한 몇 안 되는 시도 중 하나라는 것은 인정되어야 하지만, 그 시도가 성공적이었다고 말하기는 어렵다. 콜린스의 목표는 무엇인가? 그의 말대로, 그는 "누가 어떤 조건 아래에서 어떤 종류의 생각을 하는지에 대한 사회학 이론"을 목표로 하는데, 그것은 미드의 자아에 대한 사회이론을 "뒤르켐/고프먼적인 갈등 이론의 분석 노선"으로 채움으로써 도달할 수 있는 목표였다.[66] 사회적 상호작용, 대화, 사고가 어떻게 서로 연관되어 있는지를 설명하는 '정신의 사회학'을 창조하려는 목표는 분명 칭찬할 만하다. 수많은 상징적 상호작용론자들은 바로 이러한 사회적 삶의 영역을 밝히기 위해 미드의 사회심리학을 활용했고, 그 결과 성공을 거두었다고 나는 덧붙일 수 있다. 그러나 "상호작용 의례 사슬"[67]에 대한 이론을 구축하려는 콜린스의 목표가 칭찬할 만하다 하더라도, 그 목표를 성취하기 위해 (그리고 보여주기 위해) 미드의 아이디어를 전유하는 방식까지 칭찬할 만하다고 말할 수는 없다.

우선 미드의 행동주의가 반지성주의, 조악한 효용주의적 프래그머티즘, 그리고 단순한 욕구 환원 모델을 특징으로 하는 '저속한' 행동주의라는 콜린스의 비판적 발언을 고려해 보자.[68] 콜린스는 바로 이러한 토대 위에서 "미드의 행동주의가 결여하고 있는 중요한 점은 사회성을 인간의 목적 그 자체로 포함하는 데 실패한 것이다. …… 인간의 세계는 실제로 자신들만의 다소 일상적인 신체 활동을 추구하는 고립된 개인들로 구성되어 있는 것으로 보인다"[69]라고 주장한다. 가장 호의적인 독자에게도 그러한 주장은 미드의 저작에 대한 심각한 오해에 지나지 않는다. 콜린스는 미드의 자아에 대한 사회이론을 구성하는 핵심 요소인 사회성이 미드가 상징적으로 매개된 상호작용을 설명하는 중심축이라는 점을 간과하고 있다. 앞서 살펴본 바와 같이, 인간 행위는 물리적 대상을 지향하는 만큼 사회적 대상도 지향한다. 콜린스의 실패에는 두 가지 함의가 있다. 첫째로, 미드의 조악한 효용주의를 보완한다고 알려진 뒤르켐을 미드와 결합시키려는 콜린스의 주장은 근거가 없다. 둘째로, 그리고 결정적으로, 콜린스가 자신의 '신미드주의' 이론을 미드를 사용하여 설명한다는 점을 고려할 때, 그러한 오해를 불러일으키는 해석은 콜린스 자신의 상호작용 의례 사슬에 대한 이론을 설명하는 데 가장 좋은 예가 전혀 아니다. 지난 2,000년 동안 이루어진 모든 주요 철학 전통의 내적 구조와 발전 과정에 대한 포괄적인 사회학적 분석인 콜린스의 기념비적인 저서 『철학들의 사회학(The Sociology of Philosophies)』(1987)은 '지식인들의 사고'를 사회학적으로 설명하려고 시도한다. 이러한 아이디어는 어떤 경우에는 설득력 있게 추구되었지만, 미드에 관해서는 그다지 성공적이지 못하다. 콜린스의 정신 사회학은 요아스, 쿡, 또는 페퍼와 같은 미드 연구자들이 제공한 역사적 설명보다 훨씬 더 신뢰하기 힘든 해석적 도구이다. 미드와 같은 사회학 고전을 해석하는 것은 통찰력 있는 이해만큼이나 역사적 엄밀성의 문제이다. 하지만 이 두 가지 측면에서 콜린스의 저작은 미드에 대한 연구에서 유효한 대안에 해당한다고 말할 수 없다.

그렇더라도 다행스럽게 콜린스가 미드 사상을 전유한 것은 여기서 끝나지 않는다. 지난 몇 년간 사회이론에 관한 가장 독창적이고 야심 찬 저서 중 하나인 『사회적 삶의 에너지(Interaction Ritual Chains)』(2004)에서, 콜린스는 다시 한번 미드로부터 영감을 얻는다. 콜린스의 핵심 주장은 우리는 '상황의 역학'으로부터 "상황에서 상황으로 움직이는 침전물로서의 개인에 대해 우리가 알고자 하는 바를 거의 모두 도출할 수 있다"[70]는 것이다. 성스러운 것에 대한 뒤르켐의 분석과 상호작용 의례에 대한 고프먼의 연구를 바탕으로 콜린스는 대면적 상호작용은 기본적인 사회적 메커니즘으로 인식되어야 한다고 주장한다. 콜린스의 견해로, 이러한 '상호작용 의례'는 공유된 감정 에너지와 상징적 의미를 낳고, 개인들은 이를 콜린스가 상호작용 의례의 '사슬'이라고 부른 것으로 이동시킨다. 콜린스의 견해에 따르면, 집합적 흥분감과 집단 정체감의 원천이 되는 뒤르켐의 부족 의례와 매우 유사하게, 이 사슬은 집단 연대, 감정 에너지, 성스러운 대상, 도덕의 표준과 같은 의례적 결과의 원인이다. 물론, 다른 모든 의례와 마찬가지로 이러한 상호작용 의례가 성공하기 위해서는 신체적 공현존(co-presence), 외부인 진입장벽, 관심의 초점 공유, 공유된 무드와 같은 특정한 '구성 성분들'을 포함해야 한다.[71] 콜린스에 따르면, 의례의 중요한 구성 성분은 관심의 초점 공유를 창출하는 것이며, 이는 가장 중요한 의례적 결과인 감정적 에너지와 밀접한 관련이 있다. 콜린스는 다음과 같이 말한다.

> 무엇보다 의례가 하는 것은 이것이다. 의례는 모임을 만들고, 외부와 경계선을 긋고, 공간을 물리적으로 배치하고, 행위의 동선을 그리고, 공통의 표적에 시선을 모음으로써, 모든 사람의 주의를 동일한 것에 집중시키고 또 모든 사람이 주의를 집중하고 있음을 서로 인식하게 만든다.[72]

의례가 하는 일이 모든 개인 행위자의 주의를 동일한 것에 집중시키는 것이라면, 의례의 주요 결과는 감정 에너지를 생성하는 것이다. 인간 행위자는 무엇보다 '감정 에너지를 추구하는 사람'이기 때문에, 즉 우리는 모두 욕망, 유명해지고 지배적인 존재가 되고자 하는 바람, 흥분의 추구에 의해 움직이기 때문에 콜린스는 이것이 특별히 중요하다고 주장한다. 콜린스는 "만일 인간이 감정 에너지를 추구하는 사람이 아니라면, 달리 어떤 존재일 수 있을까?"라고 질문한다.[73] 이러한 자아 개념의 이면에는, 미드의 'I' 개념이 있다. '내면화된 상징과 생각의 사회적 과정'이라는 장에서, 콜린스는 미드의 자아 이론, 특히 미드의 'I-me' 구분에 크게 의존한다. 콜린스는 미드가 자아의 충동적 측면으로 지명한 'I'와 감정 에너지를 동일시한다. 콜린스의 표현에 따르면, "한 사람의 'I'는 과거가 남긴 잔여물과 현재의 상호작용에서 정도가 다른 힘을 필요로 하는데, 그 힘이 어떤 상황에서는 끌리게 하고 어떤 상황에서는 물러나도록 만든다."[74] 우리의 목적을 위해서, 현재 미국에서 활동하는 최고의 사회학 이론가 중 한 명이 미드의 개념적 요소 중 하나를 중심 무대로 삼았다는 점은 주목할 만하다. 실제로 콜린스는 미드의 'I'를 토대로 자신의 이론의 핵심 개념을 정의함으로써 다른 주요 현대 이론가들에게 선례를 남기고 있다.

이제 이 이론가들 가운데 한 명인 제프리 알렉산더에게 관심을 돌리고자 한다. 그는 최근에 미드의 저작을 이용해 왔던 또 하나의 미국 사회학자이다. 그러나 콜린스와 마찬가지로 미드의 사상에 대한 알렉산더의 관심은 자신의 이론적 의제에서 부수적인 요소이다. 알렉산더의 핵심 관심사는 탤컷 파슨스의 구조기능주의뿐만 아니라 고전 및 현대 사회학 이론의 다른 흐름도 바탕으로 하여 독창적인 사회학 이론을 창조하는 것이다. 사실, 최근까지 알렉산더는 미국의 프래그머티즘에 큰 관심을 기울이지 않았다. 이것은 알렉산더의 지적 멘토인 파슨스가 이미 선택한 사항이었다. 파슨스의 1937년 저서『사회적 행위의 구조』나 알렉산더의 1981~1983년 저서인『사회학의 이론적 논리』에서도 프래그머티스트들이 사회학에 기여한 것에 대한 언급은 찾아볼 수 없다. 알렉산더는 전후 미국 사회학 이론에 대한 자신의 강의를 모은『20개의 강의(Twenty Lectures)』가 출간된 1987년에야 미드와 프래그머티스트들에 대한 자신의 침묵을 깼다.[75)]

알렉산더는『20개의 강의』중 3분의 1을 파슨스에게 할애한다. 이 책이 알렉산더의 전작의 마지막 부분부터 이어진다는 점을 고려하면 이것은 어느 정도 이해할 만하다.『사회학의 이론적 논리』가 마르크스, 베버, 뒤르켐, 그리고 파슨스의 고전 사회학 이론들을 다루고 있다면,『20개의 강의』는 (이제는 '고전'으로 간주되는) 파슨스로 시작하여 상징적 상호작용론, 현상학, 연극학적 이론, 일상성원 방법론(ethnomethodology), 문화 이론, 그리고 비판 이론과 같은 현대 이론으로 끝난다. 알렉산더의 설명에는 기든스, 부르디외, 또는 루만(Luhmann)과 같은 핵심 사회학 이론가들이 눈에 띄게 부재하다는 사실 외에도, 한 가지 더 논쟁점이 있다. 이 저자는 이론가들이 추정적으로 사회학의 두 가지 핵심 전제인 질서의 문제와 행위의 문제를 다루는 방식에 따라 자신의 이론가 갤러리를 평가할 것을 제안한다. 그러나 알렉산더는 공교롭게도 이 전제들을 정당화하는 데 실패한다. 알렉산더는 이 전제들이 사회학의 두 가지 핵심적인 관심사라고 선언할 뿐, 문제의 사회사상가들이 그 전제들을 공유했었다는 사실을 입증하려는 시도는 하지 않는다. 따라서 알렉산더의 분석은 파슨스를 언급할 때는 상당히 설득력 있지만, 비판이론, 일상성원 방법론, 상징적 상호작용론에 적용할 때는 그다지 설득력이 없다는 점에서 이질적인 부분들로 이루어져 있다. 그러나 알렉산더의 미드 독해는 균형 잡히고 정확하다고 언급되어야 한다.

즉, 알렉산더가 해석한 바에 따르면, 미드는 '개인주의적' 사상가라는 비판을 받았던 저자로서, 미드가 보여주었던 집합적이고 제도적인 문제에 대한 지향은 블루머에 의해 적절히 인정받지 못했었다. 이런 일이 일어나지 않았다면, 미드의 '초기 상호작용 이론'은 "파슨스 이후 시대의 이론적 논쟁에 상당한 기여"를 할 수 있었을 것이라고 알렉산더는 주장한다.[76] 따라서 상징적 상호작용론자들은 현대 사회이론에 대한 미드의 적절한 기여를 잘못 해석한 사회학 사상가 집단으로 묘사된다. 그러므로 미드의 유산을 미드의 집합적 취지를 존중하는 방식으로 재구성할 필요가 있다. 이것이 바로 알렉산더가 특히 미드의 '일반화된 타자' 개념과 관련하여 제안한 것이다. 이것은 1998년 논문인 「신기능주의 이후: 행위, 문화, 그리고 시민사회(After Neofunctionalism: Action, Culture, and Civil Society)」에서 볼 수 있는데, 이 논문은 알렉산더가 "새로운 이론적 운동"이라고 불렀던 것을 참조하여 자신의 '신기능주의' 연구 프로그램에 대해 논의한 것이다. 이 표현은 현대 사회학 이론가들 사이에서 일반적이고 종합적인 이론에 대한 제안을 발전시키는 광범위한 경향을 묘사하기 위한 것이다. 이러한 새로운 이론적 운동의 대표자로는 알렉산더 외에도 하버마스, 니클라스 루만, 리차드 뮌히(Richard Münch), 앤서니 기든스, 피에르 부르디외, 룩 볼탕스키(Luc Boltanski)와 로랑 테브노(Laurent Thévenot), 그리고 랜들 콜린스와 같은 저자들이 있다. 이러한 관점에서 알렉산더의 신기능주의는 파슨스의 기본 사상을 기반으로 하면서, "그의 이론을 근본적인 방식으로 비판"[77]하려는 시도이다. 미드를 포함하여 다른 많은 사회사상가의 사상과 파슨스의 사상을 결합하여 종합적인 사회학 이론을 창조하려는 이 야망은 알렉산더의 현재 이론적 의제가 지닌 가장 두드러진 특징이다.

이 의제는 파슨스의 유산을 재구성하는 것을 넘어 이론 구축으로 나아가는 세 가지 주요 영역으로 이루어진다. 알렉산더가 여전히 구조기능주의의 영향을 많이 받고 있다는 것은 그가 인성 체계, 문화 체계, 사회 체계를 포함하는 파슨스의 '세 가지 체계 모델'을 채택한 것만 보아도 알 수 있다. 따라서 행위, 문화, 시민사회는 알렉산더가 가장 선호하는 연구 영역이다. '행위'에 관한 한, 나는 알렉산더가 '행위성(agency)'과 '사회 행위자'를 구분할 필요성을 강조한 것은 옳다고 생각한다. 전자는 (내적 또는 외적) 제약에 의존하지 않는 행위의 차원을 가리키는 반면, 후자는 행위성을 행사하는 구체적인 사람을 가리킨다. 알렉산더가 강력하게 주장하듯이, "행위는 사람들이 행위성을 행사하는 것이다."[78] 이러한 구분의 한 가지 분명한 장점은 너무도 익숙한 개인 행위자와 사회구조 사이의 이분법을 재현하는 것을 피하는 데 도움이 된다는 것이다. 행위성을 사회 행위자와 동일시하는 것은 사실 오래된 이분법을 다른 형태로 재생산하는 것이다. 행위자와 구조는 위계적으로 구분되는 것이 아니라 단순히 나란히 놓여 있다. 한쪽에는 행위성의 장소로서 행위자가 있고, 다른 한쪽에는 행위에 대한 제약의 장소로서 구조가 있다. 알렉산더는 자신의 주장을 입증하기 위해 두 가지를 가져온다. 요아스와 호네트의 초기 철학적 인간학은 창조성을 개인적 수준에만 위치시킴으로써 "행위자 자신의 역량과 정체성을 구성하는 데 중요한 자원이 될 수 있는 문화와 사회구조의 차원들" 간의 연관성을 무시한다.[79] 그러나 콜린스는 구조를 권력이나 재산과 같은 물질적, 비물질적 자원과 동일시하고, 행위성을 외부 환경에 대한 내적이고 감정적인 반응에 의해 생성되는 것으로 인식한다.

적어도 이 문제에서, 알렉산더의 제안은 미드의 통찰과 놀라울 정도로 유사하다. 앞서 살펴본 바와 같이, 미드는 'I'와 'me'를 자아의 두 국면으로 생각하는데, 이는 더 큰 사회적 과정의 한 국면에 불과하다. 그러므로 자아는 진행 중인 사회적 경험의 중요한 부분인 하나의 사회적 자아이다. 알렉산더가 "문화와 인성은 그 자체가 사회구조이고, 안으로부터 행위성에 맞서고 '자원적인' 방식으로 행위의 일부가 되는 힘"[80]이라고 주장할 때, 그는 개인 행위자와 사회구조 사이의 과정적 관점을 재현하는 것으로 보인다. 물론 알렉산더가 단순히 미드의 관점을 재현하고 있는 것은 아니다. 알렉산더는 미드의 과정적 사회관과 일치하는 신선하고 강력한 메타 이론적 주장을 제시한 것으로 인정받아야 한다.

문화와 관련하여, 알렉산더는 매우 단순하지만 강력한 주장을 한다. 즉, 문화는 "구체적인 의미에서 행위에 내재적인 조직화된 구조"[81]로 이해되어야 한다는 것이다. 그렇지 않으면, 문화를 항상 개인의 외부에 존재하는 구조적 유형과 동일시하는 실수, 즉 행위와 행위성을 구별하지 못한 데서 비롯되는 실수를 범하게 된다. 알렉산더가 주창한 "문화사회학의 강한 프로그램(Strong Program)"[82]의 목적은 문화사회학자들과 일반 이론가들 모두 직면한 어려움을 극복하는 것이다. 알렉산더는 "행위성에 대한 그들의 접근은 혼란스러울 뿐만 아니라 자축하며 과장되기도 하다"라고 주장한다. 알렉산더가 제공하는 예 중의 하나는 "무한히 창조적이고, 표현적이며, 의미 창조적인"[83] 존재인 상징적 상호작용론자들의 행위자 개념이다. 알렉산더의 주장에 따르면, 다행히도 종합적인 제안을 향한 "새로운 이론적 운동"이 발전함에 따라 상징적 상호작용이 블루머의 "개인주의적 우연성에 대한 강조"[84]를 넘어서고 있다. 알렉산더는 『20개의 강의』에서 이미 지적한 점을 반복하면서, 상징적 상호작용론자들이 현대 사회이론의 중요한 자원인 미드의 "집합적 취지"[85]가 가진 잠재력을 깨닫는다면 이 운동은 성공할 수 있다고 주장한다.

그러나 나는 알렉산더가 '시민사회' 세계 및 시민 영역과 관련된 미드의 기여에 대해 언급한 가장 명백한 주장은 아직 다루지 않았다. 특히 알렉산더는 중요한 메타 이론적 주장 안에서 미드의 사상을 전유하는 틀을 만든다. 블루머나 고프먼과 같은 상징적 상호작용론자들의 연구에서 제시된 '비공식적인 사회질서'는 1980년대와 1990년대에 많은 일반 사회학 이론에 영감을 주는 모티브 중 하나였다. 그러나 하버마스의 의사소통 행위이론이나 콜린스의 갈등 이론의 사례가 보여주듯이, 이 현대 이론가들은 "미시사회학적 상호작용 모델과" 1960년대 신베버주의 및 신마르크스주의의 제안과 연관된 "갈등 지향적 구조주의를 종합"[86]하는 것 이상의 성과를 거두지 못했다. 따라서 그들은 보편주의와 특수주의라는 낡은 이분법의 한계를 뛰어넘을 수 없다. 1990년대에 가장 뜨거운 논쟁을 불러일으켰던 정치 개념 중 하나인 '시민사회'라는 범주에 초점을 맞추면서, 알렉산더는 그러한 제안의 일방성을 극복하기 위해서는 "행위에 대한 보다 구체적이고 경험적인 접근"을 채택하여 "새로운 시민사회 이론을 창조하는 과정"에 더욱 기여할 필요가 있다고 주장한다.[87] 바로 이 지점에서 알렉산더는 "시민적 질서의 독특한 상호작용적 수준에 대한 중요한 묘사"[88]라고 언급한 짐멜, 고프먼, 그리고 부동(Boudon)의 사상과 함께 미드의 기여를 가져온다. 특히 미드의 '일반화된 타자' 개념은 시민적 수준에서 자발적인 협력이 일어나는 방식을 더 잘 이해하는 데 적절하다고 말할 수 있다. 이제 파슨스의 저작에 바탕을 두면서도 파슨스를 뛰어넘으려는 알렉산더의 새로운 종합 이론도 어떻게 미드의 사상에 빚을 지고 있는지 알 수 있다. 그러나 이것은 미드의 이론을 현대 사회문제의 분석에 어떻게 적용할 수 있는지에 대한 설득력 있는 논증이라기보다 의도를 선언한 것에 불과하다. 미드의 사상에 대한 언급은 알렉산더의 글 말미에 제시되어 있

으며, 이후 출판된 알렉산더의 글 중 지금까지 이 유망한 탐구 노선을 추구한 글은 없었다.[89)]

요약하자면, 알렉산더와 콜린스 모두 미드에게서 자신들의 사회학 이론을 위한 영감의 원천을 발견했다. 이것은 미드의 사회심리학이 실제로 현대 사회학에 유용할 수 있다는 생각을 강화한다. 그러나 하버마스와 요아스의 이론과는 반대로, 알렉산더의 신기능주의나 콜린스의 상호작용 의례사슬 이론은 미드의 통찰을 중심으로 전개되지 않는다. 미국의 대표적인 이 두 사회학 이론가에게 미드는 이차적인 인물이다. 파슨스는 여전히 알렉산더의 주요한 지적 참고대상이지만, 콜린스는 일반적인 사회학 이론을 만들기 위해 뒤르켐과 고프먼의 사상을 결합하려고 노력해 왔다. 어느 쪽이든, 미드의 사회적 프래그머티즘이 지닌 사회학적 중요성은 아직 그 잠재력이 충분히 탐구되지 않았다.

앞서 살펴본 바와 같이, 미드를 핵심적인 지적 영감의 원천으로 삼은 유일한 사회학적 전통은 상징적 상호작용론이다. 블루머에서 베커와 스트라우스에 이르기까지, 상징적 상호작용론자들은 파슨스의 구조기능주의에 대한 경험 지향적인 사회학적 대안을 구축해 왔다. 하지만 이제는 이러한 미드 사상의 전유가 매우 선별적이었으며 미드 연구의 중요한 차원을 뒤에 남겨두었다는 점이 분명해져야 한다.

미드 사상이 미친 영향은 미국 밖, 특히 전후 독일에서 감지되어 왔다. 겔렌과 같은 문화 보수주의자나 하버마스, 호네트, 요아스와 같은 비판 이론가의 연구를 통해, 여러 세대의 대륙 사회과학자들은 미드를 소개받았다. 대서양을 가로지르는 이러한 대화는 엄청나게 풍성했다. 대륙의 사회과학자들과 철학자들 사이에서 '1등급의 중요한 사상가'로서 미드가 갖는 이미지는 상징적 상호작용론자들뿐만 아니라 위에서 언급한 독일 사상가들도 수행한 작업의 결과이다. 대서양 양쪽의 현대 사회학자들은 새로운 문제에 대한 통찰을 찾기 위해 계속해서 미드에게로 돌아간다. 이것은 미드 사상의 지속적인 관련성을 보여주는 가장 확실한 신호임에 틀림없다. 다음 장에서는 '오늘날 우리는 왜 미드를 읽어야 하는가'라는 질문에 대한 답을 시도함으로써 이러한 생각에 대해 상세히 설명하겠다.

제8장

오늘날 미드를 읽어야 하는 이유

사회학의 고전 중에서 개인적인 것과 집합적인 것 사이의 관계에 대한 과정적 관점을 미드만큼 전적으로 지지하는 학자는 없다. 현대 사회학에서 가장 유행하는 표현 중 하나인 "과정으로서의 구조"는 미드 안에서 현대의 많은 제안보다 더 진정성 있고 더 일관성 있는 공감을 얻는다. 내가 입증하려고 노력했듯이, 헤겔의 변증법적 방법의 자연주의화된 버전은 미드의 가장 초기부터 그리고 가장 지속적인 지적 참조 사항 중 하나이기 때문에 더 진정성이 있다. 또한 미드는 자신의 실재에 대한 과정적 관점을 누구보다 철저하게 추구했기 때문에 더 일관성이 있다.

미드에게 사회적 삶에 대한 길잡이 은유는 진행 중인 경험(ongoing experience)이라는 은유인데, 이 경험의 다양한 국면은 더 큰 과정의 중요한 부분으로 여겨져야만 이해 가능하다. 물론, 이러한 일반적인 철학적 통찰을 오늘날 사회학의 이론적 담론과 방법론적 실천으로 번역하는 것은 언뜻 보이는 것처럼 분명한 방법은 아니다. 결국 사회심리학자였고 사회학의 고전이 되리라고는 꿈에도 생각하지 못했던 미드는 경험적으로 검증 가능한 사회학 이론을 제시하는 데 관심을 두지 않았다. 이 장에서는 현대 사회학과 사회심리학에 대한 미드 사상의 지속적인 관련성을 논의하는 것을 목표로 한다. 특히, 오늘날의 사회이론에서 가장 절실한 문제 중 하나인, "정체성 구성(identization)"[1) 및 사회적 재생산의 과정이 개인적이고 집합적인 창조성의 개념에 의존하는 정도에 미드가 기여한 가능성을 살펴보고자 한다.

미드, 사회학, 그리고 근대성

창조성이라는 주제는 철학적 성찰만큼이나 오래된 주제라는 것을 인정한다. 하지만 미국 철학에서만큼,[2)] 특히 미국의 고전적 프래그머티스트들의 저술에서만큼[3)] 창조성이 두드러진 곳은 어디에도 없다. 그러나 사회학적 주제로서의 창조성과 근대성 간의 연관성은 최근 많은 주요 사회 이론가에 의해 재발견되었다.[4)] 이 둘의 연관성이 복구된 이유는 피터 와그너(Peter Wagner)가 서구 근대성의 첫 번째 위기와 두 번째 위기라고 부르는 것 사이의 구조적 유사성에 있다. 19세기 말에는 자유주의적인 근대성 모델이 위기를 맞았고 — 이 위기는 제1차 세계대전으로 절정에 달한다 —, 20세기 말에는 국가로 조직된 근대성의 위기를 목격했다.[5)] 당연히 사회과학은 이러한 사회적 흐름을 반영하는 경향이 있다. 우리의 목적상, 사회학의 학문적 발전은 특히 중요하다. 사회학의 근대적 단계는 [구조기능주의, 체계 이론, 그리고 연관된 양적-경험적 방법론의 준(準)헤게모니적 영향 아래] 1960년대에 절정에 이르렀으나, 1970년대에는 이론적 다원주의로, 1980년대에는 거대 이론적 종합을 향한 '새로운 이론적 운동'으로 대체되었다. 그렇다면 미드의 초기 자유주의적 근대성과 우리의 후기 탈산업적 근대성을 연결하는 것은 이 두 근대성이 유사하게 역사적 우연성, 다원주의, 그리고 혼종주의(hybridism)에 노출된 것이라고 제안할 수 있다. 내 견해로는, 이것이 바로 창조성과 인지 사이의 관계가 미드 시대와 마찬가지로 오늘날에도 중요한 주제인 이유이다.

미국식 근대성의 맥락에서 '진보 시대'는 자유주의적이고 개인주의적이며 느슨하게 조직된 사회구성체에서 더 일관성 있게 조직되고 집단 지향적인 역사적 시대로 이행하는 것을 의미한다. 미드의 저작이 증명하듯이, '사회적인 것'에 의해 수행되는 역할은 19세기 후반부터 20세기 초반까지 꾸준히 증가해 왔다. 사회과학의 제도화와 특히 합리주의적 인식론 및 방법론적 개인주의에 대한 프래그머티즘의 폭로는 일반적인 흐름의 징후에 불과하다. 자유주의적인 근대성 모델은 그때까지 자연스럽게 자율적이라고 여겨졌던 사회적·정치적 관행이 공권력의 개입을 요구하기 시작하자마자 위기에 빠졌다. 이러한 위기를 해결하기 위해서는 국가가 전문화된 지식을 동원해야 했다. 불확실성은 이러한 방식으로만 줄어들 수 있었다. 설사 이것이 (미드가 베르그송과 화이트헤드와 나눈 대화에서 웅변적으로 보여주듯이) 불확실성에 대처하기 위해 구축된 바로 그 이론적 도구에 불확실성을 통합하는 것을 의미하더라도 말이다. 요컨대, 미드의 지적 전기는 불확실성이 귀환하여 당시 지배적이었던 자유주의 모델을 무너뜨렸던 역사적 시기를 반영한다. 세기 전환기의 시카고의 역사가 잘 보여주듯이, 이민자 유입 증가와 병행된 빠른 산업화 및 도시화는 엄청난 규모의 사회 변동 과정을 촉발했고, 이와 함께 확실성, 질서, 그리고 일관성을 향한 자연적 경향에 대한 믿음도 사라졌다. 이러한 사상이 자연화된 사회질서의 형태로 재탄생하는 것을 보기 위해서는 제2차 세계대전과 복지국가의 등장을 기다려야 했다.

미드가 세상을 떠나고 나서 몇 년 후, 후대의 사회학자들에게 널리 영향을 끼쳤던 독일 출신의 사회학자 카를 만하임(Karl Mannheim)은 학문의 자기 이미지를 바꿀 만한 주장을 펼쳤다. 『이데올로기와 유토피아(Ideology and Utopia)』(1936)에서 만하임은 사회적 지식의 생산과 그 지식이 생산되는 사회적 맥락

사이에 연관이 있다고, 즉 "사회적인 역사 제약성에 대한 연구가 사회학을 낳았다"라고 주장했다.[6] 이때부터 사회학과 근대성은 불가분의 관계인 프로젝트로 여겨졌으며, 이는 파슨스, 마르쿠제를 비롯한 많은 학자가 나중에 더욱 강화했던 통찰이다.[7] 사회학이 근대 과학의 최고봉, 즉 근대화의 과정에 대한 연구를 지향하는 과학 분야로 부상한 것은 바로 조직화된 근대성의 시기(즉, 1940년대 후반부터 1970년대 초까지)였다.

'근대화 이론'은 나중에 알려진 바와 같이 사회구성체에 대한 체계적이고 진화적인 설명으로 이루어져 있으며, 그 사회구성체의 변동은 국민국가들에 의해 주도될 수 있다. 집합적 정체성(계급과 국가 시민권)의 명확한 선을 따라 구조화된 사회들, 명확한 영토에 대한 주권이 의심받지 않는 단일 정치 체제인 국민국가, 그리고 신뢰할 만한 경험 데이터와 건전한 이론을 제공하기 위해 발전한 사회학, 이 세 가지는, 말하자면, 조직화된 근대성을 구성하는 삼각형의 세 꼭짓점이다. 국가로 조직화된 근대성의 국면을 어떻게 묘사할 수 있을까? 국민 주권 국가가 설정한 물리적 경계 내에서 모든 개인은 명확한 사회적 지위 및 그와 연관된 '역할 집합(role-set)'(머튼이 제기한 개념인)을 가졌다. 사회 통합이라는 개념은 이러한 사회구성체의 논리를 이해하는 데 매우 중요하다. 근대적 특징의 확산이 서구에서 제3세계 국가들로 확대될 수 있었듯이, 선진국들 내에서도 근대성의 물질적·상징적 혜택[마셜(T. H. Marshall)이 정의한 제3세대 "사회적 권리"[8]]이 모든 국민에게 확대될 수 있었다.

간단히 말해, 바로 이것이 사회적 역할에 대한 사회학적 논쟁이 전개된 사회적 맥락이다. 이 논쟁은 미드의 사상을 1960년대의 주류 모더니즘적 사회학과 연결하기 때문에 우리의 목적에 특히 중요하다. 나는 행위이론과 질서이론을 연결하려는 시도에서 미드의 연구와 랠프 린턴(Ralph Linton)의 결정론적 인류학을 조화시키려 했던 탤컷 파슨스를 가리키고 있다. 그러나 파슨스의 기능적 구조주의 제안은 상호주관성과 행위 사이의 관계에 대한 미드의 주장을 충분히 고려하지 않았다. 그 결과, 파슨스의 저작에는 사회적 경험에 대한 지나치게 결정론적인 묘사가 제시되었다. 즉, 사회적 역할은 사회 체계의 관점에서 볼 때 개인 행위의 기능적 중요성에 지나지 않는다는 것이다.[9] 명백히 실증주의적이고 행동주의적인 성향을 가진 그러한 모더니즘적 사회학을 배경으로 볼 때, 현대 사회학에 대한 미드의 사회심리학적 이론이 지닌 관련성을 재발견했던 것이 상징적 상호작용론과 같은 주변적인 이론적 흐름이어야 했던 이유를 알기는 어렵지 않다. 미드가 서구 근대성의 첫 번째 위기로 인한 문제를 해결하는 데 초점을 두었던 것은 조직화된 근대성의 전성기에 활동했던 주류 사회학자들이 미드와의 대화에 참여하는 것이 왜 그렇게 어려웠는지를 설명하는 데 도움이 된다.

1970년대 후반, 개인 정체성과 사회 정체성의 구성 양식이 변화하는 것에 대한 관심이 증가한 것이 감지될 수 있었다.[10] 포스트모더니즘, 즉 "길게, 주의 깊게, 그리고 냉정하게 자신을 바라보는 근대정신"[11]으로 묘사될 수 있는 문화 운동은 서구 세계 전체에 걸쳐 사회학과와 인류학과에서 주도권을 가지기 시작했다. 근대성의 약속, 성취, 그리고 단점에 대한 이러한 자기 성찰에는 특유의 비판적이고 비관적인 음조가 깔려 있었다. 갑자기, 수세기 전에 시작된 사회적 기획의 통제 가능성, 예측 및 관리 가능성에 대한 불안감과 회의감이 널리 퍼졌다. 포스트모던 사회과학자들은 점차로 이전 세대가 근대성 기획의 역사적 진화를 구현한 것으로 보도록 배웠던 '대서사'와 '집합적 행위자'에 대해 거리를 두는 입장을 채택했다.

사실, 바로 이 하나의 통일된 '근대성의 프로젝트'라는 개념은 최근 '서구화'와 '근대화'의 결합에 불만을 품은 많은 학자에 의해 의문이 제기되었는데, 그것은 1950년대와 1960년대에 유행한, 앞서 언급한 근대화 이론들로 거슬러 올라갈 수 있는 난제이자, 심지어 베버, 뒤르켐, 마르크스의 고전 사회학적 분석으로까지 거슬러 올라갈 수 있는 난제이다. 슈무엘 아이젠슈타트(S.

N. Eisenstadt)와 예란 테르보른(Göran Therborn)과 같은 저자들이 제시한 대안적 관점은 '다원적 근대성(multiple modernities)'의 존재를 강조한다.[12] 간단히 말해, 이러한 관점에 따르면, 근대성의 첫 번째 사례가 "특정한 유럽의 문명적 전제와 역사적 경험에 깊이 뿌리를 둔 것"[13]은 맞지만, 그 이후로 지구상의 다른 지역들에서 그 프로그램이 지속적으로 재해석되어 왔다는 것이다. 또한 서구 근대성의 주제 및 제도적 형식과 비서구 사회들이 이같이 조우한 것은 "근대성의 전제, 상징, 제도에 광범위한 변화를 가져왔고, 그 결과 새로운 문제가 발생했다."[14] 이러한 관점에서 두 가지 결론이 도출될 수 있다. 첫째, 서구 근대성을 더 이상 유일의 '진정한' 근대성으로 여겨서는 안 된다. 둘째, "근대성과 전통의 중첩을 예외, 일탈"[15]로 보는 경향을 버리고, 다원적 근대성은 종종 '뒤얽힌 근대성(entangled modernities)'이라는 개념을 지지해야 한다. 즉, 근대성의 경험적 역사는 선형적이지 않으며 전통적인 것과 근대적인 것 사이에 수많은 얽힘을 보여준다는 것을 지지해야 한다. 다원적이고 뒤얽힌 근대성의 존재는 다양한 근대성 프로젝트의 취약하고 우발적이며 변화 가능한 특성에 대한 인식이 높아졌음을 시사한다. 따라서 '다원적 근대성'의 세계에서 미드의 공헌이 지니는 관련성이 더욱 부각되는 것은 놀라운 일이 아니다. 미드의 통찰은 비서구 청중들이 자신의 고유한 '근대성' 변종을 구성하는 데 재전유할 수 있다.

지난 30년 동안 서구 근대성이 국가로 조직된 국면을 특징지었던 대부분의 범주가 점점 약화되는 것이 목격되어 왔다. 국민국가는 더 이상 정치적 정당성과 주권의 유일한 원천이 아니고, 사회들은 점점 유동적이며(사회 규범은 탈자연화 과정에 훨씬 더 종속되어 있다), 개인들은 이제 자기실현을 더욱 어렵게 만드는 행위 가능성의 과부하에 직면해 있다. 현대사회는 분화의 심화, 역사적 시간의 가속화, 이에 따른 공간의 압축, 격렬한 이동의 흐름, 전례 없는 기술 발전으로 특징지어진다. 전 지구화된 세계에서 사회적 경험에 의해 촉발된 사회적 역할, 준거 집단, 사회 네트워크의 확산은 알베르토 멜루치(Alberto Melucci)가 묘사한 "다원적 소속의 유대"를 결정한다. "우리는 대도시의 미로에서 이동하는 동물, 지구의 여행객, 현재의 유목민(nomads)이 되었다."[16] 한때 지나간 시대의 전형으로 여겨졌던 유목민은 오늘날 핵심적인 사회학 범주로 다시 부상하고 있다. 오락, 소비재, 여가를 찾아 지구를 가로지르는 전 지구적 "부족들"[17]을 이해하기 위해서는 근대성의 유동적인, 거의 유동적인 관점을 채택해야 할 것 같다. 지그문트 바우만(Zygmunt Bauman)은 인간 조건에 대한 정통 서사의 근간이 된 개인성 개념을 다시 생각하면서 다음과 같이 말한다. "불안정한 사물들을 정체성을 구축하는 원재료들로 고의적으로 사용하는 세계에서, 정체성은 불안정한 것이 될 수밖에 없다. 따라서 우리는 계속 경계를 늦추지 말아야 한다." 그런 다음 바우만은 "무엇보다 우리에게 필요한 것은 우리 자신의 유연성과 '저 바깥' 세상의 변화하는 패턴을 신속히 따라갈 수 있는 빠른 적응력이다"[18]라고 결론을 내린다.

미드가 사회적으로 구성된 인간 주관성의 본질을 강조하는 것을 멈추지 않았기 때문에, 대규모 사회 변동이 개인 정신 수준의 변화와 밀접하게 관련이 있다는 것이 독자들에게 뜻밖의 일이 되어서는 안 된다. 따라서 급진적으로 사회적인 미드의 자아 개념은 21세기의 여명기에 새로운 더욱 중요한 의미를 되찾은 듯 보인다. 우리 시대는 불확실성과 불확정성의 시대이다.[19] 미드가 살았던 '진보의 시대'에 대해서도 어느 정도 같은 말을 할 수 있다. 두 시대 모두에서, 근대성은 위기의 시기를 겪고 있는 것으로 인식되어 왔다. 근대성의 첫 번째 위기가 제기한 인식론적·정치적 문제를 해결하기 위한 시도로 해석될 수 있는 저자의 저작을 읽음으로써 우리는 근대성의 두 번째 위기에 대처하는 데 대한 중요한 교훈을 얻을 수 있다는 것이 나의 주장이다. 특히, 미드의 연구에서 탐구해야 할 가장 중요한 통찰은 그의 상호주관적인 창조성 개념인데, 이 개념은 확실히 현재의 국가로 조직된 근대성의 위기가 제기한 도전에 대처하는 데 사용할 수 있는 가장 유망한 이론적 자원 중 하나이다.

미드에게서, 창조성은 인지적인 것이면서 동시에 민주적인 것으로 여겨진다. 창조성은 성찰적 사고와 문제 해결을 위한 인간 능력을 표현하며, 따라서 '예술가'나 '천재'의 모습에만 국한되지 않는다. 미드의 주장에 따르면, 모든 합리적 개인은 구체적인 행위 문제에 창조적으로 대처할 수 있는 능력을 부여받았다. 개인의 창조성이 발전되고 세련화되는 정도는 개인이 어떤 종류의 사회적 경험에 노출되느냐에 의존하는 만큼이나 개인적 발달의 문제이다. 결국, (예를 들어, 예술적이거나 과학적인 성취의 질로 표현되는) 특정 공동체가 성취하는 집합적 창조성의 정도는, 미드가 말했듯이, "개인성에 제공되는 — 사회에 속한 개인의 자아 측면에서 독창적이고 독특하며 또는 창조적인 사상이나 행동"[20]에 제공되는 실제 범위에 의존한다. 따라서 미드에 따르면, 개인적 창조성과 사회적 창조성은 일상에서 개인들과 집단들이 직면하는 문제들에 답하기 위해서 독창적이고 혁신적인 해결책을 상상하는 동일한 과정의 두 가지 다른 측면이다. 성찰적 사고의 표현인 창조성은 인간종의 특징이자 합리성 및 개인성의 원칙이 최대한 발현된 인류의 진화 단계인 근대성을 정의하는 특징이다.

거의 40년에 걸친 오랜 경력 동안, 미드는 인간 주관성의 기원, 발달 과정, 내적 구조 같은 사회적으로 민감한 설명에 봉착한 문제를 해결하는 것을 목표로 했다. 이 문제에 대해 미드가 제안한 해결책은 데카르트의 개인주의에 조금도 양보하지 않는다. 미드의 해결책은 20세기에 나온 가장 일관된 상호주관주의의 버전 중 하나이다. 따라서 자아에 대한 사회적 접근 방식을 추구하는 점점 더 많은 수의 사회심리학 이론가들이 최근 미드의 저작을 재발견하고 있는 것은 충분히 이해할 수 있는 일이다.[21] 사회학자들 사이에서도 비슷한 경향을 탐지할 수 있다. 사회적 삶에 대한 미드의 과정적 견해는 1980년대 초부터 다시 주목받기 시작했는데, 이는 근대성 프로젝트가 소진되는 데 대한 사회학적 논쟁이 두드러지기 시작한 것과 거의 같은 시기이다. 이것이 미드의 저술과 포스트모던 관심사 사이에 연관성이 있다는 것을 시사하는 것은 아니다. 일부 저자들이 이러한 방향을 가리키고 있기는 하지만 말이다.[22] 오히려 내가 주장하고 싶은 것은 미드의 관심사와 현재 사회학적 의제에서 가장 중요한 문제 사이에 근본적인 유사성이 있다는 것이다. 개인 정체성과 집합 정체성이 형성되는 과정에서 이루어지는 탈자연화, 비결정성과 관련된 인식론적 문제, 역사적 우연성에 대한 인식의 증가는 100년 전과 마찬가지로 오늘날에도 중요한 사회학적 문제이다. 내 관점에서 볼 때, 오늘날 미드 읽기는 우리 모두가 현대의 일상에서 매우 심오하게 경험하는 우연성에 대처하는 방법을 배울 특별한 기회를 우리에게 제공한다. 생물학적-사회적 자아를 사회적·문화적 집합체와의 변증법적 관계에 놓는 창조성 개념을 중심으로 사회이론을 발전시키는 것은 미드 시대와 마찬가지로 오늘날에도 유망하고 시급하다.

앞서 살펴본 바와 같이, 미드의 전 저작에 편재하는 은유는 합리적 개인들 사이의 대화, 즉 개인들의 합리성의 기원에 있고 동시에 주위 환경에 의해 제기된 행위 문제를 해결하는 최선의 선택지인 대화이다. 미드의 자기 성찰에 대한 분석은 사회적 협력과 언어적 의사소통이 인간 합리성의 발전에 결정적으로 중요하다는 것을 설득력 있게 보여준다. 미드가 자신의 학생들에게 지적하곤 했던 것처럼, 대뇌 피질의 발달은 지능의 발달에 필요조건일 뿐이며, 사회적 경험이 없다면 정신은 존재하지 않는다. 로빈슨 크루소가 섬에서 겪은 모험은 개인이 고립되어 생각하고 행위하는 능력을 보여주는 것이 아니라 대신 자아의 사회적 본질을 보여주는 강력한 사례이다. 사실, 프라이데이를 고려하지 않더라도 크루소는 섬에서 결코 혼자가 아니었다. 미드가 우리에게 가르쳐주었던 것처럼, 생각하고 기억하고 상상하는 단순한 행위만으로도 크루소는 부재중일지라도 언제나 사회의 구성원이었다. 크루소의 정신적 삶, 사회적 산물은 그가 떠난 사회에 그를 묶어주고 그가 자신이 버려진 섬에서 직면했던 다양한 인지적 행위 문제에 성공적으로 대처할 수 있게 해주었던 연결고리였다.

따라서 인간의 일반적인 특징으로 여겨지는 창조성, 과학에서 정치에 이르기까지 인간의 과업에 대한 이상적인 준거로 이해되는 대화, 사회 언어적으로 인간의 속성으로 간주되는 인간 지능은 미드 사고의 중심이 되는 가장 중요한 아이디어 중 일부이다. 그러므로 미드가 자신의 생각에 최종적이고 고정된 형태를 부여하지 않았다는 것은 놀라운 일이 아니다. 오히려 이것은 '항상 형성 중인' 성격을 가진 이러한 생각들의 표현으로 여겨져야 한다. 미드가 자신의 아이디어를 소통하기 위해 선호한 매체는 글이 아니라 발화된 언어 제스처였는데, 언어 제스처의 상징적 특성은 사회적 삶의 조건 중 하나인 동시에 사회적 삶의 산물이다. 학생들과 이야기하고 동료들과 숙고함으로써, 미드는 엄청나게 중요한 유산을 우리에게 남겼다. 이제 우리 시대의 문제를 해결하기 위해 그 유산이 가진 모든 함의를 추적하는 것은 우리의 책임이다.

미드를 어떻게 읽을 것인가

지금까지 '왜 오늘날 미드를 읽어야 하는가'라는 질문에 답을 제공하려고 노력했다. 이제부터는 미드를 '어떻게' 읽어야 하는지에 대한 질문에 답하고자 한다. 따라서 미드에 대한 사전 지식이 없는 학생들이 그의 저작들뿐만 아니라 가장 관련성 있는 2차 문헌을 탐색하는 데에도 도움이 되도록, 이 마지막 절은 이 주제 영역에 진입하는 가장 좋은 방법에 대해 논의한다. 먼저 미드의 출판된 저술부터 시작하겠다.

여태껏 학술 출판사의 주목을 받지 못했던 출판 프로젝트였던, 미드 저술의 새롭고 완전한 판본이 출판될 때까지는 학생들과 학자들 모두 1930년대에 미드 사후에 출판된 책들 — 『정신, 자아, 사회』(1934), 『19세기 사상의 운동』(1936), 『행위의 철학』(1938), 『현재의 철학』(1932) — 의 최신판에 의존하는 것 외에 선택의 여지가 없었다. 앞에서 자세히 설명한 이유로 인해, 이 책들의 편집 품질은 매우 의심스럽다. 연구자들은 이 사실을 알아야 하며, 다른 자료들로 이러한 읽을거리들을 보완해야 한다. 최근에 메리 조 디건(Mary Jo Deegan)은 『조지 허버트 미드. 사회심리학 에세이(George Herbert Mead. Essays in Social Psychology)』(2001)를 대중에게 공개했는데, 이것은 바로 미드가 1910년대 초에 출판을 준비했던 책이다. 어쨌든 미드의 사상을 알 수 있는 가장 좋은 방법은 그가 출판한 논문들의 선집을 통하는 것이다. 예를 들어, 앤드루 렉(Andrew Reck)의 『선집. 조지 허버트 미드(Selected Writings. George Herbert Mead)』(1964)는 미드의 사상에 신뢰할 만한 포괄적인 접근 기회를 제공한다. 또한 주목할 만한 것은 실제로 미드가 출판한 모든 글에 쉽게 접근할 수 있는 미드 저술의 온라인 저장소인 George's Page이다.[23)]

이제 계속하여 20세기 마지막 수십 년 동안 제시된 미드 사상의 주요 해석들을 보여주고자 한다. 일찍이 1971년에 루이스 코저는 로버트 머튼의 도움을 받아 미드의 사상을 역사적으로 재구성한 장이 포함된 『사회사상사(Masters of Sociological Thought)』를 썼다.[24)] 얼마 지나지 않아, 데이비드 밀러(David L. Miller)는 1970년대에 비추어 미드의 사상을 설명한다는 명시적인 목적을 가지고 당시로서는 가장 완벽한 미드의 지적 전기를 출판했다.[25)] 1980년에 요아스는 미드에게서 "언어 이론의 매우 다른 접근 방식이 바람직하게 수렴할 수 있는 열쇠"를 발견했다.[26)] 1990년대에 이르러 앤드루 페퍼는 미국 프래그머티즘과 이 운동에서 미드의 위치를 재구성하는 데 있어 맥락주의적 방법을 따랐으며,[27)] 게리 앨런 쿡은 자신을 지성사학자로 여겼다.[28)]

이들은 미드를 어떻게 읽어야 하는지에 대한 질문을 중심으로 조직된 논쟁에 참여한 대담자들이다.

이 질문에 답하기 위해 가장 먼저 목소리를 낸 사람 중 하나는 머튼의 새로운 과학사의 정신을 따른 루이스 코저였다. 블루머, 쿤 및 기타 상징적 상호작용론자들에 의해 촉발된 정전화 과정의 유효성을 입증하기 위해, 코저는 콩트, 마르크스, 스펜서, 뒤르켐, 짐멜, 베버 등과 동일한 조건으로 미드를 다룬다. 그러나 코저는 상징적 상호작용론이 미드 사상을 부분적으로 전유한 결과를 확인하면서, 미드 저작의 한 측면, 즉 사회심리학 이론에만 초점을 맞춘다. 코저의 설명은 미드 사상의 의미를 이해할 수 있는 맥락에 대한 최초의 분석 중 하나를 포함하고 있어, 향후 역사적으로 정확한 연구를 위한 길을 닦았다고 할 수 있다. 실제로 코저는 미드에게서부터 직계로 내려오는 통일된 '시카고 사회학 학파'라는 신화를 비판했던 첫 번째 학자였다.[29]

몇 년 후, 미드의 제자였던 데이비드 밀러는 자신의 스승이 그때까지 이룬 사상에 대한 가장 포괄적인 연구를 출판했다. 밀러의 목적은 미드의 사고 체계를 재구성하는 것이었으며, 그로 인해 훗날 미드는 화이트헤드, 메를로퐁티, 피아제, 후설, 하이데거, 영국의 분석철학자들과 같은 저자들과 대화할 수 있었다.[30] 실제로, 이러한 광범위한 재구성은 미드의 지적 체계의 거의 모든 측면을 다루고 있지만, 큰 어려움에 직면해 있다. 밀러의 재구성은 미드의 사고 체계를 그의 후기 저작의 관점, 즉 그의 사회성의 원리로부터 재구성할 수 있다고 가정한다.[31] 그러한 시대착오적 접근은 미드의 의도와 상충되고 시간의 경과에 따른 그의 사상의 진화를 의식하지 못한 채 미드의 글을 읽게 된다는 것을 의미한다. 그러므로 우리의 질문에 대한 밀러의 답은 미드의 저작에 대한 현재주의적 독해에 속한다.

1980년, 새로운 대담자가 지금까지도 확실히 미드에 대해 가장 권위 있는 지적 초상화를 가지고 이 논쟁에 참여했다.[32] 한스 요아스는 밀러의 현재주의적 독해를 피하고 미드의 논문 아카이브를 광범위하게 이용했다. 그러나 요아스의 연구는 단순한 역사적 재구성이 아니다. 왜냐하면 그의 연구는 미드가 윤리학에서부터 인식론에 이르기까지, 사회심리학에서부터 사회학에 이르기까지, 현대 학문에 기여한 바에 비추어 체계적으로 논의되고 있기 때문이다. 요아스는 자신의 설명이 완전하다고 주장하지는 않지만, 미드의 다양한 관심 영역을 고려할 필요성을 주장함으로써 이전의 모든 주석가와 스스로를 차별화한다.[33] 그럼에도 불구하고 요아스의 책에서 두 가지 상이한 부분을 확인할 수 있다. 전반부에서는 미드의 개인 전기에 대한 논의에서 시작하여 '상징적 상호작용'이라는 개념에 대한 포괄적인 연구로 이어지는 미드의 아이디어의 진화라는 관점에서 미드의 사상이 재구성된다. 후반부에서, 요아스는 갑자기 이러한 설명 전략을 포기하고, 다양한 주제를 체계적으로 논의한다. 윤리, 물리적 대상의 구성, 시간 이론, 과학철학이 순차적으로 분석되었던 영역이다. 이러한 논쟁에 요아스가 기여한 측면에서 볼 때, 이러한 일관성 없음은 미드에 대한 요아스의 재구성이 그 목적을 절반만 충족한다는 것을 의미한다. 요아스의 설명을 읽음으로써 우리는 미드의 일부 아이디어가 시간에 따라 어떻게 진화했는지 배울 수 있으며, 특정 주제 영역들의 내적 일관성을 파악할 수 있다. 그러나 미드 사상 체계가 미드의 경력 과정에서 어떻게 진화했는지는 알 수 없다.[34]

쿡과 페퍼는 맥락주의적인 방법론적 접근을 공유하지만, 그들의 연구는 여러 가지 면에서 다르다. 쿡의 연구는 본질적으로 특히 미드가 활동했던 다양한 환경에 비추어 미드 사상의 발생적 진화를 논의하는 데 관심이 있는 역사적 재구성이다. 쿡의 연구는 장르 자체로 볼 때 신중하게 논증되고 잘 기록된 작품이다. 하지만 내 생각에는 한 사람의 아이디어를 연대기적으로 제시하는 것이 그 사람의 사고에 대한 비판적 평가와 동등하다고 가정하는 것은 비판받을 수 있다. 한 저자의 사고를 재검토하는 것은 쿡의 연구와 같은 작품이 제공하는 종류의 역사적 분석뿐만 아니라 그 분석의 체계적 성격을 평가할 수 있는 합리적인 재구성도 요구한다. 이것이 어느 정도 페퍼가 달성하고자 한 바이다. 페퍼의 연구는 사회 개혁적 활동에 대한 참여의 관점에서 미드, 듀이 및 기타 프래그머티스트들의 행위와 성찰을 논의하려는 관심에 의해 인도되고 있다. 즉, 페퍼의 설명은 정치적 문제에 한정적으로 초점을 맞추고 있기 때문에 다소 제한적이라고 말할 수 있다.

하지만 대체로 미드의 사상에 대한 권위 있고 고무적인 주석으로는 부족함이 없다. 연구자들은 미드에게서 개인 자아의 사회적 본질에 대한 신선한 관점을 발견할 수 있을 것이다. 앞서 제시하려고 애썼던 것과 같이, 우리는 미드 세대를 괴롭혔던 문제와 놀랍도록 유사한 문제를 안고 있는 시대에 살고 있다. 역사적 우연성, 규범적 탈관습화, 사회적 유동성이라는 사회학적이고 사회심리학적인 문제에 대한 미드의 해답은 오늘날에도 여전히 추구할 가치가 있는 중요한 통찰이다. 지난 수십 년 동안 대부분의 인간과학과 사회과학에 영향을 미친 '언어적 전환', 현재 정치 민주적 사고를 지배하는 '숙의적 전환(deliberative turn)', 이분법적 이론화에 대한 현재의 일반적인 거부, 이 모두가 미드의 사상과 조화를 이루고 있는 것은 결코 우연이 아니다. 사회과학과 근대성(들)이 함께 진화하면서, 과거 시대와 구조적 유사성을 공유하는 시기가 도래할 때 선배들의 글은 갑자기 관련성을 더하게 된다. 이것이 바로 미드의 경우라고 나는 주장한다.

주

제1장 도입 및 일반 개요

1) 나는 "사회학의 유산"이라는 표현으로 고(故) 모리스 야노비츠(Morris Janowitz)가 창간한 시카고 대학교의 동명의 저서 시리즈에 경의를 표하고자 한다.

2) 사후에 출판된 논문 선집 *Selected Writings. George Herbert Mead*, ed. by Andrew Reck (Chicago: University of Chicago Press, 1964; 1981 재출간); George Herbert Mead. *Essays on His Social Psychology*, ed. by John W. Petras (New York: Teachers College Press, 1968).

3) G. H. Mead, *Mind, Self, and Society from the Standpoint of a Social Behaviorist*, ed. by Charles W. Morris (Chicago: University of Chicago Press, 1932; 1997 재출간), p. 161 [조지 허버트 미드, 『정신, 자아, 사회』, 나은영 옮김 (파주: 한길사, 2010), 251쪽].

4) Mead, *Mind, Self, and Society*, p. 192 [『정신, 자아, 사회』, 286쪽].

5) Donald N. Levine, *Visions of the Sociological Tradition* (Chicago: University of Chicago Press, 1995), p. 255.

6) Mead, *Movements of Thought in the Nineteenth-Century*, ed. Merritt H. Moore (Chicago: University of Chicago Press, 1936), pp. 144, 151.

7) Mead, "Review of *Untersuchungen zur Phänomenologie und Ontologie des menschlichen Geistes by Gustav Class*", *American Journal of Theology*, 1 (1897).

8) Mead, "A New Criticism of Hegelianism: Is It Valid? A Review of *Idealism and Theology: A Study of Presuppositions* by Charles F. D'Arcy, *American Journal of Theology*, 5 (1901).

9) Mead, "A New Criticism of Hegelianism", p. 87.

10) Mead, "A New Criticism of Hegelianism", p. 95.

11) Mead, "Social Psychology as Counterpart to Physiological Psychology", *Psychological Bulletin*, 6 (1909), p. 406.

12) Dewey, "The Reflex Arc Concept in Psychology", in Jo Ann Boydston (ed.), John Dewey. *The Early Works, Volume 5: 1889~1892* (Carbondale: Southern Illinois University Press, 1972) 참조..

13) Mead, "Suggestions Towards a Theory of the Philosophical Disciplines", *Philosophical Review*, 9 (1900), p. 2.

14) 이 대화의 텍스트적 근거는 미드의 "The Definition of the Psychical", in *Decennial Publications of the University of Chicago*, First Series, 3 (Chicago: University of Chicago Press, 1903)이다.

15) Mead, "Definition", p. 91.

16) Mead, "Definition", p. 109.

17) Hans Joas, *G. H. Mead. A Contemporary Re-examination of His Thought* (Cambridge, MA: MIT Press, 1985), p. 64.

18) Mead, *Mind, Self, and Society*, p. 13 [『정신, 자아, 사회』, 88쪽].

19) Mead, *Mind, Self, and Society*, pp. 2~3 [『정신, 자아, 사회』, 76~77쪽].

20) Joas, *G. H. Mead*, p. 6.

21) Mead, *Mind, Self, and Society*, p. 10 [『정신, 자아, 사회』, 85쪽].

22) Mead, *Mind, Self, and Society*, p. 6 [『정신, 자아, 사회』, 80쪽].

23) Gary Cook, *George Herbert Mead. The Making of a Social Pragmatist* (Urbana, IL: University of Illinois Press, 1993), pp. 70~71. 요아스는 이미 이 문제에 대해 우리의 주의를 환기시켰다. Joas, *G. H. Mead*, p. 215, n. 6 참조.

24) Mead, "Review of *L'Evolution Créatrice* by Henri Bergson", *Psychological Bulletin*, 4 (1907), p. 384.

25) Mead, *Movements of Thought*, p. 325.

26) "The Objective Reality of Perspectives", in *Proceedings of the Sixth International Congress of Philosophy*, ed. Edgar S. Brightman (New York: Longmans and Green, 1926). 이 논문은 나중에 *Philosophy of the Present*, ed. Arthur E. Murphy (La Salle, IL: Open Court, 1932; Amherst, NY: Prometheus Books, repr. 2002)에 포함되었다. 나는 재출간된 이 책에서 인용할 것이다.

27) Mead, "Objective Reality", p. 172 참조.

28) Mead, "Objective Reality", p. 173.

29) John Dewey, "Prefatory Remarks", in *Philosophy of the Present*, ed. Arthur E. Murphy (La Salle, IL: Open Court, 1932; Amherst, NY: Prometheus Books, repr. 2002), p. 33.

30) John Dewey, "George Herbert Mead", *Journal of Philosophy*, 28 (1931), p. 311.

제2장 생애와 저작: 1863~1931

1) 미드가 아내에게 쓴 편지, 1895년 1월 31일. 이 텍스트의 출처인 미드의 편지들은 시카고 대학교 리젠스틴(Regenstein) 도서관 특별 컬렉션 부서의 조지 허버트 미드 문서(George Herbert Mead Papers)에 있다. 이후의 각주에서 언급되는 다른 편지들의 출처는 *Henry Northrup Castle: Letters* (London: Sands, 1902)이다.

2) *Henry Northrup Castle: Letters*, Mead, p. 807.

3) 1882년 11월 4일 캐슬이 그의 부모에게 보낸 편지 참조.

4) 미드가 캐슬에게 보낸 편지, 1884년 3월 12일.

5) D. N. Levine, *Visions of the Sociological Tradition* (Chicago: University of Chicago Press, 1995), p. 252.

6) 캐슬이 헬렌에게 보낸 편지, 1887년 10월 9일.

7) 미드가 캐슬에게 보낸 편지, 1888년 6월 19일.

8) 개리 앨런 쿡(Gary Alan Cook)이 미드가 제임스의 처제인 마거릿 기븐스(Margaret Gibbens)에게 빠져 있었던 사실을 발견한 것을 가리킨다. 제임스는 이 관계를 인정하지 않았으며, 미드에게 가르치는 일을 중단하고 하버드로 돌아가라고 요청한 것으로 보인다. 이런 점에서 볼 때, 미드가 하버드에서 공부하고자 했던 초기 계획에도 불구하고 매사추세츠주 케임브리지를 떠나기로 결정한 것은 이해할 만하다. Gary Cook, *George Herbert Mead. The Making of a Social Pragmatist* (Urbana, IL: University of Illinois Press, 1993), pp. 17~18 참조.

9) 미국의 칼리지와 대학교에 등록된 대학원생 수는 1870년 9,371명에서 1910년 3만 4,178명으로 증가했다. Roscoe Hinkle, *Founding Theory of American Sociology 1881~1915* (London: Routledge, 1980), p. 36 참조.

10) 도널드 레빈(Donald Levine)은 이 과정을 "대학 운동"이라고 부른다. 이는 1880년대의 작은 인문 대학들이 대규모 연구 대학교로 전환된 것을 의미한다. "The Idea of the University, Take One: On the Genius of this Place", 시카고 대학교의 "Idea of the University Colloquium"에서 발표된 논문, 2000년 11월 8일, pp. 1~15.

11) Randall Collins, "Toward a Neo-Meadian Sociology of Mind", in P. Hamilton (ed.), *George Herbert Mead: Critical Assessments*, 4 vols (London: Routledge, 1992), IV, p. 267.

12) Hinkle, *Founding Theory*, p. 44.

13) 캐슬이 자신의 부모에게 보낸 편지, 1889년 2월 6일.

14) 미드가 캐슬에게 보낸 편지, 날짜 미상(1890년 말에 작성된 것으로 추정).

15) 미드가 캐슬에게 보낸 편지, 1891년 7월 22일.

16) 미드가 새뮤얼 노스롭 캐슬 부부에게 보낸 편지, 1892년 6월 18일.

17) 수만 명의 노동자가 저임금과 열악한 노동 조건에 항의하기 위해 파업에 나섰던 것을 가리킨다.

18) 1918년과 1920년 사이에 미드는 이 자선 단체의 회장을 역임했다.

19) 이것은 대학 근처에 사는 가장 불우한 가정들에게 사회 서비스를 제공하는 비영리 조직이었다.

20) Philip Wiener, "Pragmatism", in P. Wiener (ed.), *Dictionary of the History of Ideas*, 5 vols (New York: Charles Scribner's Sons, 1973), IV, p. 554 참조.

21) Mead, "A New Criticism of Hegelianism: Is It Valid?", A Review of *Idealism and Theology: A Study of Presuppositions* by Charles F. D'Arcy, *American Journal of Theology*, 5 (1901), p. 88. 다르시의 책은 헤겔과 버클리(Berkeley)의 인간 주관성에 대한 분석을 조화시키려는 시도이다.

22) Mead, "A New Criticism", p. 89.

23) Mead, "A New Criticism", p. 91.

24) Mead, "A New Criticism", p. 95.

25) Mead, "The Relation of Play to Education", *University of Chicago Record*, 1 (1896), p. 143. 이 글은 원래 1896년 5월 1일 시카고 커먼즈(Chicago Commons)에서 한 연설에서 발표되었다.

26) Mead, "Relation of Play to Education", p. 145.

27) Mead, "The Working Hypothesis in Social Reform", *American Journal of Sociology*, 5 (1899), p. 367.

28) Mead, "Review of *An Introduction to Comparative Psychology* by C. Lloyd Morgan", *Psychological Review*, 2 (1895); "Review of *Du Rôle de l'Individu dans le Déterminisme Social* and *Le Problème du Déterminisme, Déterminisme Biologique et Déterminisme Social* by D. Draghiscesco, *Psychological Bulletin*, 2 (1905).

29) May Jo Deegan (ed.), *George Herbert Mead. Essays in Social Psychology* (New Brunswick: Transaction Books, 2001) 참조.

30) Mead, *The Philosophy of the Act*, ed. Charles W. Morris et al. (Chicago: University of Chicago Press, 1938), p. 114.

31) Mead, *The Philosophy of the Present*, ed. Arthur E. Murphy (La Salle, IL: Open Court, 1932; Amherst, NY: Prometheus Books, repr. 2002), p. 173.

제3장 미드의 사회심리학: 기본 개념들

1) Mead, "A Behavioristic Account of the Significant Symbol", *Journal of Philosophy*, 19 (1922), pp. 157~158.

2) 앞으로 살펴보겠지만, 미드는 계통발생적(인간종) 진화와 개체발생적(인간 개인들) 진화라는 두 가지 평행하는 발달 과정에 대한 통합적인 과학적 설명을 발전시키고자 한다. 따라서 우리의 자아가 우리의 세계에서 가장 중요한 대상이 되는 방식을 재구성하는 것은 이러한 노력의 개체발생적 차원을 의미한다.

3) Mead, *Mind, Self, and Society*, ed. Charles W. Morris (Chicago: University of Chicago Press, 1934; repr. 1997), p. 279 [미드, 『정신, 자아, 사회』, 387쪽].

4) Mead, *Mind, Self, and Society*, p. 136 [미드, 『정신, 자아, 사회』, 224쪽].

5) Mead, "The Genesis of the Self and Social Control", *International Journal of Ethics*, 35 (1925), p. 272.

6) Mead, "Genesis of the Self", p. 262.

7) Mead, "The Social Self", *Journal of Philosophy, Psychology and Scientific Methods*, 10 (1913), p. 377.

8) Mead, *Mind, Self, and Society*, p. 244 [미드, 『정신, 자아, 사회』, 347쪽].

9) Mead, *Mind, Self, and Society*, p. 253 [미드, 『정신, 자아, 사회』, 357쪽].

10) Mead, "Genesis of the Self", p. 267.

11) 미드가 말하는 "제스처"는 한 유기체의 태도나 움직임을 의미하며, 그것은 "다른 형태"의 반응을 유도하는 자극이다. 달리 말해, 제스처는 더 큰 사회적 행위의 한 단계에 불과하다.

12) Mead, *Mind, Self, and Society*, p. 236 [미드, 『정신, 자아, 사회』, 339쪽].

13) Mead, *Mind, Self, and Society*, p. 228 [미드, 『정신, 자아, 사회』, 330쪽].

14) "따라서 인간 이하의 동물들 사이에도 행동의 영역이 존재하며, 이는 본질적으로 제스처로 분류될 수 있다. 그것은 다른 형태로부터 본능적 반응을 불러일으키는 행위의 시작으로 구성된다. 그리고 이러한 행위의 시작은 이미 시작된 행위의 재조정으로 이어지는 반응을 불러일으키고, 이러한 재조정은 다시 다른 재조정을 불러일으키는 또 다른 반응의 시작으로 이어진다. 따라서 제스처의 대화가 있다. …… " Mead, "Social Consciousness and the Consciousness of Meaning", *Psychological Bulletin*, 7 (1910), p. 398.

15) Mead, *Mind, Self, and Society*, p. 81 [미드, 『정신, 자아, 사회』, 162쪽].

16) 그러나 "무의식적인 제스처의 대화"가 인간 진화의 초기에만 일어났던 상호작용 방식이라고 가정하는 것은 오류일 것이다. 반대로 그것은 미드가 좋아하는 사례 중 하나인 권투와 같은 정신없는 재조정을 포함하는 모든 활동을 포함하기 때문에 오히려 일반적인 사회적 상호작용의 유형이다.

17) Mead, *Mind, Self, and Society*, p. 69 [미드, 『정신, 자아, 사회』, 148쪽].

18) Mead, *Mind, Self, and Society*, pp. 71~72 [미드, 『정신, 자아, 사회』, 151쪽].

19) Mead, "Social Consciousness and the Consciousness of Meaning", p. 399.

20) Mead, *Mind, Self, and Society*, p. 89 [미드, 『정신, 자아, 사회』, 170쪽].

21) Mead, *Mind, Self, and Society*, p. 79 [미드, 『정신, 자아, 사회』, 159쪽].

22) Mead, *Mind, Self, and Society*, p. 80 [미드, 『정신, 자아, 사회』, 161쪽].

23) Mead, *Mind, Self, and Society*, p. 78 [미드, 『정신, 자아, 사회』, 158쪽].

24) Mead, *Mind, Self, and Society*, p. 267, n. 12 [미드, 『정신, 자아, 사회』, 373쪽 각주 4].

25) Mead, *Mind, Self, and Society*, p. 268 [미드, 『정신, 자아, 사회』, 374쪽].

26) 미드가 여러 차례 주장하듯이, 농아의 사례는 인간이 스스로에게 대상이 될 수 있게 하는 기능이 음성 제스처 이외의 제스처에 의해서도 수행될 수 있는 가능성에 대해 일깨워준다. 예를 들어, Mead, "Genesis of the Self", p. 271을 참조하라.

27) Mead, *Mind, Self, and Society*, p. 6, n. 6 [미드, 『정신, 자아, 사회』, 80쪽 각주 7].

28) Mead, *Mind, Self, and Society*, p. 60 [미드, 『정신, 자아, 사회』, 138쪽].

29) Mead, "The Social Self", p. 377.

30) 내가 마음에 두고 있는 사람은 미드의 이론에는 "언어가 프래그머티즘적으로 사용될 수 있는 다양한 방식의 분류가 결여되어 있다"라고 주장한 한스 요아스이다. G. H. Mead. *A Contemporary Re-examination of His Thought* (Cambridge, MA: MIT Press, 1985; repr. 1997), p. 117.

31) Mead, *The Individual and the Social Self: Unpublished of George Herbert Mead*, ed. David L. Miller (Chicago: University of Chicago Press, 1982) 참조.

32) Mead, *The Individual and the Social Self*, p. 161.

33) Mead, "A Behavioristic Account of the Significant Symbol", p. 161.

34) Mead, *Mind, Self, and Society*, p. 50 [미드, 『정신, 자아, 사회』, 128쪽].

35) Mead, *Mind, Self, and Society*, p. 133 [미드, 『정신, 자아, 사회』, 218쪽].

36) Mead, *Mind, Self, and Society*, p. 134 [미드, 『정신, 자아, 사회』, 219쪽].

37) Mead, *Mind, Self, and Society*, p. 191 [미드, 『정신, 자아, 사회』, 285쪽].

제4장 사회적 자아

1) Mead, *Mind, Self, and Society*, ed. Charles W. Morris (Chicago: University of Chicago Press, 1934; repr. 1997), p. 163 [미드, 『정신, 자아, 사회』, 254쪽].

2) Mead, *Mind, Self, and Society*, p. 91 [미드, 『정신, 자아, 사회』, 172쪽].

3) Mead, *Mind, Self, and Society*, p. 99 [미드, 『정신, 자아, 사회』, 180쪽].

4) Mead, *Mind, Self, and Society*, p. 100 [미드, 『정신, 자아, 사회』, 181쪽].

5) Mead, *Mind, Self, and Society*, p. 134 [미드, 『정신, 자아, 사회』, 219쪽].

6) Mead, *Mind, Self, and Society*, p. 186 [미드, 『정신, 자아, 사회』, 280쪽].

7) Mead, "Consciousness, Mind, the Self, and Scientific Objects", in *The Individual and the Social Self: Unpublished Work of George Herbert Mead*, ed. David L. Miller (Chicago: University of Chicago Press, 1982), p. 177.

8) Mead, *Mind, Self, and Society*, p. 224, n. 26 [미드, 『정신, 자아, 사회』, 323쪽 각주 3].

9) Mead, *Mind, Self, and Society*, p. 308 [미드, 『정신, 자아, 사회』, 420쪽].

10) Mead, *Mind, Self, and Society*, p. 144, n. 4 [미드, 『정신, 자아, 사회』, 233쪽 각주 5].

11) Mead, *The Individual and the Social Self: Unpublished Work of George Herbert Mead*, ed. David L. Miller (Chicago: University of Chicago Press, 1982), pp. 163~164.

12) Mead, "The Genesis of the Self and Social Control", *International Journal of Ethics*, 35 (1925), p. 269.

13) Mead, *Mind, Self, and Society*, p. 150 [미드, 『정신, 자아, 사회』, 240쪽].

14) Mead, "The Genesis of the Self and Social Control", p. 269.

15) Horace Thayer, *Meaning and Action, A Critical History of Pragmatism* (Indianapolis: Bobbs-Merrill Company, 1968), p. 57 참조.

16) Mead, "The Genesis of the Self and Social Control", p. 272.

17) 미드는 이 주제에 대해 윌리엄 제임스에 의존한다. 자아의 이중 구조에 대한 제임스의 생각에 대해서는 James, *Principles of Psychology*, vol. 1(New York: Henry Holt, 1890)을 참조할 것 [제임스, 『심리학의 원리 1』, 정양은 옮김 (서울: 아카넷, 2005)].

18) Mead, *Mind, Self, and Society*, p. 216, n. 23 [미드, 『정신, 자아, 사회』, 314쪽 각주 1].

19) Mead, *Mind, Self, and Society*, p. 214 [미드, 『정신, 자아, 사회』, 312쪽].

20) Mead, *Mind, Self, and Society*, p. 209 [미드, 『정신, 자아, 사회』, 307쪽].

21) Mead, *Mind, Self, and Society*, p. 218 [미드, 『정신, 자아, 사회』, 316쪽].

22) Mead, *Mind, Self, and Society*, p. 199 [미드, 『정신, 자아, 사회』, 295쪽].

23) Mead, "Philanthropy from the point of view of ethics", in *Intelligent Philanthropy*, ed. E. Faris, F. Laune and A. J. Todd (Chicago: University of Chicago Press, 1930), p. 146.

24) Mead, *Mind, Self, and Society*, p. 196 [미드, 『정신, 자아, 사회』, 291쪽].

25) Mead, *Mind, Self, and Society*, p. 197 [미드, 『정신, 자아, 사회』, 293쪽].

제5장 사회, 정신, 그리고 자아

1) Mead, *Mind, Self, and Society*, ed. Charles W. Morris (Chicago: University of Chicago Press, 1934; repr. 1997), p. 273 [미드, 『정신, 자아, 사회』, 381쪽].

2) Mead, "The Psychological Bases of Internationalism", *Survey*, 33 (1915), p. 604.

3) 요아스에 따르면, 짐멜은 전쟁을 "우리의 인성을 오래된 억압으로부터 해방시키는 황홀한 안전감에 대한 깊이 감동적인 실존적 경험"으로 생각한 반면, 뒤르켐은 자신의 종교 사회학에서 "집합적 흥분"의 경험을 "정체성을 형성하고 사회적 유대를 창조하는 집단 황홀경"으로 묘사한다. Hans Joas, *War and Modernity* (Cambridge: Polity Press, 2003), p. 65. 이상하게도, 요아스는 이것을 "I"와 "me" 사이의 융합에 대한 미드의 논지와 유사하게 확장하지 못한다.

4) Mead, "The Psychology of Punitive Justice", *American Journal of Sociology*, 23 (1918), p. 598.

5) Mead, "The Psychological Bases of Internationalism", p. 607.

6) Mead, "The Psychological Bases of Internationalism", p. 605.

7) Mead, "The Psychological Bases of Internationalism", p. 607.

8) Mead, "National-Mindedness and International-Mindedness", *International Journal of Ethics*, 39 (1929), p. 393.

9) Mead, "National-Mindedness and International-Mindedness", p. 395.

10) Mead, *Mind, Self, and Society*, p. 271 [미드, 『정신, 자아, 사회』, 377쪽].

11) Mead, "National-Mindedness and International-Mindedness", pp. 403~404.

12) Mead, *Mind, Self, and Society*, p. 155 [미드, 『정신, 자아, 사회』, 246쪽].

13) Mead, *The Individual and the Social Self: Unpublished Work of George Herbert Mead*, ed. David L. Miller (Chicago: University of Chicago Press, 1982), p. 151.

14) 이 문제에 관해서는 Agnes Dodds, Jeanette Lawrence and Jaan Valsiner, "The Personal and the Social. Mead's Theory of the "Generalized Other"", *Theory and Psychology*, 7 (1997)을 참조하라.

15) Mead, *Mind, Self, and Society*, p. 254 [미드, 『정신, 자아, 사회』, 358쪽].

16) Mead, *Mind, Self, and Society*, p. 255 [미드, 『정신, 자아, 사회』, 360쪽].

17) Mead, *Mind, Self, and Society*, p. 201 [미드, 『정신, 자아, 사회』, 298쪽].

18) 스키너는 과거에 대한 역사적 탐구는 "우리가 믿는 것을 성찰할 수 있는, 그리하여 대안적 가능성에 비추어 테스트함으로써 현재의 믿음을 강화할 수 있는, 또는 대안이 가능하고 바람직하다는 것을 인식할 경우 이를 개선할 수 있는 추가적인 수단을 제공한다"라고 주장한다. Quentin Skinner,

"A Reply to my Critics", in J. Tully (ed.), *Meaning and Context* (Cambridge: Polity Press, 1988), p. 287.

19) Mead, "The Genesis of the Self and Social Control", *International Journal of Ethics*, 35 (1925), p. 276.

20) Mead, *Mind, Self, and Society*, p. 229 [미드, 『정신, 자아, 사회』, 332쪽].

21) Mead, *Mind, Self, and Society*, p. 262 [미드, 『정신, 자아, 사회』, 367~368쪽].

22) Mead, *Mind, Self, and Society*, p. 386 [미드, 『정신, 자아, 사회』, 504쪽].

23) Mead, *Mind, Self, and Society*, p. 202 [미드, 『정신, 자아, 사회』, 299쪽].

24) Mead, "Scientific Method and the Moral Sciences", *International Journal of Ethics*, 33 (1923), p. 237.

25) Mead, "Scientific Method and the Moral Sciences", p. 244.

26) 미드의 논문이 발표된 직후에 출판된 『공공성과 그 문제들(The Public and Its Problems)』(1927)에서 듀이는 미드가 주장한 것과 비슷한 입장에 찬성한다. 듀이는 다음과 같이 쓴다. "다수결 원칙은 그 비판자들이 비난하듯이, 그 자체로서는 어리석은 것이다. 그러나 다수결 원칙은 결코 단순히 다수결 원칙이 아니다. …… 달리 말해서 논쟁, 토론, 설득의 방법과 조건을 개선하는 일이 **반드시** 필요하다. 그것이 바로 공공성의 문제이다." John Dewey, *The Public and Its Problems, in The Later Works, 1925~1927*, Vol. 2 (Carbondale: Southern Illinois University Press, 1984), p. 365 [존 듀이, 『공공성과 그 문제』, 정창호·이유선 옮김 (서울: 한국문화사, 2014), 203~204쪽]. 민주 정치를 이처럼 프래그머티즘적으로 이해하는 것은 하버마스가 제기한 숙의 민주주의의 담화적 개념에 매우 중요하다. 하버마스는 최근의 정치적 저작에서 이 사실을 인정하며, 듀이의 말을 긍정적으로 인용한다. Jürgen Habermas, *Between Facts and Norms. Contributions to a Discourse Theory of Law and Democracy* (Cambridge: Polity Press, 1996), p. 304를 보라.

27) Mead, *Mind, Self, and Society*, p. 178 [미드, 『정신, 자아, 사회』, 271쪽].

28) Mead, *The Philosophy of the Act*, ed. Charles Morris et al. (Chicago: University of Chicago Press, 1938), p. 364.

29) 조작의 단계를 논의하면서, 미드는 과거 사건을 포함하는 행위의 완성을 위한 수단으로 이해되는 "지각 대상"(예를 들어, 사과를 먹는 개인은 사과를 움켜잡는다)과 사고의 실체로 이해되는 "과학적 대상"의 구분을 지적한다. *The Philosophy of the Act*, pp. 16~22를 참조하라.

30) Mead, *Mind, Self, and Society*, p. 363 [미드, 『정신, 자아, 사회』, 480쪽].

31) 미드는 이렇게 설명한다. "사회적 과정은 그 기원이나 최초의 존재를 위해 자아의 존재나 상호작용을 필요로 하지 않는다. 복잡성이나 조직성을 가진 고도의 단계를 위해서는 전자가 후자에 의존한다고 하더라도, 그것은 어디까지나 사회적 과정 속에서 자아가 발생한 후에 발생하는 것이다." Mead, Mind, *Self, and Society*, p. 226 [미드, 『정신, 자아, 사회』, 325~326쪽].

32) Mead, Mind, *Self, and Society*, p. 138 [미드, 『정신, 자아, 사회』, 226쪽].

33) 미드는 자연과 자연의 대상들에 대한 사회적 관계를 다음과 같은 방식으로 예시한다. "아마도 그것은 죽은 것들의 전적인 부패로 인한 짜증, 꾸준히 사용하는 친숙한 대상에 대한 우리의 애정, 그리고 모든 자연 시(詩)의 원천인 자연을 향한 미학적 태도에서 가장 분명하게 드러날 것이다." Mead, *Mind, Self, and Society*, p. 378 [미드, 『정신, 자아, 사회』, 495쪽].

34) Mead, *Mind, Self, and Society*, p. 184 [미드, 『정신, 자아, 사회』, 277쪽].

35) Mead, *Mind, Self, and Society*, p. 249 [미드, 『정신, 자아, 사회』, 352쪽].

36) Mead, *Mind, Self, and Society*, p. 379 [미드, 『정신, 자아, 사회』, 496쪽].

37) Mead, *The Philosophy of the Act*, pp. 445~453.

38) 행위의 다양한 단계 사이의 분석적 구분과 기계적 관점 간의 대비에도 불구하고, 미드는 행위의

통일성을 강조한다. 미드는 먹는 행위를 언급하면서, “욕구, 흥미, 만족은 각각 전체 과정을 함축하고 특정 단계에서 구체화된다. 이런 점에서 상이한 단계들은 하나의 과정으로서 전체의 부분이지만, 그 단계들은 행위를 이루는 구성 부분이 아니다. 경험에서는 실체로서의 삶에서와 같이 전체가 부분에 주어져 있다. 이와는 대조적으로 메커니즘에서는 전체가 부분으로부터 생성된다.” Mead, *The Philosophy of the Act*, p. 452.

제6장 미드와 상징적 상호작용론

1) Filipe Carreira da Silva, “G. H. Mead in the History of Sociological Ideas”, *Journal of the History of Behavioral Sciences*, 42 (2006).

2) 파슨스와 미드의 관계에 대해서는 Herbert Blumer, Talcott Parsons and Jonathan Turner, “Exchange on Turner, “Parsons as a Symbolic Interactionist””, *Sociological Inquiry*, 45 (1975)를 보라.

3) Dmitri Shalin, “Pragmatism and Social Interactionism”, *American Sociological Review*, 51 (1986).

4) 주장하건대, “시카고학파”에 대한 최고의 저작은 David Bulmer, *The Chicago School of Sociology: Institutionalization, Diversity, and the Rise of Sociology* (Chicago: University of Chicago Press, 1984)이다. 또한 주목할 만한 연구로는 Berenice Fisher and Anselm Strauss, “Interactionism”, in T. Bottomore and R. Nisbet (eds), *A History of Sociological Analysis* (New York: Oxford University Press, 1978); Robert E. Faris, *Chicago Sociology 1920~32* (Chicago: University of Chicago Press, 1967)가 있다.

5) H. Joas, “Symbolic Interactionism”, in Anthony Giddens and Jonathan Turner (eds), *Social Theory Today* (Cambridge: Polity Press, 1987) 참조.

6) Roscoe Hinkle, *Founding Theory of American Sociology 1881~1915* (London: Routledge & Kegan Paul, 1980), pp. 24~29 참조.

7) 이 문제에 대해서는 J. David Lewis and Robert Smith, *American Sociology and Pragmatism: Mead, Chicago Sociology, and Symbolic Interaction* (Chicago: University of Chicago Press, 1980)을 보라.

8) H. Joas, *Pragmatism and Social Theory* (Chicago: University of Chicago Press, 1993), p. 90.

9) Robert E. Faris, *Chicago Sociology, 1920~32* (San Francisco: Chandler Publishing Company, 1967).

10) Lewis and Smith, *American Sociology and Pragmatism*, p. 233.

11) 블루머가 Lewis and Smith, *American Sociology and Pragmatism*, p. 239에서 인용했다.

12) Herbert Blumer, *George Herbert Mead and Human Conduct*, ed. Thomas J. Morrione (Walnut Creek, CA: Altamira Press, 2004), p. 3.

13) 블루머와 미국 철학 전통의 관계에 대한 분석은 Charles Tucker, “Herbert Blumer: A Pilgrimage with Pragmatism”, *Symbolic Interaction*, 11 (1988)을 참조하라.

14) Blumer, *George Herbert Mead and Human Conduct*, p. 180.

15) Herbert Blumer, “Comment on Lewis’ “The Classic American Pragmatists as Forerunners to Symbolic Interactionism””, *Sociological Quarterly*, 18 (1977), p. 286.

16) 블루머가 Lewis and Smith, *American Sociology and Pragmatism*, p. 170에서 인용했다.

17) Herbert Blumer, “An Appraisal of Thomas and Znaniecki’s “The Polish Peasant in Europe and America””, in *Critiques of Research in the Social Sciences* (New York: Transaction, 1939).

18) Herbert Blumer, “Social Psychology”, in *Man and Society. A Substantial Introduction to the Social Sciences*, ed. Emerson Schmidt (New York: Prentice-Hall, 1937).

19) Blumer, *George Herbert Mead and Human Conduct*, p. 31.

20) Blumer, *Symbolic Interactionism. Perspective and Method* (Berkeley: University of California Press, 1969), p. 2.

21) Blumer, *Symbolic Interactionism*, p. 7.

22) Blumer, *Symbolic Interactionism*, p. 12.

23) Herbert Blumer, *Industrialization as an Agent of Social Change: A Critical Analysis*, ed. D. Maines and T. Morrione (New York: Aldine de Gruyter, 1990).

24) Blumer, *Symbolic Interactionism*, p. 62.

25) Blumer, *Symbolic Interactionism*, p. 63.

26) Blumer, *Symbolic Interactionism*, p. 64.

27) Blumer, *Symbolic Interactionism*, p. 66.

28) Mead, *Mind, Self, and Society*, p. 77 [미드, 『정신, 자아, 사회』, 158쪽].

29) Blumer, *Symbolic Interactionism*, p. 14.

30) Mead, *Mind, Self, and Society*, p. 78 [미드, 『정신, 자아, 사회』, 158~159쪽].

31) Blumer, *Symbolic Interactionism*, pp. 73~74.

32) Herbert Blumer, "George Herbert Mead", in Buford Rhea (ed.), *The Future of Sociological Classics* (London: George Allen and Unwin, 1981), p. 161.

33) 이 주제에 대해서는 나의 글 "Re-examining Mead: G. H. Mead on the "Material Reproduction of Society"", *Journal of Classical Sociology*, 7 (2007)을 보라.

34) Manford Kuhn and Thomas S. McPartland, "An Empirical Investigation of Self-Attitudes", *American Sociological Review*, 19 (1954). An online copy of the TST is available at: http://www.hum.utah.edu/communication/classes/fa02/1010-5/twentystatements.pdf (최근 접속일 2007년 3월 2일).

35) Manford Kuhn, "Major Trends in Symbolic Interaction Theory in the Past Twenty-Five Years", *The Sociological Quarterly*, 5 (1964).

36) Kuhn, "Major Trends", p. 64.

37) Kuhn, "Major Trends", p. 79.

38) 예를 들면, Carl J. Couch, "Symbolic Interaction and Generic Sociological Principles", *Symbolic Interaction*, 8 (1984); Carl J. Couch, *Researching Social Processes in the Laboratory* (Greenwich: JAI Press, 1987).

39) Anselm Strauss, *Negotiations: Varieties, Contexts, Processes, and Social Order* (San Francisco: Jossey-Bass Publishers, 1978), p. 18.

40) Strauss, *Negotiations*, p. 235.

41) Strauss, *Negotiations*, pp. 237~238.

42) David R. Maines, "Social Organization and Social Structure in Symbolic Interactionist Thought", *Annual Review of Sociology*, 3 (1977), p. 244.

43) Howard S. Becker, *Outsiders. Studies in Sociology of Deviance* (New York: The Free Press, 1963), p. 182.

44) Becker, *Outsiders*, p. 189.

45) Becker, *Outsiders*, p. 20.

46) Becker, *Outsiders*, p. 9.

47) Becker, *Outsiders*, p. 188.

48) Erving Goffman, *The Presentation of the Self in Everyday Life* (New York: Anchor Books, 1959), p. 22 [어빙 고프먼, 『자아 연출의 사회학』, 진수미 옮김 (서울: 현암사, 2016), 36쪽].

49) Goffman, *The Presentation of the Self*, p. 56 [고프먼, 『자아 연출의 사회학』, 77쪽].

50) Goffman, *The Presentation of the Self*, pp. 252~253 [고프먼, 『자아 연출의 사회학』, 316쪽].

51) Mead, *Mind, Self, and Society*, p. 161 [미드, 『정신, 자아, 사회』, 251쪽].

52) Gary Alan Fine, "The Sad Demise, Mysterious Disappearance, and Glorious Triumph of Symbolic Interactionism", *Annual Review of Sociology*, 19 (1993), p. 71.

53) Mead, "The Philosophy of John Dewey", *International Journal of Ethics*, 46 (1935~6), p. 70.

제7장 미드와 20세기 사회학

1) Emile Durkheim, *Pragmatisme et Sociologie* (Paris: Vrin, 1955). 뒤르켐이 프래그머티즘을 비판적으로 수용한 것에 대해서는 다음을 보라. Hans Joas, "Durkheim et le pragmatisme. La Psychologie de la conscience et la constitution sociale des catégories", *Revue Française de Sociologie*, 25 (1984).

2) Scheler가 Karl-Siegbert Rehberg, "Arnold Gehlen's Elementary Anthropology — An Introduction", in *Man: His Nature and Place in the World* (New York: Columbia University Press, 1988), p. xiv에서 인용했다.

3) Axel Honneth and Hans Joas, *Social Action and Human Nature* (Cambridge: Cambridge University Press, 1988), p. 51.

4) Gehlen이 Honneth and Joas, *Social Action*, p. 51에서 인용했다.

5) Arnold Gehlen, *Man: His Nature and Place in the World* (New York: Columbia University Press, 1988), p. 5.

6) Gehlen, *Man*, p. 13.

7) 제2장의 각주 20을 보라.

8) Gehlen이 Honneth and Joas, *Social Action*, p. 59에서 인용했다.

9) Gehlen, *Man*, p. 196.

10) Gehlen, *Man*, p. 195.

11) Gehlen, *Man*, pp. 254~255.

12) Gehlen, *Man*, p. 195.

13) Louis Menand, *The Metaphysical Club: A Story of Ideas in America* (New York: Farrar, Straus, and Giroux, 2001) [루이스 메넌드, 『메타피지컬 클럽』, 정주연 옮김 (서울: 민음사, 2006)].

14) Jürgen Habermas, "A Philosophico-Political Profile", *New Left Review*, 151 (1985), pp. 76~77.

15) Gisela Hinkle, "Habermas, Mead, and Rationality", *Symbolic Interaction*, 15 (1992), p. 320.

16) Max Horkheimer, "Traditional and Critical Theory", in Paul Connerton (ed.), *Critical Sociology* (New York: Penguin, 1976), p. 223.

17) Theodor Adorno, *Critique of Pure Tolerance* (Boston: Beacon Press, 1965), p. 105.

18) Jürgen Habermas, "Postscript. Some Concluding Remarks", in M. Mitchell Aboulafia, Myra Brookman and Catherine Kemp (eds), *Habermas and Pragmatism* (London: Routledge, 2002), p. 227 참조.

19) Gehlen이 Jürgen Habermas, *Postmetaphysical Thinking: Philosophical Essays* (Cambridge: Polity Press, 1988), p. 149 [위르겐 하버마스, 『탈형이상학적 사유』, 이진우 옮김 (서울: 문예출판사, 2000), 205쪽]에서 인용했다.

20) Habermas, *Postmetaphysical Thinking*, pp. 152~153 [하버마스, 『탈형이상학적 사유』, 208쪽].

21) Habermas, *Postmetaphysical Thinking*, p. 177 [하버마스, 『탈형이상학적 사유』, 236쪽].

22) Habermas, *Postmetaphysical Thinking*, p. 187 [하버마스, 『탈형이상학적 사유』, 247쪽].

23) Habermas, *Postmetaphysical Thinking*, p. 187 [하버마스, 『탈형이상학적 사유』, 248쪽].

24) Habermas, *Postmetaphysical Thinking*, p. 188 [하버마스, 『탈형이상학적 사유』, 248쪽].

25) Habermas, *Postmetaphysical Thinking*, p. 187 [하버마스, 『탈형이상학적 사유』, 247쪽].

26) Habermas, *Postmetaphysical Thinking*, p. 182 [하버마스, 『탈형이상학적 사유』, 241쪽].

27) Jürgen Habermas, *The Theory of Communicative Action. Volume 2. Lifeworld and System: A Critique of Functionalist Reason* (Cambridge: Polity Press, 1985), p. 16 [위르겐 하버마스, 『의사소통 행위이론: 기능주의적 이성 비판을 위하여』, 2권, 장춘익 옮김 (파주: 나남, 2006), 38쪽].

28) Habermas, *The Theory of Communicative Action. Volume 2*, p. 27 [하버마스, 『의사소통 행위이론』, 2권, 54쪽].

29) Habermas, *The Theory of Communicative Action. Volume 2*, pp. 29~42 [하버마스, 『의사소통 행위이론』, 2권, 54~77쪽]를 보라.

30) Habermas, *The Theory of Communicative Action. Volume 2*, p. 44 [하버마스, 『의사소통 행위이론』, 2권, 81쪽].

31) Habermas, *The Theory of Communicative Action. Volume 2*, p. 107 [하버마스, 『의사소통 행위이론』, 2권, 179쪽]. 생활세계의 합리화는 두 가지 상호 관련된 과정을 아우른다. 첫째는 생활세계의 구조적 구성요소들(문화, 사회, 그리고 사람)의 점진적 분화이다. 둘째는 이러한 각 구성요소 내의 변화이다. 신성한 지식이 합리적인 과학 지식에 자리를 내주고, 법과 도덕은 분리되어 보편화되며, 개인주의는 점점 더 근대 산업 사회들의 공통된 특징을 이룬다.

32) Habermas, *The Theory of Communicative Action. Volume 2*, p. 110 [하버마스, 『의사소통 행위이론』, 2권, 184쪽].

33) 『사회구성론(The Constitution of Society)』(1984)에 제시된 앤서니 기든스의 구조화 이론과 피에르 부르디외의 실천 이론(예를 들어, 『구별짓기(La Distinction)』[1979])이 가장 명백한 두 가지 예이다.

34) Hans Joas, *Pragmatism and Social Theory* (Chicago: University of Chicago Press, 1993), p. 239.

35) H. Joas, *G. H. Mead. A Contemporary Re-examination of His Thought* (Cambridge, MA: MIT Press, 1985; repr. 1985), pp. 145~198.

36) 게리 쿡(Gary A. Cook)과 드미트리 샬린(Dmitri Shalin)이 특별히 이러한 이의를 제기한다. Joas, *Pragmatism and Social Theory*, p. 242 참조.

37) Cook, *George Herbert Mead. The Making of a Social Pragmatist* (Urbana, IL: University of Illinois Press, 1993).

38) Filipe Carreira da Silva, *In Dialogue with Modern Times. The Social and Political Thought of G. H. Mead* (Lanham, MD: Lexington Books, forthcoming) 참조.

39) Joas, *G. H. Mead*, p. 19.

40) Joas, *G. H. Mead*, p. 23.

41) 나는 드미트리 샬린을 염두에 두고 있다. 예를 들어, 그의 "G. H. Mead, Socialism, and the

Progressive Agenda", *American Journal of Sociology*, 93 (1988)을 참조하라.

42) Axel Honneth, *The Fragmented World of the Social. Essays in Social and Political Philosophy* (New York: SUNY Press, 1995), p. xxiii.

43) Honneth, *The Fragmented World of the Social*, p. xiv.

44) Axel Honneth, *Struggles for Recognition. The Moral Grammar of Social Conflicts* (Cambridge, MA: MIT Press, 1996), p. 71 [악셀 호네트, 『인정투쟁: 사회적 갈등의 도덕적 형식론』, 문성훈·이현재 옮김 (서울: 사월의 책, 2011), 144쪽].

45) Honneth, *The Fragmented World of the Social*, p. xxiii.

46) Honneth, *Struggles for Recognition*, p. 75 [호네트, 『인정투쟁』, 152쪽].

47) Honneth, *Struggles for Recognition*, p. 78 [호네트, 『인정투쟁』, 158쪽].

48) Honneth, *Struggles for Recognition*, p. 80 [호네트, 『인정투쟁』, 162쪽].

49) Ibid [같은 곳].

50) Mead가 Honneth, *Struggles for Recognition*, p. 81, n. 20 [호네트, 『인정투쟁』, 163쪽]에서 인용했다.

51) Honneth, *Struggles for Recognition*, p. 84 [호네트, 『인정투쟁』, 168쪽].

52) Honneth, *Struggles for Recognition*, p. 88 [호네트, 『인정투쟁』, 176쪽].

53) Honneth, *Struggles for Recognition*, p. 89 [호네트, 『인정투쟁』, 178쪽].

54) Honneth, *Struggles for Recognition*, p. 91 [호네트, 『인정투쟁』, 181쪽].

55) Honneth, *The Fragmented World of the Social*, p. xxiv.

56) Honneth, *The Fragmented World of the Social*, p. 267.

57) Patchen Markell, "The Potential and the Actual: Mead, Honneth, and the "I"", in Bert van den Brink and David Owen (eds), *Recognition and Power* (Cambridge: Cambridge University Press, 2006).

58) Mead, *Mind, Self, and Society*, ed. Charles W. Morris (Chicago: University of Chicago Press, 1934; repr. 1997), p. 204 [미드, 『정신, 자아, 사회』, 301쪽].

59) Markell, "The Potential and the Actual", p. 8, online version: http://www.polisci.umn.edu/kiosk/link tunnel.php?id=9326&user= (최근 접속일 2007년 3월 2일).

60) 60 Randall Collins, "Toward a Neo-Meadian Sociology of Mind", in P. Hamilton (ed.), *George Herbert Mead: Critical Assessments*, 4 vols (London: Routledge, 1992), IV, p. 263.

61) Randall Collins, *Conflict Sociology: Toward an Explanatory Science* (New York: Academic Press, 1975)를 말한다.

62) Randall Collins, "Functional and Conflict Theories of Educational Stratification", *American Sociological Review*, 36 (1971), p. 1009.

63) Collins, *Conflict Sociology*, pp. 79~87.

64) Randall Collins, *The Credential Society: An Historical Sociology of Education and Stratification* (New York: Academic Press, 1979).

65) Collins, *The Credential Society*, p. 48.

66) Collins, "Toward a Neo-Meadian Sociology of Mind", p. 291.

67) Collins, "Toward a Neo-Meadian Sociology of Mind", p. 281. 또한 Randall Collins, "On the Micro-Foundations of Macro-sociology", *American Journal of Sociology*, 86 (1981)을 참조하라.

68) Collins, "Toward a Neo-Meadian Sociology of Mind", p. 275.

69) Collins, "Toward a Neo-Meadian Sociology of Mind", p. 277.

70) Randall Collins, *Interaction Ritual Chains* (Princeton, NJ: Princeton University Press, 2004), p. 4 [랜들 콜린스, 『사회적 삶의 에너지』, 진수미 옮김 (파주: 한울아카데미, 2009), 32쪽].

71) Collins, *Interaction Ritual Chains*, p. 48 [콜린스, 『사회적 삶의 에너지』, 88쪽].

72) Collins, *Interaction Ritual Chains*, p. 76~77 [콜린스, 『사회적 삶의 에너지』, 122쪽].

73) Collins, *Interaction Ritual Chains*, p. 373 [콜린스, 『사회적 삶의 에너지』, 486쪽].

74) Collins, *Interaction Ritual Chains*, p. 205 [콜린스, 『사회적 삶의 에너지』, 282쪽].

75) Jeffrey C. Alexander, *Twenty Lectures: Sociological Theory after 1945* (New York: Columbia University Press, 1987).

76) Alexander, *Twenty Lectures*, p. 214.

77) Jeffrey C. Alexander, *Neofunctionalism and After* (Oxford: Blackwell, 1998), p. 11.

78) Alexander, *Neofunctionalism and After*, p. 215.

79) Alexander, *Neofunctionalism and After*, p. 214.

80) Alexander, *Neofunctionalism and After*, p. 216.

81) Alexander, *Neofunctionalism and After*, p. 216.

82) Alexander, *Neofunctionalism and After*, p. 220.

83) Alexander, *Neofunctionalism and After*, p. 217.

84) Alexander, *Neofunctionalism and After*, p. 57.

85) Alexander, *Neofunctionalism and After*, p. 73.

86) Alexander, *Neofunctionalism and After*, p. 222.

87) Alexander, *Neofunctionalism and After*, p. 227.

88) Alexander, *Neofunctionalism and After*, p. 228.

89) 예를 들어, Jeffrey C. Alexander, "Cultural Pragmatics: Social Performance Between Ritual and Strategy", *Sociological Theory*, 22 (2004).

제8장 오늘날 미드를 읽어야 하는 이유

1) Alberto Melucci, *The Playing Self. Person and Meaning in the Planetary Society* (Cambridge: Cambridge University Press, 1996), p. 47.

2) Charles Hartshorne, *Creativity in American Philosophy* (Albany, NY: SUNY Press, 1984) 참조.

3) 예를 들어, 더글러스 앤더슨의 뛰어난 연구를 보라. Douglas Anderson, *Creativity and the Philosophy of C. S. Peirce* (Dordrecht: M. Nijhoff, 1987).

4) Hans Joas, "The Democratization of Differentiation: On the Creativity of Collective Action", in Jeffrey C. Alexander and Piotr Stompka (eds), *Rethinking Progress* (Boston: Unwin, 1990); *The Creativity of Action* (Cambridge: Polity Press, 1996) [한스 요아스, 『행위의 창조성』, 신진욱 옮김 (파주: 한울아카데미, 2002))]; José Maurício Domingues, *Social Creativity, Collective Subjectivity and Contemporary Modernity* (Basingstoke: Macmillan Press, 2000); Anthony Giddens, *The Consequences of Modernity* (Cambridge: Polity Press, 1990); Michael Mann, *The Sources of Social Power, Vol. 2. The Rise of Classes and Nation-States, 1760~1914* (Cambridge: Cambridge University Press, 1993); Craig Calhoun, *Critical Social Theory* (Oxford: Blackwell, 1995).

5) Peter Wagner, *A Sociology of Modernity. Liberty and Discipline* (London: Routledge, 1994).

6) Karl Mannheim, *Ideology and Utopia: An Introduction to the Sociology of Knowledge* (London: Routledge, 1972), p. 222 [카를 만하임, 『이데올로기와 유토피아』, 임석진 옮김 (파주: 김영사, 2012), 494쪽].

7) 다음을 보라. Talcott Parsons, *The Structure of Social Action, Vols I–II* (New York: Free Press, 1937; repr. 1968); Herbert Marcuse, *Reason and Revolution: Hegel and the Rise of Social Theory* (London: Routledge, 1941; repr. 1973) [헤르베르트 마르쿠제, 『이성과 혁명』, 김현일 옮김 (서울: 중원문화, 2020)].

8) T. H. Marshall, *Class, Citizenship, and Social Development* (Garden City, NY: Doubleday, 1964).

9) Talcott Parsons, *The Social System* (Glencoe, IL: Free Press, 1951), p. 25.

10) Jean-François Lyotard, *La Condition Postmoderne* (Paris: Minuit, 1979) [장 프랑수아 리오타르, 『포스트모던의 조건』, 유정완 옮김 (서울: 민음사, 2018)]. 또한 Ulrich Beck, Anthony Giddens and Scott Lash, *Reflexive Modernization: Politics, Tradition and Aesthetics in the Modern Social Order* (Cambridge: Polity Press, 1994) [울리히 벡·앤서니 기든스·스콧 래쉬, 『성찰적 근대화』, 임현진·정일준 옮김 (서울: 한울, 1998)]를 보라.

11) Zygmunt Bauman, *Modernity and Ambivalence* (Cambridge: Polity Press, 1991), p. 272.

12) Shmuel N. Eisenstadt, "Multiple Modernities", in S. N. Eisenstadt (ed.), *Multiple Modernities* (London: Transaction Publishers, 2002); Göran Therborn, "Entangled Modernities", *European Journal of Social Theory*, 6 (2003).

13) Eisenstadt, "Multiple Modernities", p. 23.

14) Eisenstadt, "Multiple Modernities", p. 14.

15) Therborn, "Entangled Modernities", p. 295

16) Melucci, *The Playing Self*, p. 43.

17) Michel Maffesoli, *Le Temps des tribus. Le déclin de l"individualisme dans les sociétés de masse* (Paris: Méridiens Klincksieck, 1988) [미셸 마페졸리, 『부족의 시대: 포스트모던 사회에서 개인주의의 쇠퇴』, 박정호·신지은 옮김 (파주: 문학동네, 2017)].

18) Zygmunt Bauman, *Liquid Modernity* (Cambridge: Polity Press, 2000), p. 85 [지그문트 바우만, 『액체 근대』, 이일수 옮김 (서울: 강, 2009), 137쪽].

19) 정치 이론가의 이러한 통찰에 대한 탐구는 다음을 보라. Russell Hardin, *Indeterminacy and Society* (Princeton, NJ: Princeton University Press, 2003).

20) *Mead, Mind, Self, and Society*, ed. Charles W. Morris (Chicago: University of Chicago Press, 1934; repr. 1997), p. 221 [미드, 『정신, 자아, 사회』, 319쪽].

21) 다음을 보라. Agnes Dodds, Jeanette Lawrence and Jaan Valsiner, "The Personal and the Social. Mead's Theory of the "Generalized Other"", *Theory and Psychology*, 7 (1997); Alex Gillespie, "G. H. Mead: Theorist of the Social Act", *Journal for the Theory of Social Behaviour*, 35 (2005).

22) 예를 들어, Robert Perinbanayagam, *Signifying Acts: Structure and Meaning in Everyday Life* (Carbondale, IL: Southern Illinois University Press, 1985).

23) http://spartan.ac.brocku.ca/~lward/Mead/default.html (최근 접속일 2007년 3월 2일).

24) Lewis Coser, "George Herbert Mead", in *Masters of Sociological Thought: Ideas in Historical and Social Context* (New York: Harcourt Brace Jovanovich, 1971), pp. 333~355 [루이스 코저, 『사회사상사』, 신용하·박명규 옮김 (파주: 한길사, 2018), 475~509쪽].

25) David L. Miller, *George Herbert Mead. Self, Language and the World* (Chicago: University of Chicago Press, 1973), p. ix.

26) H. Joas, *G. H. Mead. A Contemporary Re-examination of His Thought* (Cambridge, MA: MIT Press, 1985; repr. 1997), p. 1.

27) Andrew Feffer, *The Chicago Pragmatists and American Progressivism* (Ithaca: Cornell University Press, 1993), pp. 2, 10~11.

28) G. A. Cook, *George Herbert Mead. The Making of a Social Pragmatist* (Urbana, IL: University of Illinois Press, 1993), p. xiv.

29) Coser, "George Herbert Mead", pp. 345~346 [코저, 『사회사상사』, 494쪽].

30) Miller, *George Herbert Mead*, p. 24.

31) Miller, *George Herbert Mead*, p. 188을 보라.

32) 앞서 언급했던 요아스의 『조지 허버트 미드. 그의 사상에 대한 현대적 재검토(G. H. Mead. A Contemporary Re-examination of His Thought)』를 말한다.

33) 요아스가 자신의 서문에서 인정하고 있듯이, 물리학, 철학사, 교육 이론에 대한 미드의 논의는 체계적인 관심을 받지 못했다. Joas, *G. H. Mead*, pp. 12~13을 보라.

34) 1890년대 초부터 1931년까지 미드 사상 체계의 진화에 비추어 미드 사상 체계의 여러 기둥에 대한 논의를 제공하는 것이 정확하게 내 박사학위 논문의 목표이다. Carreira da Silva, *In Dialogue with Modern Times. The Social and Political Thought of G. H. Mead* (Lanham, MD: Lexington Books, 출간 예정).

참고문헌

1차 문헌

조지 허버트 미드 생전에 출판된 저작(연대순 목록)

1881: "The Relation of Art to Morality", *Oberlin Review*, 9: 63~4.

1882: "Charles Lamb", *Oberlin Review*, 10: 15~6.

1882: "De Quincey", *Oberlin Review*, 10: 50~2.

1883: "John Locke", *Oberlin Review*, 10: 217~19.

1884: "Republican Persecution", *The Nation*, 39: 519~20.

1894: "The Problem of Psychological Measurement", in *Proceedings of the American Psychological Association* (New York: Macmillan), pp. 22~3.

1894: "The Greek Mysteries", *University of Michigan Record*, 1: 102.

1894: "Herr Lasswitz on Energy and Epistemology", *Psychological Review*, 1: 172~5.

1894: "Review of *Die Moderne Energetik in ihrer Bedeutung für die Erkenntniskritik* by K. Lasswitz", *Psychological Review*, 1: 210~13.

1895: "Review of *An Introduction to Comparative Psychology* by C. Lloyd Morgan", *Psychological Review*, 2: 399~402.

1895: "A Theory of Emotions from the Physiological Standpoint", *Psychological Review*, 2: 162~4.

1896: "Some Aspects of Greek Philosophy", *University of Chicago Record*, 1: 42.

1896: "The Relation of Play to Education", *University of Chicago Record*, 1: 141~5.

1897: "Review of *Untersuchungen zur Phänomenologie und Ontologie des Menschlichen Geistes* by Gustav Class", *American Journal of Theology*, 1: 789~92.

1898: "The Child and His Environment", *Transactions of the Illinois Society for Child-Study*, 3: 1~11.

1899: "The Working Hypothesis in Social Reform", *American Journal of Sociology*, 5: 367~71.

1899: "Review of *The Psychology of Socialism* by Gustave Le Bon", *American Journal of Sociology*, 5: 404~12.

1900: "Suggestions Towards a Theory of the Philosophical Disciplines", *Philosophical Review*, 9: 1~17.

1900~1: "Review of *Philosophie des Geldes* by Georg Simmel", *Journal of Political Economy*, 9: 616~19.

1901: "A New Criticism of Hegelianism: Is It Valid? A Review of *Idealism and Theology: A Study of Presuppositions* by Charles F. D'Arcy, *American Journal of Theology*, 5: 87~96.

1903: "The Definition of the Psychical", in *Decennial Publications of the University of Chicago*, First Series, 3 (Chicago: University of Chicago Press), pp. 77~112.

1904: "The Basis for a Parents" Association", *Elementary School Teacher*, 4: 337~46.

1904: "Image or Sensation", *Journal of Philosophy*, Psychology and Scientific Method, 1: 604~7.

1904: "The Relations of Psychology and Philology", *Psychological Bulletin*, 1: 375~91.

1905: "Review of *Du Rôle de l"individu dans le déterminisme social and Le Problème du déterminisme, déterminisme biologique et déterminisme social* by D. Draghicesco", *Psychological Bulletin*, 2: 399~405.

1905: "Review of *Etudes sur la sélection chez l"homme* by Paul Jacoby", *Psychological Bulletin*, 2: 407~12.

1906: "Science in the High School", *School Review*, 14: 237~49.

1906: "The Imagination in Wundt's Treatment of Myth and Religion", *Psychological Bulletin*, 3: 393~9.

1906: "The Teaching of Science in College", *Science*, 24: 390~7.

1907: "Concerning Animal Perception", *Psychological Review*, 14: 383~90.

1907: "Editorial Notes: School System in Chicago", *School Review*, 15: 160~5.

1907: "Review of *The Newer Ideals of Peace* by Jane Addams", American Journal of Sociology, 13: 121~8.

1907: "Review of *L"Evolution créatrice* by Henri Bergson", *Psychological Bulletin*, 4: 379~84.

1907: "The Relation of Imitation to the Theory of Animal Perception", *Psychological Bulletin*, 4: 210~11.

1907~8: "The Educational Situation in the Chicago Public Schools", *City Club Bulletin*, 1: 131~8.

1907~8: "The Social Settlement, Its Basis and Function", *University of Chicago Record*, 12: 108~10.

1907~8: "Editorial Notes: Policy Statement of the Elementary School Teacher", *Elementary School Teacher*, 8: 281~4.

1907~8: "Editorial Notes: Industrial Education and Trade Schools", *Elementary School Teacher*, 8: 402~6.

1908: "Educational Aspects of Trade Schools", *Union Labor Advocate*, 8: 19~20.

1908: "The Philosophical Basis of Ethics", *International Journal of Ethics*, 18: 311~23.

1908: "Review of *An Introduction to Social Psychology* by William McDougall", *Psychological Bulletin*, 5: 385~91.

1908: "Review of *L"Idéal moderne* by Paul Gaultier", *Psychological Bulletin*, 5: 403~4.

1908~9: "Editorial Notes: Resolution on Industrial Training", *Elementary School Teacher*, 9: 156~7.

1908~9: "Editorial Notes: Industrial Training", *Elementary School Teacher*, 9: 212~14.
1908~9: "Editorial Notes: Moral Training in the Schools", *Elementary School Teacher*, 9: 327~8.
1908~9: "Industrial Education, the Working-Man, and the School", *Elementary School Teacher*, 9: 369~83.
1908~9: "Editorial Notes: The Problem of History in Elementary School", *Elementary School Teacher*, 9: 433~4.
1909: "Social Psychology as Counterpart to Physiological Psychology", *Psychological Bulletin*, 6: 401~8.
1909: "The Adjustment of Our Industry to Surplus and Unskilled Labor", *Proceedings of the National Conference of Charities and Corrections*, 34: 222~5.
1910: "Social Consciousness and the Consciousness of Meaning", *Psychological Bulletin*, 7: 397~405.
1910: "The Psychology of Social Consciousness Implied in Instruction", *Science*, 31: 688~93.
1910: "What Social Objects Does Psychology Presuppose?", *Psychological Bulletin*, 7: 52~3.
1910: "What Social Objects Must Psychology Presuppose?", *Journal of Philosophy, Psychology and Scientific Methods*, 7: 174~80.
1911: "Review of *Individualism: Four Lectures on the Significance of Consciousness for Social Relations* by Warner Fite", *Psychological Bulletin*, 8: 323~8.
1911: "Review of *Social Value. A Study in Economic Theory* by B. M. Anderson, Jr.", *Psychological Bulletin*, 8: 432~6.
1912: "The Mechanism of Social Consciousness", *Journal of Philosophy, Psychology and Scientific Methods*, 9: 401~6.
1912: co-author with Ernest A. Wreidt and William J. Bogan, *A Report on Vocational Training in Chicago and in other Cities* (Chicago: University of Chicago Press).
1912: "A Report of the Public Education Committee of the City Club of Chicago", *City Club Bulletin*, 5: 373~83.
1912: "Exhibit of the City Club Committee on Public Education", *City Club Bulletin*, 5: 9.
1912: "Probation and Politics", *Survey*, 27: 2004~14.
1912: "Remarks on Labor Night Concerning Participation of Representatives of Labor in the City Club", *City Club Bulletin*, 5: 214~15.
1913: "The Social Self", *Journal of Philosophy, Psychology and Scientific Methods*, 10: 374~80.
1914: "A Heckling School Board and an Educational Stateswoman", *Survey*, 31: 443~4.
1915: "Natural Rights and the Theory of the Political Institution", *Journal of Philosophy*, 12: 141~55.
1915: "Constitutional and Political Guarantees", *Philosophical Review*, 24: 193~4.
1915: "The Psychological Bases of Internationalism", *Survey*, 33: 604~7.
1915: "The Larger Educational Bearings of Vocational Guidance", in Meyer Bloomfield (ed.), *Readings in Vocational Guidance* (Boston: Ginn), pp. 43~55.

1915: "Madison", *Survey*, 35: 349~51, 354~61.
1915: "A Rejoinder", *Survey*, 35: 607, 610.
1916~17: "Professor Hoxie and the Community", *University of Chicago Magazine*, 9: 114~17.
1917: "The Conscientious Objector", *National Security League, Patriotism through Education Series*, 33: 1~10.
1917: "Germany's Crisis — Its Effect on Labor, Part I", *Chicago Herald*, 26 July.
1917: "Germany's Crisis — Its Effect on Labor, Part II", *Chicago Herald*, 27 July.
1917: "War Issues to US Forced by Kaiser", *Chicago Herald*, 2 August.
1917: "America's Ideals and the War", *Chicago Herald*, 3 August.
1917: "Democracy's Issues in the World War", *Chicago Herald*, 4 August.
1917: "Josiah Royce — A Personal Impression", *International Journal of Ethics*, 27: 168~70.
1917: "Scientific Method and Individual Thinker", in John Dewey et al. (eds), *Creative Intelligence: Essays in the Pragmatic Attitude* (New York: Henry Holt), pp. 176~227.
1917: "Review of *Truancy and Non-Attendance in the Chicago Schools* by Edith Abbott and Sophonisba P. Breckinridge", *Survey*, 38: 369~70.
1918: "The Psychology of Punitive Justice", *American Journal of Sociology*, 23: 577~602.
1918: "Review of *The Nature of Peace and the Terms of Its Perpetuation* by Thorstein Veblen", *Journal of Political Economy*, 26: 752~62.
1918: "Social Work, Standards of Living and the War", *Proceedings of the National Conference of Social Work*, 45: 637~44.
1919: "Mead Answers McCormick as to the League of Nations", *Chicago Evening Post*, 7 March.
1919: "The League and the Community", *Bulletin of the Vocational Supervision League*, 1 (15 April).
1919: "A Translation of Folk Psychology by Wilhelm Wundt", *American Journal of Theology*, 23: 533~6.
1920: "Retiring President's Address", *City Club Bulletin*, 13: 94~5.
1921: "Idea", in Shailer Mathews and Gerald Birney Smith (eds), *A Dictionary of Religion and Ethics* (New York: Macmillan), 215~16.
1921: "Ideal", in Shailer Mathews and Gerald Birney Smith (eds), *A Dictionary of Religion and Ethics* (New York: Macmillan), p. 216.
1921: "Individualism", in Shailer Mathews and Gerald Birney Smith (eds), *A Dictionary of Religion and Ethics* (New York: Macmillan), p. 222.
1921: "Infinity", in Shailer Mathews and Gerald Birney Smith (eds), *A Dictionary of Religion and Ethics* (New York: Macmillan), p. 223.
1921: "Law of Nature, Natural Law", in Shailer Mathews and Gerald Birney Smith (eds), *A Dictionary of Religion and Ethics* (New York: Macmillan), pp. 254~5.
1922: "A Behavioristic Account of the Significant Symbol", *Journal of Philosophy*, 19: 157~63.
1923: "Scientific Method and the Moral Sciences", *International Journal of Ethics*, 33: 229~47.
1924: "Review of *The Domain of Natural Science* by E. W. Hobson", *Journal of Religion*, 4: 324~7.

1924: "Ella Adams Moore", *Bulletin of the Vocational Supervision League.*
1925: "The Genesis of the Self and Social Control", *International Journal of Ethics*, 35: 251~77.
1926: "The Nature of Aesthetic Experience", *International Journal of Ethics*, 36: 382~92; afterwards published in *Selected Writings. George Herbert Mead*, ed. Andrew Reck (Chicago: University of Chicago Press, 1964; repr. 1981), pp. 294~305.
1926: "The Objective Reality of Perspectives", in Edgar S. Brightman (ed.), *Proceedings of the Sixth International Congress of Philosophy* (New York: Longmans and Green), pp. 75~85; repr. in George Herbert Mead, *Philosophy of the Present*, ed. Arthur E. Murphy (La Salle, IL: Open Court, 1932; Amherst, NY: Prometheus Books, repr. 2002), pp. 171~82.
1929: "A Pragmatic Theory of Truth", *University of California Publications in Philosophy*, 11: 65~88.
1929: "Bishop Berkeley and his Message", *Journal of Philosophy*, 26: 421~30.
1929: "National-Mindedness and International-Mindedness", *International Journal of Ethics*, 39: 385~407.
1929: "The Nature of the Past", in John Coss (ed.), *Essays in Honor of John Dewey* (New York: Henry Holt), pp. 235~42.
1930: "Cooley's Contribution to American Social Thought", *American Journal of Sociology*, 35: 693~706.
1930: "Philanthropy from the Point of View of Ethics", in Ellsworth Faris, Ferris Laune and Arthur J. Todd (eds), *Intelligent Philanthropy* (Chicago: University of Chicago Press), pp. 133~48; afterwards published in *Selected Writings. George Herbert Mead*, ed. Andrew Reck (Chicago: University of Chicago Press, 1964; repr. 1981), pp. 392~407.
1930: "The Philosophies of Royce, James, and Dewey in Their American Setting", *International Journal of Ethics*, 40: 211~31.
1931: "Dr. A. W. Moore's Philosophy", *University of Chicago Record*, New Series, 17: 47~9.

조지 허버트 미드 사망(1931년 4월 26일) 이후 출판된 저작

1932: The Philosophy of the Present, ed. *Arthur E. Murphy* (La Salle, IL: Open Court; Amherst, NY: Prometheus Books, repr. 2002).
1934: *Mind, Self, and Society*, ed. Charles W. Morris (Chicago: University of Chicago Press; repr. 1997).
1935~6: "The Philosophy of John Dewey", *International Journal of Ethics*, 46: 64~81.
1936: *Movements of Thought in the Nineteenth Century*, ed. Merritt H. Moore (Chicago: University of Chicago Press; repr. 1972).
1938: *The Philosophy of the Act*, ed. Charles Morris et al. (Chicago: University of Chicago Press).
1964: "Relative Space~Time and Simultaneity", *Review of Metaphysics*, 17 (ed. David L. Miller): 514~35.

1964: "Metaphysics", *Review of Metaphysics*, 17 (ed. David L. Miller): 536~56.
1982: *The Individual and the Social Self: Unpublished Work of George Herbert Mead*, ed. David L. Miller (Chicago: University of Chicago Press).
1982: "Consciousness, Mind, the Self, and Scientific Objects", in *The Individual and the Social Self: Unpublished Work of George Herbert Mead*, ed. David L. Miller (Chicago: University of Chicago Press), pp. 176~96.
1992: "George Herbert Mead: An Unpublished Essay on Royce and James", *Transactions of the C. H. S. Peirce Society*, 28 (ed. Gary A. Cook): 583~92.
1994: "George Herbert Mead: An Unpublished Essay Review of Dewey's Human Nature and Conduct", *Journal of the History of the Behavioral Sciences*, 30: 374~9.

조지 허버트 미드의 출판된 글 모음집

1964: *G. H. Mead on Social Psychology*, ed. Anselm Strauss (Chicago: University of Chicago Press).
1964: *Selected Writings. George Herbert Mead*, ed. Andrew Reck (Chicago: University of Chicago Press; repr. 1981).
1968: *George Herbert Mead. Essays on His Social Psychology*, ed. John W. Petras (New York: Teachers College Press).
2001: *Essays on Social Psychology*, ed. Mary Jo Deegan (New Brunswick, NJ: Transaction Publishers).

2차 문헌

T. Adorno, *Critique of Pure Tolerance* (Boston: Beacon Press, 1965).
J. C. Alexander, "Cultural Pragmatics: Social Performance Between Ritual and Strategy", *Sociological Theory*, 22 (2004): 527~73.
J. C. Alexander, *Neofunctionalism and After* (Oxford: Blackwell, 1998).
J. C. Alexander, *Twenty Lectures: Sociological Theory after 1945* (New York: Columbia University Press, 1987).
D. Anderson, *Creativity and the Philosophy of C. S. Peirce* (Dordrecht: M. Nijhoff, 1987).
Z. Bauman, *Liquid Modernity* (Cambridge: Polity, 2000) [지그문트 바우만, 『액체 근대』, 이일수 옮김 (서울: 강, 2009)].
Z. Bauman, *Modernity and Ambivalence* (Cambridge: Polity, 1991).
U. Beck, A. Giddens and S. Lash, *Reflexive Modernization: Politics, Tradition and Aesthetics in the*

Modern Social Order (Cambridge: Polity, 1994) [앤서니 기든스·울리히 벡· 스콧 래쉬, 『성찰적 근대화』, 임현진·정일준 옮김 (파주: 한울아카데미, 2010), 475~509쪽].

H. S. Becker, *Outsiders. Studies in the Sociology of Deviance* (New York: The Free Press, 1963).

H. Blumer, "An Appraisal of Thomas and Znaniecki's "The Polish Peasant in Europe and America"", in *Critiques of Research in the Social Sciences* (New York: Transaction, 1939).

H. Blumer, "Comment on Lewis" "The Classic American Pragmatists as Forerunners to Symbolic Interactionism"", *Sociological Quarterly*, 18 (1977): 285~9.

H. Blumer, "George Herbert Mead", in B. Rhea (ed.), *The Future of Sociological Classics* (London: George Allen and Unwin, 1981), pp. 136~69.

H. Blumer, *George Herbert Mead and Human Conduct*, ed. T. J. Morrione (Walnut Creek, CA: Altamira Press, 2004).

H. Blumer, *Industrialization as an Agent of Social Change: A Critical Analysis*, ed. D. Maines and T. Morrione (New York: Aldine de Gruyter, 1990).

H. Blumer, "Social Psychology", in E. Schmidt (ed.), *Man and Society. A Substantial Introduction to the Social Sciences* (New York: Prentice-Hall, 1937).

H. Blumer, *Symbolic Interactionism. Perspective and Method* (Berkeley: University of California Press, 1969).

H. Blumer, T. Parsons and J. Turner, "Exchange on Turner, "Parsons as a Symbolic Interactionist"", *Sociological Inquiry*, 45 (1975): 59~68.

P. Bourdieu, *La Distinction. Critique sociale du jugement* (Paris: Minuit, 1979) [삐에르 부르디외, 『구별짓기: 문화와 취향의 사회학』, 최종철 옮김 (서울: 새물결, 2005)].

D. Bulmer, *The Chicago School of Sociology: Institutionalization, Diversity, and the Rise of Sociology* (Chicago: University of Chicago Press, 1984).

C. Calhoun, *Critical Social Theory* (Oxford: Blackwell, 1995).

H. N. Castle, *Henry Northrup Castle: Letters* (London: Sands, 1902).

R. Collins, *Conflict Sociology: Toward an Explanatory Science* (New York: Academic Press, 1975).

R. Collins, *The Credential Society: An Historical Sociology of Education and Stratification* (New York: Academic Press, 1979).

R. Collins, "Functional and Conflict Theories of Educational Stratification", *American Sociological Review*, 36 (1971): 1002~19.

R. Collins, *Interaction Ritual Chains* (Princeton, NJ: Princeton University Press, 2004) [랜들 콜린스, 『사회적 삶의 에너지: 상호작용 의례의 사슬』, 진수미 옮김 (파주: 한울아카데미)].

R. Collins, "On the Micro-Foundations of Macro-sociology", *American Journal of Sociology*, 86 (1981): 984~1014.

R. Collins, "Toward a Neo-Meadian Sociology of Mind", in P. Hamilton (ed.), *George Herbert Mead: Critical Assessments*, 4 vols (London: Routledge, 1992), IV, pp. 263~96.

G. A. Cook, *George Herbert Mead. The Making of a Social Pragmatist* (Urbana, IL: University of Illinois Press, 1993).

L. Coser, "George Herbert Mead", in *Masters of Sociological Thought: Ideas in Historical and Social Context* (New York: Harcourt Brace Jovanovich, 1971), pp. 333~55 [루이스 코저, "조지 허버트 미드," 『사회사상사』, 신용하·박명규 (파주: 한길사, 2018)].

C. J. Couch, "Symbolic Interaction and Generic Sociological Principles", *Symbolic Interaction*, 8 (1984): 1~13.

C. J. Couch, *Researching Social Processes in the Laboratory* (Greenwich: JAI Press, 1987).

J. Dewey, "George Herbert Mead", *Journal of Philosophy*, 28 (1931): 309~14.

J. Dewey, "Prefatory Remarks", in *Philosophy of the Present*, ed. Arthur E. Murphy (La Salle, IL: Open Court, 1932; Amherst, NY: Prometheus Books, repr. 2002), pp. 31~4.

J. Dewey, *The Public and Its Problems*, in John Dewey. *The Later Works, Volume 2: 1925~1927*, ed. Jo Ann Boydston (Carbondale: Southern Illinois University Press, 1984), pp. 235~372 [존 듀이, 『공공성과 그 문제들』, 이유선·정창호 옮김 (서울: 한국문화사, 2014)].

J. Dewey, "The Reflex Arc Concept in Psychology", in John Dewey. *The Early Works, Volume 5: 1889~1892*, ed. Jo Ann Boydston (Carbondale: Southern Illinois University Press, 1972), pp. 84~95.

A. Dodds, J. Lawrence and J. Valsiner, "The Personal and the Social. Mead's Theory of the "Generalized Other"", *Theory and Psychology*, 7 (1997): 483~503.

J. M. Domingues, *Social Creativity, Collective Subjectivity and Contemporary Modernity* (Basingstoke: Macmillan, 2000).

E. Durkheim, *Pragmatisme et Sociologie* (Paris: Vrin, 1955).

S. N. Eisenstadt, "Multiple Modernities", in S. N. Eisenstadt (ed.), *Multiple Modernities* (London: Transaction Publishers, 2002), pp. 1~29.

R. E. Faris, *Chicago Sociology, 1920~32* (San Francisco: Chandler Publishing Company, 1967).

A. Feffer, *The Chicago Pragmatists and American Progressivism* (Ithaca: Cornell University Press, 1993).

G. A. Fine, "The Sad Demise, Mysterious Disappearance, and Glorious Triumph of Symbolic Interactionism", *Annual Review of Sociology*, 19 (1993): 61~87.

B. Fisher and A. Strauss, "Interactionism", in T. Bottomore and R. Nisbet (eds), *A History of Sociological Analysis* (New York: Oxford University Press, 1978).

A. Gehlen, *Man: His Nature and Place in the World* (New York: Columbia University Press, 1988).

A. Giddens, *The Consequences of Modernity* (Cambridge: Polity, 1990).

A. Giddens, *The Constitution of Society* (Cambridge: Polity, 1984) [앤서니 기든스, 『사회구성론』, 황명주·정희태·권진현 옮김 (서울: 간디서원, 2006)].

A. Gillespie, "G. H. Mead: Theorist of the Social Act", *Journal for the Theory of Social Behaviour*, 35 (2005): 19~39.

E. Goffman, *The Presentation of the Self in Everyday Life* (New York: Anchor Books, 1959) [어빙 고프먼, 『자아 연출의 사회학: 일상이라는 무대에서 우리는 어떻게 연기하는가』, 진수

미 옮김 (서울: 현암사, 2016)].
J. Habermas, *Between Facts and Norms. Contributions to a Discourse Theory of Law and Democracy* (Cambridge: Polity, 1996).
J. Habermas, "A Philosophico-Political Profile", *New Left Review*, 151 (1985): 75~105.
J. Habermas, *Postmetaphysical Thinking: Philosophical Essays* (Cambridge: Polity, 1988) [위르겐 하버마스, 『탈형이상학적 사유』, 이진우 옮김 (서울: 문예출판사, 2000)].
J. Habermas, "Postscript. Some Concluding Remarks", in M. Aboulafia, M. Brookman and C. Kemp (eds), *Habermas and Pragmatism* (London: Routledge, 2002), pp. 223~33.
J. Habermas, *The Theory of Communicative Action. Volume 2: Lifeworld and System: A Critique of Functionalist Reason* (Cambridge: Polity, 1985) [위르겐 하버마스, 『의사소통 행위이론. 2: 기능주의적 이성 비판을 위하여』, 장춘익 옮김 (파주: 나남출판, 2006)].
R. Hardin, *Indeterminacy and Society* (Princeton, NJ: Princeton University Press, 2003).
C. Hartshorne, *Creativity in American Philosophy* (Albany, NY: SUNY Press, 1984).
R. Hinkle, *Founding Theory of American Sociology 1881~1915* (London: Routledge & Kegan Paul, 1980).
G. Hinkle, "Habermas, Mead, and Rationality", *Symbolic Interaction*, 15 (1992): 315~31.
A. Honneth, *The Fragmented World of the Social. Essays in Social and Political Philosophy* (New York: SUNY Press, 1995).
A. Honneth, *Struggles for Recognition. The Moral Grammar of Social Conflicts* (Cambridge, MA: MIT Press, 1996) [악셀 호네트, 『인정투쟁: 사회적 갈등의 도덕적 형식론』, 문성훈·이현재 옮김 (서울: 사월의 책, 2011)].
A. Honneth and H. Joas, *Social Action and Human Nature* (Cambridge: Cambridge University Press, 1988).
M. Horkheimer, "Traditional and Critical Theory", in P. Connerton (ed.), *Critical Sociology* (New York: Penguin, 1976), pp. 206~24.
W. James, *The Principles of Psychology*, vol. 1 (New York: Henry Holt, 1890) [윌리엄 제임스, 『심리학의 원리 1』, 정양은 옮김 (서울: 아카넷, 2005)].
H. Joas, *The Creativity of Action* (Cambridge: Polity, 1996) [한스 요아스, 『행위의 창조성』, 신진욱 옮김 (파주: 한울아카데미, 2002)].
H. Joas, "The Democratization of Differentiation: On the Creativity of Collective Action", in J. C. Alexander and P. Stompka (eds), *Rethinking Progress* (Boston: Unwin, 1990).
H. Joas, "Durkheim et le pragmatisme. La Psychologie de la conscience et la constitution sociale des catégories", *Revue Française de Sociologie*, 25 (1984): 560~81.
H. Joas, *G. H. Mead. A Contemporary Re-examination of His Thought* (Cambridge, MA: MIT Press, 1985, repr. 1997).
H. Joas, *Pragmatism and Social Theory* (Chicago: University of Chicago Press, 1993).
H. Joas, "Symbolic Interactionism", in A. Giddens and J. Turner (eds), *Social Theory Today* (Cambridge: Polity, 1987).

H. Joas, *War and Modernity* (Cambridge: Polity, 2003).

M. Kuhn, "Major Trends in Symbolic Interaction Theory in the Past Twenty-Five Years", *The Sociological Quarterly*, 5 (1964): 61~84.

M. Kuhn and T. S. McPartland, "An Empirical Investigation of Self-Attitudes", *American Sociological Review*, 19 (1954): 68~75.

D. N. Levine, "The Idea of the University, Take One: On the Genius of this Place", paper read at the "Idea of the University Colloquium", University of Chicago, 8 November 2000, pp. 1~15.

D. N. Levine, *Visions of the Sociological Tradition* (Chicago: Chicago University Press, 1995).

J. D. Lewis and R. Smith, *American Sociology and Pragmatism: Mead, Chicago Sociology, and Symbolic Interaction* (Chicago: University of Chicago Press, 1980).

J.-F. Lyotard, *La Condition Postmoderne* (Paris: Minuit, 1979) [장프랑수아 리오타르, 『포스트모던의 조건』, 유정완 옮김 (서울: 민음사, 2018)].

M. Maffesoli, *Le Temps des tribus. Le Déclin de l'"individualisme dans les sociétés de masse* (Paris: Méridiens Klincksieck, 1988) [미셸 마페졸리, 『부족의 시대: 포스트모던 사회에서 개인주의의 쇠퇴』, 박정호·신지은 옮김 (파주: 문학동네, 2017)].

D. R. Maines, "Social Organization and Social Structure in Symbolic Interactionist Thought", *Annual Review of Sociology*, 3 (1977): 235~59.

M. Mann, *The Sources of Social Power. Vol. 2: The Rise of Classes and Nation-States, 1760~1914* (Cambridge: Cambridge University Press, 1993).

K. Mannheim, *Ideology and Utopia: An Introduction to the Sociology of Knowledge* (London: Routledge, 1972) [카를 만하임, 『이데올로기와 유토피아』, 임석진 옮김 (파주: 김영사, 2012)].

H. Marcuse, *Reason and Revolution: Hegel and the Rise of Social Theory* (London: Routledge, 1941; repr. 1973) [헤르베르트 마르쿠제, 『이성과 혁명』, 김현일 옮김 (서울: 중원문화, 2020)].

P. Markell, "The Potential and the Actual: Mead, Honneth, and the "I"", in B. Brink and D. Owen (eds), *Recognition and Power. Axel Honneth and the Tradition of Critical Social Theory* (Cambridge: Cambridge University Press, 2006), pp. 100~34.

T. H. Marshall, *Class, Citizenship, and Social Development* (Garden City, NY: Doubleday, 1964).

A. Melucci, *The Playing Self. Person and Meaning in the Planetary Society* (Cambridge: Cambridge University Press, 1996).

L. Menand, *The Metaphysical Club: A Story of Ideas in America* (New York: Farrar, Straus, and Giroux, 2001) [루이스 메넌드, 『메타피지컬 클럽』, 정주연 옮김 (서울: 민음사, 2006)].

D. L. Miller, *George Herbert Mead. Self, Language and the World* (Chicago: University of Chicago Press, 1973).

T. Parsons, *The Social System* (Glencoe, IL: Free Press, 1951).

T. Parsons, *The Structure of Social Action*, vols I~II (New York: Free Press, 1937; repr. 1968).

R. Perinbanayagam, *Signifying Acts: Structure and Meaning in Everyday Life* (Carbondale, IL:

Southern Illinois University Press, 1985).
K.-S. Rehberg, "Arnold Gehlen's Elementary Anthropology — An Introduction", in *Man: His Nature and Place in the World* (New York: Columbia University Press, 1988), pp. ix~xxxvi.
D. Shalin, "G. H. Mead, Socialism, and the Progressive Agenda", *American Journal of Sociology*, 93 (1988): 913~51.
D. Shalin, "Pragmatism and Social Interactionism", *American Sociological Review*, 51 (1986): 9~29.
F. C. Silva, "G. H. Mead in the History of Sociological Ideas", *Journal of the History of Behavioral Sciences*, 42 (2006): 19~39.
F. C. Silva, *In Dialogue with Modern Times. The Social and Political Thought of G. H. Mead* (Lanham, MD: Lexington Books, forthcoming).
F. C. Silva, "Re-examining Mead: G. H. Mead on the "Material Reproduction of Society"", *Journal of Classical Sociology*, 7 (2007) (forthcoming).
Q. Skinner, "A Reply to my Critics", in J. Tully (ed.), *Meaning and Context* (Cambridge: Polity, 1988), pp. 231~88.
A. Strauss, *Negotiations: Varieties, Contexts, Processes, and Social Order* (San Francisco: Jossey-Bass Publishers, 1978).
H. Thayer, *Meaning and Action: A Critical History of Pragmatism* (Indianapolis: Bobbs-Merrill Company, 1968).
G. Therborn, "Entangled Modernities", *European Journal of Social Theory*, 6 (2003): 293~305.
C. Tucker, "Herbert Blumer: A Pilgrimage with Pragmatism", *Symbolic Interaction*, 11 (1988): 99~124.
P. Wagner, *A Sociology of Modernity. Liberty and Discipline* (London: Routledge, 1994).
P. Wiener, "Pragmatism", in P. Wiener (ed.), *Dictionary of the History of Ideas*, 5 vols (New York: Charles Scribner's Sons, 1973), IV, pp. 551~70.

찾아보기

ㅇ

ㅈ

ㅊ

책을 옮기고 나서

2023년 11월 18일 토요일 한국이론사회학회 '삼토회'에서 김봉석 박사가 "캐믹(Charles Michael Camic)의 고전사회학론: 연구분야로서의 고전사회학론"이라는 제목으로 발표를 했다. 발표자는 하나의 연구 분야로서 고전사회학을 탐구해야 하는 필요성을 강조하면서, 고전사회학에 대한 역사적 탐구와 함께 고전사회학을 현대적 탐구 주제에 맞도록 가공하는 '현재주의(presentism)'를 요청했다. 발표 후 많은 토론이 있었는데, 그 가운데 내가 가장 공감했던 주장(비판이론을 전공한 권오용 박사의 주장이었다)은 카를 마르크스, 에밀 뒤르켐, 막스 베버, 게오르그 짐멜 등과 같이 고전사회학자라고 부르는 이들에게 '고전'이라는 타이틀을 붙이지 않았으면 좋겠다는 것이었다. 그 토론자는 그 이유에 대해 비록 그들이 19세기 중후반부터 20세기 초반까지 주로 글을 썼지만 그 시대의 문제의식이 오늘날에도 여전히 유효하며, 따라서 그들에게 '고전'이라는 타이틀을 붙이는 것은 그들 사회학이 가지는 현재적 가치를 평가절하하기 때문이라고 밝혔다.

내가 발표자의 '현재주의'에 대한 요청이나 토론자의 '고전'이라는 타이틀에 대한 불만족에 동의했던 이유는 나 역시도 대학에서 (계몽주의까지 거슬러 올라가는) '근대 사회사상의 흐름'이나 '사회학의 역사' 또는 '고전사회학 이론'과 같은 과목을 가르치면서 고전 사회학자들의 사상이 오늘날 현대의 사회적 조건, 이데올로기, 그리고 사회에 대한 생각을 이해하는 데 필수적이라고 계속 강조해 왔기 때문이다.

내가 필리프 카레이라 다실바(Filipe Carreira da Silva)의 『조지 허버트 미드의 사회이론』(원제는 G. H. Mead: A Critical Introduction)을 우리말로 옮겨 출판하고자 결심한 것은 미드에게도 마르크스, 뒤르켐, 베버, 짐멜에게 헌정된 것과 같은 '고전'의 지위가 부여되어야 한다는 나의 오랜 믿음과 더불어, 이 책의 지은이가 진정으로 인정하고 있는 미드 철학의 현재적 가치 때문이었다. 미드에 대한 나의 관심은 박사과정 시절로 거슬러 올라간다. 사회이론을 주전공 분야로 공부하면서 나는 구조와 행위라고 하는, 고전사회학자들이 물려준 유산이자 이론적 난제를 풀어보려는 시도를 하고 있었다. 결국에 내가 구조와 행위의 문제를 해결했던 방식은, 나의 박사학위 논문에서 비판적으로 다루었던 앤서니 기든스(Anthony Giddens)와 피에르 부르디외(Pierre Bourdieu)의 실천(관행)을 통한 통합의 시도와는 다르게, 구조와 행위라는 이원론 자체를 해소하는 것이었다.

나는 루트비히 비트겐슈타인(Ludwig Wittgenstein)의 후기 철학에 기대어 그 작업을 수행하고자 했다. 주어진 문제에 바로 답하려 하기보다 문제를 해소시키는 비트겐슈타인의 독특한 철학적 치료(therapy)를 사회이론에 적용하고자 했던 것이다. 그 와중에 미국의 철학인 프래그머티즘도 데카르트의 심신 이원론을 해소함으로써 구조와 행위라는 이원론을 극복할 수 있는 철학적 자원이 된다는 것을 알게 되었다. 그래서 특별히 현대 사회학 이론의 한 패러다임인 상징적 상호작용론을 통해 사회학의 역사와 직접적인 관련을 맺고 있는(상징적 상호작용론이라는 타이틀을 고안해 낸 이는 미드의 제자였던 허버트 블루머이다) 조지 허버트 미드의 철학은 사회학의 '고전'으로 당연히 자리매김되어야 한다고 믿게 되었다.

물론 '고전'이라는 타이틀이 미드 철학의 현재적 가치를 평가절하한다면 그에게 반드시 '고전' 타이틀을 부여해야 하는가 하는 의문이 들 수도 있지만,

사실 이것은 그다지 중요하지 않다. 이것은 마르크스, 뒤르켐, 베버, 짐멜의 경우에도 마찬가지이다. 중요한 것은 우리가 오늘날 우리가 부딪치고 있는 문제를 어떠한 것으로 파악하는지, 이러한 문제는 고전학자들의 문제의식과 어떤 유사성이 있는지, 또한 고전학자들로부터 어떤 해결책의 도움을 받을 수 있을 것인지에 대해 진지하게 논의하는 일일 것이다.

『조지 허버트 미드의 사회이론』의 저자는 미드의 저작이 오늘날에도 여전히 매력을 잃지 않고 있는 이유를 다음과 같이 설명한다. 즉, 미드가 활동했던 시대와 마찬가지로 오늘날 서구 사회는 합리적 기획에 의한 유토피아의 구성이라는 낙관적 믿음에 뒤이어 심각한 위기감을 경험하고 있다는 점에서 구조적 유사성이 있고, 이러한 위기의 시대에 필요한 이론적 도구는 변화, 불확실성, 그리고 혼종성(hybridism)을 잘 다룰 수 있어야 하는데, 바로 미드의 철학이 다른 고전사회학자들처럼 그러한 도전에 가장 잘 대응할 수 있기 때문이라는 것이다. 특별히 저자는 미드가 세기말과 같은 위기의 시대에 흔히 찾을 수 있는 (특히 베버와 짐멜에게서 보이는) 비관적 분위기를 풍기지 않으며, 과학과 민주주의가 화해를 이룸으로써 개인주의적인 자아와 점점 더 보편화되는 사회 질서 사이의 긴장을 조화시킬 수 있다는 이론적 해결책을 제시하고 있다고 주장한다.

『조지 허버트 미드의 사회이론』에서 우리는 저자가 강조하는 미드 철학의 현재적 가치를 충분히 읽을 수 있다. 물론 저자의 가치 평가에 얼마나 동의할 수 있는지는 독자의 몫이다. 나는 '프래그머티즘 연구 모임'에서 처음으로 이 책을 읽었을 때, 그리 길지 않은 분량으로 미드 철학의 정수와 미드가 이후 철학과 사회학 이론에 끼친 영향, 그리고 오늘날 미드를 읽어야 하는 이유를 제시한 저자의 솜씨에 감탄했었다. 처음 이 책을 읽은 후 꽤 긴 시간이 지났지만, 이 책을 번역할 기회를 갖게 되었고, 나는 흔쾌히 번역 작업에 임했으며 이렇게 출판하게 되었다.

원래 번역은 지루하고 고통스러운 작업의 연속이지만, 이 책을 번역하는 일은 매우 즐거운 경험의 연속이었다고 말하고 싶다. 번역자로서 나는 저자가 말하는 미드 철학의 현재적 매력에 전적으로 동의하면서, 독자들은 분명 이 책의 출판으로 미드에 관한 훌륭한 소개서를 갖게 된 것이라고 자신 있게 말할 수 있다.

미드의 저작은 그의 강의를 들은 학생들의 노트를 중심으로 편집되어 그의 사후에 출판되었던 『정신, 자아, 사회』 외에는 단 한 권도 우리말로 번역되지 않았다. 미드가 다작을 하는 철학자는 아니었지만, 그가 직접 쓴 글이 하나도 번역되지 않았다는 것은 미드 철학의 중요성을 고려할 때 실로 심각한 문제가 아닐 수 없다. 특히, 이론 구성에 있어 미드로부터 결정적인 도움을 받은 위르겐 하버마스(Jürgen Habermas)나 악셀 호네트(Axel Honneth)에 대한 상찬이 끊임없이 이어지고 그들의 책들이 계속 번역되어 출판되고 있는 현실에 비추어 보면, 미드의 저작에 대한 학술적 무관심은 경악스럽기까지 하다. 이러한 한탄은 결국 미드의 철학에 큰 관심을 갖고 있는 나 자신에게 의무의 짐을 지우는 일이 될 것이다. 『조지 허버트 미드의 사회이론』은 그러한 의무를 이행하는 첫걸음이다. 그리고 내가 미드의 모든 저작을 번역할 수는 없겠지만, 최소한 두 권은 번역해야겠다고 다짐을 해본다. 현재 내가 마음에 두고 있는 책은 『조지 허버트 미드 선집(Selected Writings: George Herbert Mead)』과 『행위의 철학(The Philosophy of the Act)』이다.

『조지 허버트 미드의 사회이론』은 한울사회이론 시리즈 가운데 하나로 출판된다. 이 책과 함께 출판될 다른 책은 『어빙 고프먼의 사회이론』과 『악셀 호네트의 인정이론』이다. 이후 『지그문트 바우만의 사회이론』, 『제프리 알렉산더의 사회이론』, 『피에르 부르디외의 사회이론』 등의 출판이 이어질 것이다. 실로 고무적인 일이다. 한울모던클래식스 시리즈와 함께 한울사회이론 시리즈 전체를 이끌고 있는 박형신 선생에게는 결코 미치지 못하지만,

이번에 출판하는 『조지 허버트 미드의 사회이론』으로 나도 이 시리즈에 작은 기여를 한 셈이다.

언제나 그렇듯 기록해 두어야 할 감사의 빚이 있다. 번역의 오류도 잡아주고 이 책을 훨씬 읽기 좋게 만들어준 한울엠플러스의 신순남 팀장께 고마운 마음을 전하면서 옮긴이의 글을 마친다.

2023년

겨울로 접어드는 시점에

하홍규

지은이 필리프 카레이라 다실바(Filipe Carreira da Silva)
짐바브웨 태생의 포르투갈 사회학자로, 리스본 대학교(University of Lisbon) 사회과학 연구소의 연구 교수로 재직하고 있다. 시카고 대학교, 하버드 대학교, 히브리 대학교, 예일 대학교에서 방문교수를 역임했다. 프래그머티즘과 비판이론, 시민성 연구, 지성사에 주된 관심을 갖고 있으며, 영어와 포르투갈어로 저술 작업을 하고 있다. *Social Theory in the Twentieth Century and Beyond* (2010, 공저), *Mead and Modernity: Science, Selfhood, and Democratic Politics* (2010) 등 10여 권의 책을 썼으며, *G. H. Mead: A Reader* (2011) 등 여러 책을 편집했다.

옮긴이 하홍규
연세대학교 사회학과에서 학사 및 석사학위를 받고, 미국 보스턴 대학교 사회학과에서 박사학위를 받았다. 현재 숙명여자대학교 인문학연구소 HK+연구교수로 재직하고 있다. 사회이론과 종교사회학이 주 전공 분야이며, 현재 문화 사회학과 감정 및 감각 사회학으로 혐오 연구에 집중하고 있다. 주요 저서로 『피터 버거』(2019), 『감정의 세계, 정치』(2018, 공저), 『현대사회학 이론: 패러다임적 구도와 전환』(2013, 공저) 등이 있으며, 주요 역서로는 『하이테크 러다이즘: 디지털 시대의 기계 혐오』(2023), 『혐오의 현상학』(2022), 『혐오의 해부』(2022), 『사회과학의 방법론: 사회적 설명의 다양성』(2021) 등이 있다.

한울사회이론 002
조지 허버트 미드의 사회이론

지은이 **필리프 카레이라 다실바** | 옮긴이 **하홍규**
펴낸이 **김종수** | 펴낸곳 **한울엠플러스(주)** | 편집 **신순남**

초판 1쇄 인쇄 **2024년 2월 1일** | 초판 1쇄 발행 **2024년 2월 28일**

주소 **10881 경기도 파주시 광인사길 153 한울시소빌딩 3층** | 전화 **031-955-0655** | 팩스 **031-955-0656**
홈페이지 **www.hanulmplus.kr** | 등록번호 **제406-2015-000143호**

Printed in Korea.
ISBN 978-89-460-8295-3 93300
※ 책값은 겉표지에 표시되어 있습니다.